回首来时路　一抹桃李香

——育人随笔（四）

胡　平　著

中国财经出版传媒集团
中国财政经济出版社
·北京·

图书在版编目（CIP）数据

回首来时路　一抹桃李香：育人随笔. 四 / 胡平著.
北京：中国财政经济出版社，2024.8. -- ISBN 978-7
-5223-3295-6

Ⅰ. G4-53

中国国家版本馆 C P数据核字第20242Q　K0　号

责任编辑：陈　冰　张　军　　　　责任校对：胡永立
责任印制：张　健　　　　　　　　封面设计：卜建辰

回首来时路　一抹桃李香
——育人随笔（四）
HUISHOU LAISHILU　YIMO TAOLIXIANG
——YUREN SUIBI（SI）

中国财政经济出版社 出版

URL：http：//www.cfeph.cn
E-mail：cfeph@cfemg.cn

社址：北京市海淀区阜成路甲 28 号　邮政编码：100142
营销中心电话：010-88191522
天猫网店：中国财政经济出版社旗舰店
网址：https：//zgczjjcbs.tmall.com
中煤（北京）印务有限公司印刷　各地新华书店经销
成品尺寸：170mm × 240mm　16开　21.25印张　283 000字
2024年8月第1版　2024年8月北京第1次印刷
定价：80.00 元
ISBN 978-7-5223-3295-6
（图书出现印装问题，本社负责调换，电话：010-88190548）
本社图书质量投诉电话：010-88190744
打击盗版举报热线：010-88191661　QQ：2242791300

前　言

每年出版一本《育人随笔》，辛苦自不必说，生活没有质量，视力急剧下降。在校对第二本育人随笔时，我想，书稿发给出版社后，要好好休息一个星期。可是，在前一下鼠标点击发送，后一下鼠标就打开了第三本书稿。第三本书稿发出去后，我还是想，要好好休息一段时间，结果还是如上次一样，随即投入第四本书稿的工作。鼓励学生的话语，一遍遍地在此时激励我：咬咬牙、挺一挺就熬过去了，熬过去后，又上了一个小小的台阶，我们就是这样一点点进步与成长的。

所以，出版《育人随笔》的过程，既是复盘我这么多年来的育人过程、总结得失成败，亦是我不断向优秀者学习、不断自我激励、不断向学生取暖借光的过程，也从中体会到教育别人就是教育自己。

“落其实者思其树，饮其流者怀其源”。培养一个孩子需要举全村之力，培养一位教师更需要全社会的共同努力。我从偏僻、落后、封闭的大别山走向开放发达的宁波，从对教育的懵懂无知走向让学生们称为“胡妈妈”，每一步都获得了许多人的支持、激励与帮助。

我的父母是农民，没有受过多少教育，但是他们真诚善良、朴实宽厚、奋力拼搏、热爱生活，尤其非常爱孩子。那时山里人普遍重男轻女，我们家却有很强的民主、平等思想。我父母做人的品质和对子女的爱构成了我的人生底色。我弟弟和妹妹没有读多少书，生活也不富裕，却继承了我父母的优秀品格，把最亲密的手足之情给了我，承担了照顾父母的责任，让我安心在外面工作。我的先生给了我无比宽广的成长天空，对我各方面给予无条件的支持与帮助，在我一遍遍校对书稿的时候，承担了所有的家务，使我真正十指不沾阳春水；我的儿子，在许多时候毫不客气地批驳我对他不当的教育，使我不断反省自己。也是因为给他写成长日记，使我养成了反省的习惯，并且学会了写日记与随笔。是他将我从一位矫情、偏激、懒惰的小女生变成一位坚强、坚韧、勤奋的妈妈，将一位重点关注自己的小女人变成一位关注社会的女性。

我的老师们基本上都退休了，他们对我点滴入微的影响，一直在我身上慢慢发酵。一次次把辍学的我找回学校的黄朝水老师，在电话里一听到我的名字就能报出我家住址的刘兴老师，总是用微妙方法鼓励我的倪纯治老师，在大学让我们大量刷高数题的张小柔老师……每一位老师对教育的认识、理解和热爱，对学生的关心与帮助，都成为我后来从事教育事业的基因。在教书育人过程中，我不断地回顾他们对我的教育，回想他们的点滴，他们的朴实无华、他们的敬业爱业、他们的奋力拼搏、他们的博大精深、他们对学生的关爱，无不在照亮我的前路，启迪我一路向前。

我先后在四所学校工作，前面两个单位是中专，第三个单位是本科，第四个单位是职院。每一个单位的领导和同事都给予了我许多支持与帮助，他们是我育人工作的主要推动者。在我班学生家庭出现重大变故时，领导和同事都在第一时间给予我支持，给同学关爱。尤其感谢现分院领导励业书记经常用他那富有哲理的思想启迪我如何育人。因为班主任工作太累，我不想承接这一届时，是他一次次地做我的思想工作，让我坚持到职业生涯的最后。我们专业的几位年轻老师都非常敬业、热爱学生，我总被他们身上的闪光点吸引感动，不断地借鉴学习。

学生以天然的纯洁、朴实的真诚、激扬的青春吸引我走近他们；作为人类灵魂的工程师，教师的使命与责任引导我走进他们。培养他们需要付出很多时间和精力，还需要学习很多智慧。一次和学生深入谈话的背后，是对自我成长过程无数次的复盘；一句话语感动学生的背后，是对自我无数次的教育；一个温柔的眼神背后，是对自我灵魂无数次的洗礼；一个问题解决的背后，是无数次的自我心理建设。然而，付出就是学习，付出就是成长，付出就是爱，付出才有价值，付出才有意义。表面上看，是我在教育学生、引领学生，深层次反省，是学生在教育我成长，引领我进步，启迪我智慧。有很多次，累了、受伤了，我也想过躺平，可是，只要听到学生喊一声“胡老师”，我的内心又马上温暖、温柔、明亮起来。

感谢中国财政经济出版社，特别感谢张军主任及他的团队，我的写作习惯很不好，行文很不规范，校稿需要花费他们大量的时间和精力。他们以真诚耐心、敬业细致、完美极致的品质对我全力以赴的支持、指导与帮助，才使得系列《育人随笔》能够顺利出版。每年出版一本《育人随笔》，工作量很大，有时我也会失去信心，是张主任一直陪着我、鼓励我，借此向他表示深深的敬意与感谢！

还要感谢我的朋友，如果不是他们时时给我赋能，将他们宏博的思想、积极的人生观、对社会的认知、对教育的看法、对人才需求的信息无私地奉献给我，以他们对工作的热爱、拼搏进取的精神、坚忍不拔的意识、激情飞扬的人生态度感染我激发我，我写出第一本《育人随笔》后，思想可能就枯竭了，灵感就没有了，是他们让我临到退休前仍激情澎湃，斗志昂扬。

最后感谢我童年的经历。回想起童年，回想起我的故乡，我的眼前马上浮现出一个小小的姑娘背着一个大大的箩筐，在空寂无人的田野和山谷扯猪草，她是那样的安静、那样的专注、那样的细致认真，她的眼睛不断地向四处搜索，她的双手不断地在草丛中抓扯，而她的大脑在广袤的原野里像小鸟一样恣意飞翔。每每回想起来，都令我感动泪目。到现在为止，每当我累了，我都要去田野，那是我的精神家园；田野里的稻谷、麦苗、白菜、玉米，还有斑驳杂乱的野草和藤蔓，是我的精神图腾；空旷的田野、蓬勃的植物，是保持我的灵气、产生我的灵感、丰富我想象的源泉。每每见到它们，我都觉得亲切、轻松，仿佛回到了童年时光。

刚做老师的那些年，我坚持认为我不适合做老师，因为我生性喜欢简单、追求高效、没有耐心，不喜欢管人。并且那时，我也不主动学习，不爱看书，缺乏对市场、对社会、对人生的认知。而育人工作绝不只是站在讲台上讲好课，完成学校规定的工作，育人工作涉及方方面面，除了专业知识和专业技能外，还真的如我曾经所说，要上懂天文，下懂地理，中间懂人情；要蹲下身体，倾听学生；要弯着腰含着笑，走近学生；要持之以恒、润物细无声……做到这些，多么不容易啊。走到今天，成为学生口中的“胡妈妈”，成为浙江省“三育人”岗位建功活动先进个人，感谢党和国家的培养，感谢学校给予我的学习和锻炼的机会，感恩我生命中遇见的每一个人，感恩我曾经经历的夜不成寐、辗转反侧。

今年是我从事教育事业30周年，回首来时路，没有波澜壮阔，也没有突出贡献，平平淡淡、普普通通中却有一抹桃李香，温馨了我的30个春夏秋冬，芬芳在祖国大地。

本书主要收录了我担任最后一届班主任期间的工作随笔，特别地保留了学生的总结与对未来的期待，这是他们内心最真实的声音，是00后大学生学习、生活、情感等方面的缩影，也是我和同学们共同的美好回忆。此外还收录了我对家庭教育的粗略看法、对社会的浅薄认知。由于见识和能力都很有限，书中有诸多不足，敬请读者批评指正。

2024年5月于宁波

目 录

第三篇 一起努力

第四篇 心中要有孩子

第一篇

这就是教育

这就是教育

新生入学了。

我又担任班主任了。

中午和下午下班前，我去寝室看望新生。中午去时，只有一位女生在，一些学生还没有报到，报到的同学去吃饭了。下午下班前去时，大部分女生在整理行李，男生基本上都在寝室。我向他们了解一些基本情况，问他们是哪里人，坐什么交通工具到学校，是自己来的还是家人送来的，在大学有什么期待与打算。他们一一作了回答。

我告诉他们，刚进大学时，就要树立目标，要努力争先进当好学生；英语三级算不了什么，要努力去考四级；要尽量专升本；寝室卫生特别重要，是评优获奖的必备条件，大家一开始就要做好；学校社团很多，活动很多，要积极参加。

9218寝室来了5位男生。他们很活跃，抢着和我说话。他们说要在心里树一个Flag，军训要得标兵，要得文明寝室。我和他们聊了很多，给他们看去年我和一位学生的聊天记录：这位学生，考上二本后放弃了，我怎么讲专升本的好处，他就是不去。今年，他又想去，却去不了。以此来提醒他们，在大学要珍惜各种机会，失去机会后，是没有后悔药的。

走出他们的寝室，我听到有学生说："赶紧把垃圾清了吧。"

从学生寝室出来，我对正在接待我班新生的两位班助说："你们的态度最重要，你们怎么做，他们后面的三年就怎么做，你们是他们的榜样。

上届我的两位班助表现出色，我班学生后来都抢着要当班助，为了当上班助，找新班班主任和我。你们当初的班助王凯同学很优秀很出色，我相信你们也像他一样。目前到校的同学都表示要专升本，我一一问过他们，要好好引导。”

在一旁的另一个分院的一位学生说：“新生进校时都这样说，以后会变的。”

我很严肃地说：“即便有这种现象，也不要有这样的想法和心理暗示，要坚定地相信他们一定会考专升本。你知道吗？我上届学生，专升本考上了29人。”

他不信，以为29人参加考试。

我说：“全班44人，考上29人。我在这个学校的第一届学生中有6人报考专升本，全部通过，那时专升本通过率很低。关键要引导学生，相信他们的初心。”

说完这些，我脑海里涌起几句话：“这就是教育！永远相信学生美好的愿望，永远呵护学生美好的初心！”

旁边还有一位学生会的学生，他是我指导竞赛的学生，他说开学太忙了，没有时间准备竞赛，我让他中秋做。

班助要上课，要迎新，还要开会，没有时间吃饭，但我仍然要求她们要克服一切困难，做好新生的服务和榜样。有问必答、有信息必复、有时间多陪伴。

班助说：“这届不好管，群里一遍遍通知没用，要一个个打电话。”这届外省籍学生占了三分之二，浙江学生规则规矩意识相对强一些，这也是浙江人讲诚信重效率的体现。正是因为这样，才要下工夫想办法，从进校时起，树立他们的规则意识，让他们变得积极主动。改变人、改造人，正是教育的意义。

回家的路上，我一直想着上面的这些，想着始业教育的重要性。新生看到的每一件事、听到的每一句话、遇到的每一个人，都对他未来三年影响巨大。我也一直想着我那灵光一现的话："这就是教育！永远相信学生美好的愿望，永远呵护学生美好的初心。"

2021年9月16日

开放 包容 接纳

我又担任班主任了，要与新生见面了。第一次班会，讲什么呢?

一接到班主任的工作任务，我就开始想这个问题，开车时、走路时、吃饭时，我都在想，想了几个主题，最后决定讲自省自律自强。拿到学生名册，发现44位同学来自全国十几个省市时，我突然想，班会主题应该讲开放、包容与接纳。

班会时，先进行了必需的程序：介绍教官、致谢班助、学生自我介绍、入学必办事项的提示、军训注意事项的提醒等。

然后，我进行主题演讲："这是我在这所学校工作15年以来，担任班主任工作中，班级成员来自最多省份的一个班。这是非常好的一件事情，大家来自五湖四海，带着不同的风土人情、不同的文化特色，融入一个班级，这个班级就缤纷多彩。你们每一位同学所在的省份我都去过，每一个地方各有千秋，各有其美。浙江、江苏、广东可能富裕一些，但是云南、贵州、四川、内蒙古、新疆却是旅游胜地。我班还有来自新疆回族的同学，我们可以从她那里获得回族文化知识。

"我们要学习每一个地方的优点与长处。外省的同学来到浙江，要学习浙江人'敢为天下先'的创业创新精神，要学习浙江人勤奋、务实、诚信、团结的精神，要多想想为什么浙江省民营经济最为发达，要多观察浙江的经济特色是什么，要多看看浙江人为人处世与内地有哪些不同。我带的上届学生中，有一位湖北籍的学生，对寝室的同学很不理解，认为他们不友好，不像他那般讲哥们义气。他请他们吃饭，他们却坚持AA制。AA制是浙江的一种文化，浙江人喜欢简单的人际关系，我不欠你，你不欠我，这样做人简单，做事就简单，因为他们追求效率和效益。我从湖北来到宁波，刚来时也接受不了这样的文化，现在我觉得这种简单的人际关系让人很轻松。

“浙江可以玩的地方很多，大家有时间，多走多看。整个长三角交通便利，一小时的高铁就到了杭州，两小时的高铁就到了大上海，周末可以到处游玩，陶冶情操，又增长见识。

“浙江同学也要多向外省同学学习。大多外省同学首次离家千里，他们很独立；他们带着家乡的文化特色来到你们身边，你们要多了解他们的文化、经济和风土人情。寒暑假的时候，去他们的家乡走走看看，走出省，就能看到更加广阔的世界，领略我国的大好河山，了解各地的风土物华，获得不同的人生体验。

“一个人思想要开放，越开放越包容，海纳百川，才能有容乃大乃强。浙江经济发达，也是因为浙江人思想开放。

“同学间的情感是世界上最单纯最美好的情感之一。大家要相互珍惜、相互照顾、相互帮助、相互提升。你们来自不同的家庭、不同的文化，从小生活环境不一样，生活习惯不一样，品位兴趣不一样，学习习惯不一样，待人方式不一样，你们有许多的不一样。这许多不一样，可能使你们在寝室里有些小摩擦小冲突小矛盾，但是切不要把寝室当成自己的家，想怎样就怎样，多考虑别人的感受。不要太自我，不要排斥室友。不要因为室友不小心滴了一滴水到你的桌子上，就大喊大叫；不要因为室友把书本放在你的床上，你就想扔掉；不要因为室友把视频声音放出来，就想揍他一顿；不要因为室友占卫生间太久了，就想把卫生间的门踢了。凡事好沟通好商量。容下了你原以为不能容的室友，就容下了将来在社会上容不下的各形各色的人。许多同学都是独生子女，这在成长过程中，是一件颇为遗憾的事，你们现在的寝室生活正是对这一遗憾的弥补，室友就是你的兄弟姐妹。

“你们有许多不一样，但是有两点一样：第一，你们都是00后，年轻人的特质都一样，那就是真诚坦诚、朝气蓬勃，有强烈的求知欲，喜欢交朋友；第二，你们有着相同的学习经历，有着共同的学习目标：那就是要成为优秀的大学生，成为德智体美劳全面发展的社会主义建设者和接班人。你们之间因为年龄、因为共同的学习经历、因为共同的目标，会成为好同学、好朋友，成为兄弟姐妹，我班也会因此成为凝心聚力、奋发向上的班集体。”

学生在学校发展得好不好，人际关系很重要，特别是班级同学关系和寝室同学关系。只要同学关系好了，其他的都会很好。

国家开放了，就会强大；地区开放了，就会富有；人的思想开放了，就会走向别人、走向社会，以宽阔的胸襟接纳别人，向优秀者学习；人一旦学会了包容，就能把周围优秀的人吸引到身边，共同发展；人一旦学会了接纳，就能接纳身边有缺点的人，从而全面接纳自己、肯定自己、坚信自己。只有具有开放、包容、接纳的思想，才能成为一位心胸开阔、乐观豁达、积极向上的人。如果一个班的同学都具有开放、包容、接纳的思想，这个班就是一个团结的班集体、一个向上的班集体、一个充满正能量的班集体。

2021年10月3日

新生的中秋节

这是我班新生在学校过的第一个中秋节，也是绝大多数学生第一次在异乡过中秋节。

白天，学生在紧张地军训；晚上，学校举行了中秋晚会。我们班是13连，同学们参加了独唱和合唱节目。特别地，9218寝室室友合唱的曲目“这一生关于你的风景”，让我感动。这个寝室在入学第一天，就朝气蓬勃、积极向上。晚会上有教官摔跤表演，我们的教官被摔倒在地，同学们说“轻一点、轻一点！”“我们的教官好惨啊！”

我说：“这是角色扮演，被摔倒的那位教官更有奉献精神。”

月光下、运动场上，同学们很嗨很嗨的样子，好青春、好美、好令人感动。

我想给每位同学准备一份小小的礼物，给他们一点点温暖。于是在前天晚上，去家附近的超市买橘子、月饼和果冻。我和儿子都喜欢吃果冻，因此想着孩子们可能都喜欢吃果冻。因为眼神不好，车技太差，晚上不敢把车开到超市门口，只能靠人工搬运。第一趟，搬橘子；第二趟，搬月饼；第三趟，搬果冻。疫情期间，小区后门侧门全封闭了，只能绕很远的道走小区正门来来回回，累得我手酸脚痛，腰都直不起来，但是，很开心很幸福。

儿子在大学的第一个中秋节，我也是跑超市，买了好多月饼，他班每一位同学都有份，装了一大箱，使出吃奶的力气送到家门口的圆通快递站点。工作人员说，如果他们发货，中秋节前月饼到不了北京，让我去顺丰。这一大箱月饼，被我连拖带拉，终于拽到了顺丰，感觉腰要断了。

这种感觉在这次活动中再现，完全相同，累得气喘如牛，却幸福满满。

昨天早上7：00，我到学校，赶在军训前和同学们一起把这些食物分进保鲜袋里，每位同学一袋。最后，我提醒大家，果皮不要随手随地扔，要自己带走，放进垃圾桶里。

学校发给老师一盒中秋月饼。两位班助忙得没有时间吃饭，我的那一份给她们了。这次，也给她们每人备了一份小小的中秋礼物。

教官当然少不了，也得备上一份。

还有一位很特殊的客人，一位学生家长，他的儿子患有精神疾病，他辞了家乡的工作，来宁波重新找工作，陪孩子在校外住宿。我特别地给他准备了一份盒装的月饼，还有一盒水果。

有同事撞见我们分发礼物，她说："你这样做，别的班主任怎么想？"

每一个人都有不同的爱心表示，不一定要买礼物。去寝室看看学生、和学生交流，都是一种很好的爱心表示。一位同事说，因为疫情，去年没有军训，她买了巧克力，在班上举办了一次晚会。她说用不了多少钱，和学生一起开心，乐一乐，增进和学生的感情，很有意义。

是的，只要和学生在一起，不管以什么形式，都是爱，都是教育。

2021年9月22日

首战告捷

分院召开了第六届运动会。

我班16位同学获得了21个奖项，总分97分，名列分院第一名。

获奖项目中，只有3个第一名，其余的大多是第六、第七名。第二、三、四名的一个都没有。这说明不是我们班同学体育成绩特别好，而是我班同学报名踊跃。全班44人，有29人报名参加本次运动会，占全班人数的66%。没有报名的15位同学中有患有肠痉挛、腰椎盘突出、甲亢、精神分裂等疾病不能剧烈运动的几位同学。

分院发出运动会通知后，班委在群里发动大家报名，同学们很积极，相互打气："恭喜毅翀喜提800米、1500米""恭喜表妹喜提3000米""恭喜谢雨桐喜提800米""恭喜学委喜提大奖"……报名期间，班级群十分活跃，仿佛在运动场上一样热血沸腾、斗志昂扬。

看到同学们相互鼓励的信息一屏又一屏地刷过去，我很感动，也很欣慰，这才是我想要的班集体：同学们相互激励、团结互助、积极向上，有着很强的集体荣誉感。

运动会的那一天，我早早地到学校，在运动场上跑步。准备跑10圈，挑战自己，我以前从来没有跑这么多圈。由于下雨，开幕式提前了，我才跑了4圈。开幕式结束后，在湿漉漉的运动场，我继续跑完剩下的6圈。

我班同学全部到运动场，有项目的，为名次拼搏；没有项目的，做后勤保障、当啦啦队。同学们赛前相互鼓励叮嘱，赛中相互加油打气。因为下雨，跑道湿滑，大家都力保运动员不摔倒，在跑道终点守候。还是有一位同学摔倒了，受了一点小伤。幸而，没有大碍。

运动会的成绩不是最重要的，最重要的是从运动会报名开始，到运动会举行，我班同学展现出来的超强的集体荣誉感、青春活力、奋发向上的精神，让我对带好这个班更加有信心。

在校运会上，我参加了800米。开始跑得很谨慎，一直掉在后面。在最后的100多米，我轻松地超了一位老师。后面的100米，我班同学都在站台上为我加油，他们拼命地喊："老师，加油！""老师，加油！"当我在最后10米左右，再超一位老师后，他们大声喊："天啊，真的超了！"还有好几位同学，给我拍了视频。其实，超后面的一位老师时，我犹豫了一下，因为我们相距30米左右。在同学们激昂的鼓励下，我终于突破了心理障碍。

我想用实际行动给我班同学树立榜样：你们的老师50多岁了，即使是最后一名，也不放弃努力；即使到最后时刻，也不放弃超越。

他们进校时，我给自己树立了一个Flag，要好好地带他们，要带好他们。要让每一位学生在班集体中找到自己的位置和归属感，要让每一位学生在学校获得存在感、价值感和意义感，要让他们的寝室都成为文明寝室，要让我班成为先进班集体。

同学们也都有自己的Flag。在学校军训成果展示汇报及迎新典礼中，我班韩铜庆同学代表新生发言。我获得了军训先进工作者，这当然是同学们的功劳。

在文明寝室评选中，第一学期，我班所有寝室都达到了申请文明寝室的条件，都向学校申请了文明寝室，有4个女生寝室评上了校文明寝室。

首战告捷，"良好的开端，是成功的一半。"我有信心实现我的目标：我班成为先进班集体。

2021年12月28日

不平之夜

昨晚10：00，毅翀发信息给我说：“老师，问题有些严重。”

我马上打电话给他，问什么情况。

两位同学骑着他的电瓶车到学校外面买吃的，在拐角的一个阴暗处，翻车了，俩人都飞起来了。鹏杰受伤了，去医院了；柳松伤得不重，守着电瓶车，同时配合警察调查。前天，宁波台风梅花威力很大，为了疏通下水道，井盖没有盖上。他们发现时，紧急刹车，翻了。

我让他赶快在智慧学工上申请出校门，他申请的理由是：人命关天；申请时间：晚上不回来，第二天的课也不上。我让他重新申请，不要写人命关天，就写同学生病，要陪着去医院看病。也不要写晚上不归寝室，明天不上课。请求外出理由不能吓着领导和辅导员，也不能写那么久不回寝室，今晚先处理，看情况再说。

从电话声音听出他六神无主，慌得很。我听到信息的一瞬间，心里也很惊慌，不知道鹏杰伤得怎样。打电话他，他开始没接。后来他说话了，但是听不清楚，他蒙着嘴巴在讲，只知道他是嘴巴和牙齿受伤了。

几乎是同时，一位女同学发信息给我说，她和同学打球，脚崴了，肿了，很痛，要去医院。大门保安说，太晚了，不让出门，要有书面盖章证明才放行。

时间急，来不及办手续，我让保安听我的电话。开始保安不理解，我班为什么这么多同学同时在这么晚出校门。

受伤的同学去了第一医院，我让女同学也去第一医院，这样我可以都看看。她想去中医院，有同学陪她。

我顾不上她了。

先生在我身边听到电话，马上开车陪我去第一医院。

在车上，我继续打电话了解情况，才知道柳松同学也受伤了，刚刚叫了救护车准备去医院。柳松开始以为自己只是膝盖擦破皮，其他没事。后来才发现，右手臂不能动。

我们到医院时，他们都到了。虹虹陪着鹏杰，毅翀陪着柳松。

鹏杰的牙齿磕掉了，他用纸巾蒙着嘴。医生想给他缝针，他想在第二天看完牙科后再缝。他的手上都是嘴里流出来的血，我和毅翀帮他把血迹擦掉。因为牙齿和嘴巴都受伤了，晚饭还没有吃。虹虹买了面包和水，他吃不了喝不了。

他的手和脚上都有擦伤。医生做皮试时，有一点点红，一针得拆分成4针打，每半小时打一针。

柳松的脚上擦伤了。右手拍片后，发现没有骨折，医生说可能是软组织伤了，开了一副膏药。今天他回奉化老家后再拍片，还是骨折了。

虹虹和毅翀跑前跑后挂号、交费、取药。开始两位受伤的学生不在一栋楼，最后都汇集到注射室这边来了。

转点的时候，女同学发来信息说，她敷了药膏，回到学校了。

凌晨12：00多，鹏杰的爸妈从新昌赶来了。

鹏杰的爸妈陪着他，我们准备回家。我把柳松和虹虹送回学校，我担心太晚了，保安不让他们进门，去说明一下。毅翀骑着班长俞杰的电瓶车去的医院，现在要把电瓶车骑回学校。柳松和虹虹担心电瓶车可能会中途没电，万一没电，他们要去帮忙。我走后，他们在校门口等着他。

同学们之间的情谊让我很感动。

柳松说，他们翻车后，附近的很多市民来帮他们，把他们扶起来，把车子挪到路边，有人还给他们擦伤的地方上了碘伏，让他们报警打救护车电话。因为电瓶车是毅翀的，出事第一时间，他联系毅翀。

真是一个不平之夜啊。

第二天早上，我分别问他们情况。柳松说，除了手痛外，没有别的事。鹏杰说，第一医院牙科没有号了，他准备去一家民营牙专科医院，这家医院服务好，但是超级贵，保险不会理赔。我建议他去公立医院，他同意了。我马上帮他联系了一位曾帮我看牙的医生，正好那位医生当班。

鹏杰嘴巴和牙齿受伤了，他爸妈想把他带回家休养几天再回到学校来。

两位孩子还得痛一阵子，特别是鹏杰，要很长时间才能完全恢复。我自己也是养孩子的母亲，看到孩子们受伤，也替父母心痛。

开学不到两周，班上同学请假的很多，有的胃痛，有的发烧感冒。有4位同学吃坏了肚子，我只批了1位同学的假，其他的3位，要求他们坚持再坚持。开学之初，又是秋季，又要对同学们加强学会生活的教育了。

安全教育还得再一次强调再强调。

2022年9月17日

多交朋友

我一进新生群，马上就有一位学生加我QQ，说他有精神问题，怕影响其他同学，想住校外。

我加他QQ，他设有权限。

新生入学当天，我分别向这位学生及他爸爸了解情况。

这位学生说："初中时，我的成绩很好，考上了我们市前二的高中。高中每个年级2000多人，高一时，我的成绩是200多名。高二分班时，我却被分到了成绩倒数第二的班级，为此我很郁闷。最大的问题是同学关系，我不愿意和同学交往。还因为与同学闹矛盾，没住寝室，走读。每晚父母接我回家，十多里的路，来来回回，父母很辛苦。不过，我的成绩在班上排前一、前二。到高三时，我们又分班，我被分到了快班。经过高二差班的学习，我在快班跟不上，压力很大。高考没考好，我想复读。而原来的学校不收复读生，又得找一所学校复读。这所学校没有复读班，我被分到应届高三班，又没有融进这个班。"

我笑着说："好像什么事都被你赶上了嘛。"

他也无奈地笑了。

然后，我说："你感觉郁闷吧？什么都没有踩到点，没踏着主浪，高中三年一直被边缘化。"

他说："是的。然后发现自己有问题了，晚上睡觉时，总觉得有人在推我；一个人在房间，总听到有人在和我说话，有人要加害我。"

他把病历给我看，医院诊断的结论是：有幻觉，躁狂症状。目前，他在坚持吃药。

他说："我不喜欢交朋友，交朋友提升不了自己，没有用；小学时有好朋友，后来没有联系了；初中也有关系好的同学，上高中后，大家也不联系了。到高中后，我就不再和别人交往，没有朋友了。除了学习外，其他的时间就是看书，一共买了200多本书。"

他的书单，都是政治、历史和哲学书，很深奥的书。我看了好几百本书，他的书单里的书我很少看。

他说："我从不伤害别人，从来没有朝谁发过脾气。"

我问他："如果受了委屈、恼火和郁闷的时候怎么办？"

他说："我就掐自己。一生气或心情不好时，我就感觉腿很痒，然后，不停地掐自己。"说完，他把裤腿拉起来让我看，他的腿被他掐成了块块青斑。

他的父亲坐在我对面，他坐在我旁边。他边拉起裤腿，边看了一眼父亲说："我的父母可能还不知道，我把自己掐伤了。"

我说："为什么要这么傻，要让自己痛。难道不知道找个桌腿，去踢几下？"

"不可以，会把桌子踢破的。"

"桌腿踢坏了，又怎么了？"

"那不行，要花钱修好的。"

他好几次提到钱，复读时要交复读费，他心痛了很长时间。我问他："你是不是很喜欢钱？"

他说："不是的。"

我又问："以后准备做什么？"

他说："追求真理，为人民服务。"

"怎么为人民服务？"

“准备考公务员。”

我让他讲讲公务员的工作性质，他讲不明白。

我说：“公务员是最具智慧，最懂社会，最接地气的群体，你了解这些吗？不然，他们就没有办法管理和服务人民。要多和别人打交道，才会有当领导的智慧、服务人民的能力。”

他说：“不了解。”

“为人民服务，不一定要当公务员要当领导。你爸做物业也在为人民服务，你妈做店员也是为人民服务，清洁工也是为人民服务。我们班这两位班助现在也在为人民服务。”

我让他交朋友，并且提醒他，也要有异性朋友。

他说：“没兴趣，对女同学也没兴趣，没有这方面的欲望。”

“你想当和尚去吗？交友很正常，生气、发怒都正常，人有七情六欲。只要不伤害别人，这些需求和欲望都很正常。”

他说：“老师，你说人有七情六欲。但是，马克思不是说了吗？追求真理，要消除欲望。”

“马克思说过要消除欲望吗？他追求真理，这不也是欲望吗？他不是有好朋友吗？恩格斯就是；他不是结婚生孩子了吗？他可能说过要控制欲望。但是控制欲望，不是说正常的生理需求和心理需求都要给消灭掉。如果这些都没有，那就不是人了。与人交往，你用有用没用来衡量，什么叫有用？什么叫没有用？人是社会人，不可能一个人生活在这个世界上。你爸在物业公司上班，他要和很多人打交道，对吧？我看你爸人很善良和气，人缘一定不错。”

他说：“是的，他人很好，总有人送东西给他。我和老师交往也很正常，只是不喜欢和同学交往，和别人交往。”

“这不够，还要有朋友，还要走向社会。小学和初中的同学现在没有联系，因为大家还年轻，没有感觉到同学情谊的珍贵，像我这个年龄的人，都很怀念同学。因为他们代表我们的过去和成长轨迹。”

我问他：“你喜欢看书，那么古代文人里面哪一个活得最快乐？”

他脱口而出：“李白。”

我说：“是苏东坡，他‘上可陪玉皇大帝，下可陪卑田院乞儿’。他不仅高雅风尚，还很接地气。而李白太浪漫飘逸，不够接地气，他没有苏东坡过得实在、快活。”

这位学生的父母感情很好，也很爱孩子，但都不爱说话。他爸说，他们家庭不会让他患上精神疾病的。现在儿子有这个病，爸爸辞了工作，到宁波来陪着孩子。他们申请走读，不想影响别人。

他不喜欢运动，很胖，我建议他每晚和老爸一起跑步。我说：“运动、看书、交友、到大自然中去，都是宣泄压力和负面情绪很好的方式。不要只选择一种方式，只看书，书是要实践的，不然只会成为书呆子。有时间要出去兼职做事，不要总是窝在屋子里看那些深奥的书。要像一棵树一样，去外面接受阳光雨露，才能枝繁叶茂。人要有朋友，要社会化，不能只有思想，否则会觉得社会不行，身边的人都不行；这看不上，那看不起。自以为可以改造社会，其实连自己都改变不了。我们不喜欢的事多得很，但是必须接受，因为我们是社会人。

“我现在这么有激情地和你讲这些话，你是不是以为我就很喜欢当班主任？当班主任要操心的事太多了，责任太大了，我也不想当。但是当了，就要当好。我也不喜欢一些人，但是必须和他们打交道，这由不得我选择。换了一个地方，还是有不喜欢的人和事，逃不掉。书是用来指导生活和学习的，不能被书牵着鼻子走，不要有教条主义，生活照书搬。生活只能来源于社会，来自于和人相处。不要活在自己的世界里，要活在有事、有情、有人、有景的世界里。”

他承认他的思想有些偏激，表示会听我的话，改变自己。他还说：“我可能做不了你三年的学生，因为我想转专业学英语，我很喜欢英语。”

我说：“这个没有关系，你想转专业，转走就是了。哪怕我们之间谈完了，你就转走，你仍是我的学生。我遇到了你，我就要说这些。你想想，现在是我在帮你，还是你在帮我？”

他说：“是你在帮我。”

“我们相互帮助，你也在帮助我成长，帮助我进步。如果我能帮到你，我就成长了，进步了。我们是相互的。我们能相遇，说明我们之间是可以相互帮助和成全的。有事可以直接来找我。”

他说：“我会积极参加学校的活动，不会拖后腿的。”

我相信他。

他思维敏捷，反应很快，不像有精神疾病。

早上军训开始了。他裤子上的线没有来得及拆掉，没有穿迷彩裤子。教官让他和女生站在一起。我悄悄地告诉教官，让他回到男生这里来。

在我班，不会让他边缘化，不会让他有另类的感觉。

2021 年 9 月 18 日

自己解决

我班一位班委很优秀，多才多艺，对自己要求很高。一入校，他就树下Flag：要成为军训标兵。

昨天，他找我："老师"。

我回应后，他说："有两位同学的请假证明没有给我。"

今年开学，一位同学生病住院，不能来上学；另一位同学，因为疫情不能按时返校。

我把生病同学的病历证明发给他。告诉他，疫情不能来的同学，只要出示红码就可以证明了。

他说，向同学要了，没有给他。他表示再催一下。

不到一分钟，他说："可以了，这事搞定了。"

我说："以后这类的小事情，简单的事情，你自己处理。"

他说："主要是他们在家，和我们作息时间不一致，不是很方便。"

我说："中午和晚上有大量的时间，你们是同步的，可以处理好。自己找同学，找一次不行，找两次；找两次不行，找三次。第三次，他还是不理你，你就要反思自己，是什么原因，导致他不理你。"

举手之事，并且是学生自己的事，学生不可能不配合。要多想想自己的问题，是不是你找他的时机不对？是不是你只是在同一个时间段里找他？是不是自己说话别人不爱听？是不是说话语气中有伤害到别人？是不是只发了短信息，没有打电话确认对方是否收到信息？

这两位不能按时返校的同学都很守纪律、很认真、很积极上进。生病的同学，只是不常看手机信息；疫情在家的这位同学，春节期间一直在自学专升本和英语。他们可能没有看到他的信息。

去年一位学生的照片没有及时上交，他也找我。

学生有求必应，是我的原则。但是，这样的事，班干不应该求助老师去解决，老师也不应该帮助班干解决。作为班干，要想办法自己去处理。因为这些事，一点都不复杂，不需要老师协调。一个电话、一条信息就可以处理好。如果处理不好，就要想想是什么原因，致使别人不支持你的工作、不配合你的工作。特别是沟通方式和方法，很重要。我一直强调，同样一句话，不同的人说，效果不一样；同样一件事，不同的人做，结果不一样。

社会工作比学校工作要复杂千百倍，发一条信息、打一个电话、收一份简单得不能再简单的材料这类的事情，没人帮你。第一，现在人人都很忙，自己的事都忙不过来，哪有时间帮你处理这种小事；第二，这类小事，别人也不愿意帮你。因为这事太小了，他认为不值得帮你，帮你体现不了他的价值；第三，别人认为没有必要帮你，你自己能处理好；如果处理不好，说明你态度或能力有问题。所以，一定得自己学着去处理。

当这位学生发信息求助我时，我对面坐着一位1996年的年轻人，他一毕业就创业，做得很成功，才两年，销售收入突破5000万元。当然，他父母给了他创业的基础。他给我讲两年多的创业史，有两次，他累得一进家门，就躺在地上，想吐却吐不出来，非常痛苦。他爸妈很心痛，不想让他继续创业。去年原材料价格大涨时，他咬牙挺过来后，客户感动了，和他签了8年的协议。

能成事的人，不是复杂的特别之人，而是将普通的日常做到极致。别以为创业高不可攀，创业就是日常生活，平时工作中的态度、能力和智慧的体现，只不过创业要求更高，要将基本的处世处事原则做到极致。能把生活中的每一件小事做好，能把工作中的每一件小事处理好，就成就了大事。

要想赢得同学的支持与帮助，要想同学配合你的工作，不要只是在工作时对他们有要求，平时要做好功课，赢得同学的信任、尊重，多关心同学、帮助同学，多参与到同学中去，了解同学，也让同学了解你。只要足够了解同学，班级中就没有处理不了的事。

2022年2月26日

跨年大餐

今天我班举行了跨年活动。

下午2：00，班长俞杰带着两位同学去山姆采购美食。因为要买山姆的烤鸡，买早了，怕烤鸡放冷了，只能在这个时间点去。他们买了很多美食：烤鸡、瑞士卷、虾片、华夫饼干、面包、饮料和料理等。考虑到是圣诞节，他们还给每一位同学买了一个苹果。团支书曾静带领同学们布置教室。

3位“2+1”学徒制的同学分别从杭州、义乌、绍兴赶回学校参加活动，活动结束后，他们又坐当晚的火车回到工作地点。一位同学因为妈妈去世一周年祭，回家去了。有4位“2+1”的同学因为工作或路途太远了，没能赶回来。

活动由陈乐尔和曾静主持。先由俞杰、曾静和我发言。

他们俩发言比较简单，主要给同学们祝福，同时感谢我对活动的赞助。

我话比较多：“各位同学，新年快乐！好久不见了。在做手术前，我在教室里转了两圈，当时就想告诉你们，我要住院了，但是说不出口，想着年前可能见不到你们，我会流泪的。

“当我儿子从山姆带回这种烤鸡时，我就想让你们大吃一顿。好几个男同学对我说，你们两位男同学就能吃一只烤鸡。于是，根据男同学两人一只，女同学四人一只这样的标准，计划买13只烤鸡。不料，山姆限购数量，一张卡只能买3只，所以只买了6只。很遗憾，不能让你们有大块吃肉的感觉，不过还有很多其他的美食，大家好好享用。也许年前我和你们不能再见面了，明年你们要实习去了，也很难见面。”说到这里，我眼泪要出来了。

“最后一段时间好好复习考试，不要挂科。其他方面离毕业有差距的，尽快补上。毕业设计也要尽快做，明年要实习、要专升本、要找工作，没有时间、也没有多少心思。在学校、在路上、在实习的时候，要注意安全，包括人身安全、财务安全，要防诈骗，找工作不要看到钱多就去，钱多的信息不一定真实，头脑要清醒。

“明年毕业时，争取都回来拿毕业证，回来做一场活动。仪式感，现在你不觉得重要，20年后，看今天的照片，那不是一般的感动和感触。毕业时的仪式更是如此。

“明年对每一位同学都很关键，不管找工作还是专升本，我祝你们新年快乐！2024年心想事成！”

同学们表演节目和吃美食两不误。首先每个寝室上台表演节目，前两个寝室同学唱歌，第三个寝室由谢雨梧等4位同学进行诗歌朗诵，朗诵的诗歌题目竟然是歌颂老师，这让我很感动。

我不久前做了一个手术，还没康复，要提前离开。同学们献给我一个特别节目：萱草花，全班同学一起唱。唱完了，好几位同学自己都说，好感动!

曾静代表同学献给我一捧花，我感动得有点不知所措。

我出门后，好几位女同学追出来，在走廊上和我拍照、拥抱。她们还拍了小视频，视频中我看看这个，又看看那个，笑得很开心，又满眼的不舍与祝福。

曾静说：“老师眼神中的爱都要溢出来了。您对我们的爱，我们能感受到，我们很幸福。”

后来，曾静把班级同学活动的照片发给我，他们做了好几种游戏：抢椅子、看表演猜成语、合唱等，照片上个个都意气风发、神采飞扬。

好几位同学发信息给我说，感谢胡老师，今天超开心。好多位同学发朋友圈表达他们的心情。曾静说：“最好的班集体，最好的班主任。”下面有同学评论：“我宣布身为胡老师的学生最幸福，没有人有异议吧？”马上又有同学附和：“肯定没有。”嘉昕发朋友圈说：“在圣诞过元旦，见了好久不见的人，尊嘟好开心。我宣布我们班是最幸福的班。”评论里面好几个同学说“同意同意！”“就是就是！”茹莹发的朋友圈是：“元旦晚会，感谢人美心善的胡老师。”她把我的照片放在第一张。之前，她拍了几张我的照片，发给了我，不停地说我照片好看。哪里好看啊，一副病态，穿着厚重的羽绒服，运动鞋，只是孩子开心罢了。

最让我感动的是少凤同学发的朋友圈：“三个月前，还因为一点小事情觉得这个老师很烦人。殊不知这个老师是最最担心我的身体状况的，也是最最最好最负责的老师。”她把我发言时的照片，她们拍的一个视频中我笑着看她的照片截下来，还把她和同学聊起我的对话一起发到朋友圈。她说“到今天，她还一直叫我注意安全。我眼泪要出来了。”这位同学很有想法、很努力、充满能量，之前因为两件事我批评过她。我住院后，她来我家看我。我可以写一篇很长的关于她的文章。

我常在班级发起活动的目的是增强班集体的凝聚力、让同学们学习组织活动、锻炼台上表现自己的能力、学习分享精神，举行这些活动的初衷具有功利性，但是每次活动，看到同学们这么开心，留给他们那么多美好的回忆，我觉得仅仅有这个就够了，不需要有其他的那么多功利性的目的。

2023年12月26日

接受失败

今天开完班会后，团支书说："老师，入党积极分子只有一个指标，却有4位同学申请。怎么处理？"

这4位同学都非常努力，很优秀，没有明显的差距。

我说："投票吧？这个最公平。"

她颇有顾虑地说："投票的结果，会让没入选的同学心里不愉快。"

我说："投票没有选中，心里肯定不愉快。如果让我来推荐，他没推上，心里还是不愉快，还可能会质疑老师的公正性。既然申请的人多，指标少，就一定会有人落选，落选的人不愉快是正常的心理，他落选了，有什么理由开心呢？如果他开心，说明他有心理问题，也说明他太没有上进心了。不愉快有时也是动力，是下一次努力的动力。

"人生失败是常态，我们要学习接受。你看公务员考试，那不是百里挑一，可是千里万里挑一；你看奥运会，全世界的竞赛，冠军只有一个，落败是大概率事件。如果害怕失败，就不用去参加公务员考试，就不用去参加奥运会。

"你作为团支书，不要去考虑这些。还没有开始做事，就担心这个那个，事情没有办法做。你只要按照合规的程序去做这件事，就行了。当然，也的确有个别同学，把主要精力放在学习、竞赛上，不太关注班级和其他同学，这样的同学，在投票中会吃亏。表面上好像亏待了他，可是在工作中，团队意识、合作协作精神更重要，他的行为决定他必须承受后果。"

作为班干团干，希望符合条件的同学都能评上先进、积极分子、获得荣誉，这种愿景是美好的。但是在具体工作中，光有愿景还不够，还必须有原则、有重点、有取舍、有勇气。怕同学受伤、怕同学不高兴、怕同学受委屈，初心是善良的，但是解决不了问题。解决问题时，还是得用理性、用规则、用胆识。只要你不感情用事、不偏不倚，完全按照规则和原则去做事，同学们即使心里有些不痛快，也会理解。

大自然遵循优胜劣汰法则，社会竞争同样超级激烈。从小学到大学，同学们一路考试走过来，经历了无数次的考验，尝到过胜利的喜悦，更多的是体验到失败的滋味。班上第一名永远只有一个，年级第一名永远只有一个，高考状元永远只有一个，竞赛永远只有一个第一名。竞赛奖基本被考上“985”的同学夺走、三好学生大多被考上“211”的同桌摘走。失败是常事，失败不可耻，不用羞愧。敢于去做，就是好样的。

我班有一位同学，有慢性病，还经常感冒头痛拉肚子，总是请病假。今天我找他妈妈聊聊，让他平时要照顾好自己，生活要有规律。聊完他的身体保健后，他妈妈说：“前几天学生评选什么的，我也没弄明白评选什么，他落选了，心情不太好。”学校推优，名额有限，一个班还摊不上1个名额，我班有3位同学符合条件。这件事，我知道。我说：“这个你不用担心，竞争激烈，落选正常，让他自己去消化。下次再去努力争取，就好了。”

失败不仅是成功之母，失败还是人生必须品嚼的营养餐，尽管味道很不好，但是营养丰富，是最好的精神食粮。人类的智慧从失败中诞生、人类的韧性从失败中生长、人类的坚强从失败中健壮。

如果有学生因为指标问题落选，一般情况下，老师不用去做思想工作，让他们自我消化，但是，如果学生有很大的意见，一时想不开，老师应该找他谈话，帮他分析这次落败的原因，鼓励他再接再厉。

2022年9月30日

学会爱

今天给学生开班会。还是老习惯，先讲学习、纪律、安全等常规，再讲一个主题。

我说："今天的主题借今天这个特别的日子：20220222，网络谐音2是爱，网络上很多人说，今天多爱。所以我讲：学会爱。

"人的成长有几个阶段，第一个阶段，是最原始的阶段，像动物一样，有吃的就吃，有喝的就喝，想睡就睡，想玩就玩，想做什么就做什么。这种状态是生命的最初始状态，是人最原始的本能，只要按这种状态生活，就会很轻松、很自在、很舒服、很享受。但是人之所以为万物之灵，是因为人有意识、有觉知、有觉醒。如果长大后，还是按最原始的自然状态生活下去，短期内，人会觉得无聊，生活没有意义；时间足够长，人就会退化。上午我上课时，在大二学生中做过调查，他们说，玩游戏、看视频、睡懒觉、懒散的日子，让他们一点也不开心。人是在努力中、在拼搏中获得存在感、价值感和快乐感的。所以，人要觉醒，要对自己和社会有认知。首先，要学会爱，从爱自己出发，爱亲人，爱周围的人，再爱社会爱世界，从点到面到整个宇宙空间，人要经历这个过程。当你有了大爱和博爱，就拥有了完美的人生。

"很多人误解了'爱自己'这个词，以为爱自己就是自私。爱自己，是肯定自己、对自己负责、活出精彩的自己。首先，完全接纳自己，接受自己的不完美。我是矮的、胖的、黑的，我长得不好看，满脸痘痘、斜眼睛、歪嘴巴，我不聪明，不爱学习，我不完美，但这就是我，我接受，完全接纳。只有完完全全接受自己的不完美，才能对自我有清晰的认知，才能完完全全接受别人和社会的不完美，才能真正敞开心扉对别人、对社会和对世界。

“爱自己是爱的原点。当你爱自己后，你就会爱生你养你的父母、爱你的朋友、爱让你成长的周围环境，这是小爱。当你成熟了，你的能量越来越大，你的心胸越来越宽广，你就会爱整个社会和世界，这就是博爱。

“当你开始爱自己时，你就会发现自己很可爱，你就会变得很努力、很拼搏，因为你知道人生是你自己的，你得对自己负责，让自己活得精彩；当你开始爱别人时，你就会发现，身边的人很可爱，周围的人很友善，社会在进步，世界很美好。你还希望因为你的存在，你的努力，世界变得更加温柔、温暖、阳光，社会变得更加文明、进步、美好，人们变得更加善良、真诚、友爱。

“一些年轻人说，不想谈恋爱不想结婚不想要孩子。他们觉得一个人自由自在，两个人很麻烦，三个人更累。一个人年轻时，的确自由一些，但是年龄大了以后，就会孤独无助。孩子的确让人操心，会占用大量的时间。但是，孩子给我们带来的成长，带来的幸福感、快乐感更强。我现在最感谢我的儿子，是他让我从一个自私的狭隘的小女生，走向了内心强大、坚强勇敢、愿意付出、关爱社会的妈妈。

“爱是要付出的。付出越多，爱得越深。对于未来，不要怕、不要逃、不要放弃。要坚持初心，一步步坚实地走下去。去年我们进校时，许下的专升本、资格证考试、英语四六级，一定要坚守。今年一开学，不要想大学就是这样，别人不努力一样地开心过。我们一定要坚定目标，要向优秀者学习。无论是学习，还是做其他的事，包括写随笔，都要坚持下去。

“我比90%的人笨，你们在座的同学都比我聪明，但是，我非常自律、坚韧和坚强。今天早上我去跑步，运动场上只有一位女生在跑；上周六早上，非常冷，我也去跑了，跑完后，不停地流鼻涕。每天早上，我也醒不来，今天早上，前面的闹钟没有吵醒我。昨晚，我检查过闹钟；今早起来后，再检查，闹钟没问题，是我先生摁掉了前面的闹钟。每天早上，我都和自己进行一场搏斗，最后，都是我赢了。寒假期间我比平时多睡半小时，因为感觉平时太累了，要调整一下。我这么努力，就是源于爱，我爱自己、爱亲人、爱朋友、爱社会、爱这个世界；我还感恩爱我的亲人、朋友、同事和命运。我觉得一切都那么美好，我要让它们更加美好，所以，我特别珍惜时光，特别努力奋斗。

“我希望你们也一样，好好地爱自己，珍惜自己的时间，珍惜短暂的人生，努力拼搏，不留遗憾；好好地爱父母、爱爷爷奶奶、爱外公外婆、爱同学爱朋友、爱周围的人，做一个阳光豁达的人；好好地爱社会、爱世界、爱人生，做一个推动社会进步、使世界变美的人。”

这是我的人生感悟，也是对学生的祝福与期待。

今天上午上课时，有几位学生说，不谈恋爱、不结婚、不生孩子，真傻啊。这么有助于成长的事情，怎么能不做呢？希望他们只是随口说说，也相信成长的过程会改变他们的这些想法。

2022年2月22日

饺子宴

我班同学在一起享受了一顿饺子宴。

去年清明节，因为疫情，不能出校门，我班组织同学们到运动场跳广场舞。我说："本来想让同学们包饺子，现在不行。"

同学们听到这句话，马上打断我，大声叫："饺子、饺子，我要吃饺子！"

我说等疫情结束了，一定满足你们的愿望。

生活委员谷钒在班级发起投票，确定活动时间，大家一致认为周五下午比较好，这个时间没有课，也即将迎来周末。

班委到学校食堂找场地和加工地，他们在南区食堂二楼找到一家面食店。这家面食店愿意协助我们，我们付加工费和佐料费就行。

我原想和面、擀皮、剁馅，都让同学们来做。同学们在这个活动中做的事越多，参与的程度越深，越觉得有趣有意义。由于卫生管理制度，食堂不让同学们进厨房，所以，只能让食堂工作人员帮我们加工食材。

因为我太忙了，同学们不熟悉菜市场的情况，我请妹妹帮我采购食材。食堂工作人员建议头一天把食材拿过去，我觉得这样不够新鲜，肉放上一天，味道会差很多，提出当天拿来。下午1：00，妹妹把所有食材送到学校。同时，还送了三箱香蕉和一箱苹果。

同学们把五大箱食材搬到食堂，食堂工作人员将饺子馅做好后，全班同学一起到食堂包饺子。

同学们三三两两坐在餐桌旁，认真地包着饺子，开心地说笑。饺子的形状五花八门，荷包蛋、元宝、小船，样样都有，大家都要拿出来秀秀。茹莹把饺子做成一个个小笼包状，这是她从开小吃店舅妈那里学来的。柔迪很会做菜，能包好几种花样的饺子。后来，饺子煮好了，大家都吃饺子去了，她一个人还包了很久。

食堂这一角热火朝天，大家争抢着要包更多。突然发现，饺子皮不够。食堂工作人员把他们晚餐备用的两包，挪给我们一包，还是不够。于是，我赶紧让食堂工作人员联系他们平时送饺子皮的商家，跑腿费我们承担。那位商家说忙，没时间。又说，这么近，没必要叫跑腿。没办法，只能让毅翀骑上他的电瓶车去买。十几分钟后，他就买回来了。

我想坐在繁同学旁边，年前他失去了妈妈。他很开心地和同学们在一起，认真地包饺子，我很欣慰。他们那组包的饺子餐盘放不下，是他创意地把饺子放到餐盘的边沿上。我偷偷地拍了一张他的照片，记录了他红扑扑的脸庞，认真包饺子的模样。活动结束后，我发给他，他说："谢谢老师，今天玩得很开心，好久没有包饺子了。以后这样的活动可以多组织一些，大家今天都很开心。"

大家把包好的饺子放在绿色的餐盘里，然后把餐盘集中起来放在餐桌上，餐桌上放不下那么多餐盘，几位同学托着餐盘，凑在一起拍照。十几个盛满白色饺子的餐盘放在一起，场面很壮观。

第一锅专为一位回民同学准备的，她吃的饺子是韭菜鸡蛋馅。

第二锅煮好了，同学们先给我拿来了一大碗。

"好吃！""好吃！""好吃！"

所有同学都这样说，边吃边赞不绝口。

茹莹坐在我旁边，和我边吃边聊，她说："我们班真的很好，同学们很活跃团结。真没有想到，我读书最开心的班级是在大学。"

现场欢声笑语，热闹非凡，人人都很兴奋，我也是。雨梧说："胡老师，你看起来就很开心，很兴奋。”听了她这句话，我情不自禁地把她和秀婷抱在一起，像孩子般地跳啊跳。

饭前大家吃香蕉，饭后香蕉苹果一齐上。

大家都赞叹：“苹果很新鲜，很甜。”水果买多了，还剩下一大半。没吃完的，同学们带回寝室。

妹妹很上心，为了保证香蕉新鲜感，前两天，她特地买进香蕉头上有一点青色的那种。还将食堂工作人员开出的清单里的大白菜换成了娃娃菜，她说大白菜不好吃，娃娃菜有淡淡的甜味。清单里没有的酱油、醋和生姜也都买来了。

提出做这场活动后，谷钒第一时间找我，说我班有同学是回民，提醒我不要说出来，只做就好。同学们吃香蕉时，她又提醒我：“送些香蕉给工作人员吧。”

有一位女同学生病了，她都站不稳了，还想熬着等吃了这场饺子宴再回家休息，我让她先回，以后还有机会做活动。

饺子宴结束后，谷钒对我说：“谢谢胡妈妈！胡妈妈今天辛苦了！”我只是提出设想、告诉她怎么做，她更辛苦呢，写活动方案、组织协调整个活动、餐后带领大家清理现场。她做得一丝不苟，整个活动井然有序。最初她接到任务时，以为只是通知同学们就可以了。我告诉她，这一切都要她来组织，应该怎么组织，她很快就学会了。她在朋友圈中发了一条微信：“今天是很丰盛的一天！！！大家包的饺子都超级好吃诶，这是一次非常有趣的活动，大家一起参与，通过亲自动手大大增强了我们彼此间的互动和参与感，有了一次难忘的回忆。这一切都离不开我们胡妈妈的赞助、大厨邱师傅和其他后厨师傅的帮助，以及我们所有的同学，谢谢大家！”

有好几位同学发朋友圈，盛赞这场饺子宴。我发到朋友圈，有好几位圈友说：“这样的活动很有意思！”“很有意义！”

大学平时活动多，但是全班在一起轻松愉快地玩的时候较少。我想让他们在一起多聚多玩，增强他们之间的情谊，增加班级的凝聚力，提高他们组织活动和管理协调的能力，也让他们以后多一些美好的回忆。

2023 年 4 月 8 日

我想创业

班长俞杰发信息给我，说有事想找我聊聊。其时，邻居夫妇在我家，正在向我咨询他儿子毕业后的就业问题。

俞杰说他想创业。他经过反复考虑，认为自己成不了上班族，只能创业，他想给我打电话。我说明天一整天我都在学校，你要是有时间，来我办公室谈。

创业是大事，电话里说不清楚，当面谈，会更深入全面。

今天下午，他带了5位同学一起过来。我把他们带到分院小会议室。

俞杰说他想做服装生意。先做短袖T恤，从学校的同学中开始卖起，再卖给其他学校的大学生，然后再卖给其他年轻人。他们调查的情况是，宁波目前有16所高校，每年有25万大学生，如果每25个学生里有1个人买他们的服装，一年就能卖1万件。他们只做设计和销售，让别人帮忙加工生产。他家生产布，他创业本来不想和家里人搅和在一起，但前期资金有限，只能依赖家里，让父母成为布的供应商。

他们计划前期成立工作室，最理想的地方是校门口的学校众创空间，这样没有房租压力，平时大家方便，也能吸引很多同学去购买。

俞杰是有创业天赋的，他会玩很有创意的东西，目前已经在挣钱了。暑假的时候，他去企业实习，做业务员，收入颇丰。

他想创业我不意外，只是没有想到，这么早他就决定试水。

我提了几个问题：“这个项目是谁提议的？目前准备有几个股东？

股权怎么设计？主要由谁说了算？”“服装行业竞争超级激烈，你们用什么优势进入市场？如何实现差异化竞争？是面料、颜色、设计，还是营销？”

项目是俞杰提出来的。今天来的6位同学，全部都是股东，其中俞杰统筹管理，一位女生负责经营网店，两位男同学做营销。

差异化竞争策略他们还没有想明白，但是想做自己的品牌。

我说：“这个项目可以做，就看你们怎么做。传统的T恤衫，抖音上多的是，他们价格低得难以想象，基本上都是采取薄利多销的营销策略，你们没有办法和他们竞争。你们要做有设计感、有个性化、有品质的服装。

“如果只做T恤短袖，很难形成品牌效应。因为一件衣服的特色难以彰显，除非这一件是奢侈品牌，奢侈品牌自带光芒，能吸引人的眼球。最好裤子、帽子、女式布包、腕带、额带，一起推出去，形成一个小小的系列，这样就会有更大的消费群体。你们要想清楚，用什么面料？用哪几种主色？领口、袖子、扣子等方面如何突破，形成自己的特色？设计最好让美院的同学看看。你们去观察，大品牌服装颜色比较少，款式也不多，设计还很简单，初一看，它们很不起眼，为什么它们能成为品牌呢？绝不是靠营销打广告轰炸出来的，它们的产品一定有过人之处。它们普遍很耐看，不容易让人产生审美疲劳，这才是成为经典的基础。别看它们好像很简单，其实一点也不简单，里面包含着设计、审美和人性很深层的东西。有时，你感觉到它的美，却说不出来，它在不知不觉中打动你、吸引你。所以，我建议你们产品的颜色不宜太多，面料也不能太多种。选出最合适的几种来，足够。

“创始股东6个人，太多了，股权分散，不利于决策。最初参与进来的人并不一定都要成为股东，股东两三个够了，决策起来简单，不会产生过多的内部协调。否则，将来容易出现问题，当有一个股东难以协调时，影响整个团体的运作。并且股权不能平均化，创业初始要有一个人说了算，他在股权中占有较大比例。不管是对是错，是好是坏，主要由他决策，结果也主要由他承担。平均主义不可能做成企业。

"营销对象不能只以大学生为主，学生购买力有限，并且都在校园里。很少有学生希望看到别人和自己穿同样的衣服，除非已经是品牌。要以社会为主，面向全社会宣传推广营销。"

俞杰说，准备上抖音。他给我看他购买的项链和服装，以此来说明抖音方式营销效果很好，抖音网红主播和明星效应一样好。我没有抖音号，没玩过，不太清楚。但我知道，他善于玩这些。

他们写了一个很简单的商业计划书，还没有写完。我让他继续完善，一方面用于申请众创空间用，另一方面在写商业计划书的过程中，会搜集和学习网上大量的行业信息、商业模式、营销策略，并且还会让自己的创业思维更加缜密和系统。

我对俞杰说："凭我对你的了解，你做不了很低端的产品，你将来肯定要做品牌，做有品质的东西。你做服装，最后打算做成什么样子？你心中的标杆是谁？"

他说："要做成 ×× 那样的。尽管外面都是他的负面新闻，但是他做的产品好。最后我也要做自己的品牌，做成产品不愁卖的那种。"

我说："从简单做起，低端做起，是对的。因为能力有限、资源有限、资金有限、经验也有限，只能从低端做起。但是，低端不等于低品质，品质一定要尽力做好。品质好，迟早就会做出品牌来。创业赚钱很重要，但我认为比赚钱更重要的是流量和存量。很多活动，你们可以去参与，去赞助，不是为了当时卖多少，而是为了打出品牌，赚取流量。流量到一定程度，销售自然上来了。当销售达到一定程度，就开始走高端路线。低端带来流量，高端带来高利润，两条线同时推进，最后甚至只走高端。在这之前，只能很痛苦地煎熬，熬过了，功到自然成。

"做生意和做朋友完全不一样，不能讲哥们义气，而是要考虑是否能把这个项目做成。股东多了，表面上看每一个人投不了多少钱，但是，企业如果做不成功，投多少都是失败。你们现在不用在乎谁做股东，谁的股权多谁的股权少。有无股权、股权多少这个时候其实没有特别大的意义，在做的过程中，由能力与贡献说了算。股东可以变，股权也可以变。还有，也不是说，反正投不了多少钱，试试呗，这种心态做不了事。既然做了，就要全力以赴。平时可以随便请朋友吃饭，但是做生意要明白，钱是用来生钱的。没有钱的概念，不把小钱当钱，以为玩玩而已，那就不用做了。然后，分工要明确，俞杰很灵活，是创新型的人才，那就要找一个很细致专心做内部管理的人，把进出货、客户服务、内部日常工作做好。

"创业不可能不影响学习，但是要尽量不影响学习，该上课的时候要上课，该做作业的时候要做作业，该参加的活动要参加，原想专升本，继续专升本。越想做大事，学习越要认真，因为时间很宝贵，要珍惜。毕业证也一定要拿，忙着创业，可能觉得毕业证不重要，以后就会非常重要。我认识一位创业大赛获得全国金奖的创业人士，本科六年才拿了学历证书，没有学位，影响了他后来的发展。不久前我介绍一位创业成功的企业朋友到我校进行校企合作，他很遗憾没有读大学，觉得天花板在他头上顶着，他想有机会再去接受系统教育。"

创业没有那么容易成功，但是不去尝试，连成功的机会都没有。老师该鼓励学生的时候要鼓励，该提醒的时候要提醒，着眼眼前的要告诫学生，放眼未来的也要提醒学生想到。

2023年4月23日

沉浸式学习

今天把意向参加现代学徒制“2+1”的学生召集到一起，开一个简短的会。

首先，我再次详细介绍现代学徒制实习安排，强调参加现代学徒制实习学生的管理及注意事项，解答学生提出的问题，征询每一位学生的想法。尽管大部分内容在全班讲过，但是我想让他们在确定参加“2+1”实习之前把这些问题弄得清楚明白，避免中途摇摆退出。

然后，我建议他们把“2+1”的相关材料发给家长，不要只是口头上和父母讲，口头讲可能讲不明白。父母看了书面材料之后，就会判断“2+1”实习对孩子是否有利，是否认同学校对“2+1”的管理，是否同意孩子参加。

我班大部分同学希望参加专升本考试，意向参加现代学徒制“2+1”实习的学生中有好几位准备参加专升本考试，他们很担心“2+1”实习会影响专升本考试。

我说：“大家都知道，从你们进校的第一天起，我就鼓励你们专升本，希望你们获得更高层次的学习机会。所以，这次你们参加‘2+1’实习，我希望不会影响你们专升本的计划和目标。

“‘2+1’实习从9月开始，专升本考试的准备可以从现在开始，接下来有两个月的暑假，从时间上看，完全足够。但是有一点，那就是你在学习的时候，要全心投入。在企业实习和在学校学习完全不一样，刚入职，要学的东西特别多。并且一旦进入企业实习，工作时间里不能学习，只能利用晚上和周末。不管你们实习工作有多忙多累，每天抽两个小时，英语和数学各学习一个小时，应该没有问题。如果说太累了，看不进去书，做不了题，那么，可以在网上看视频。网上有专升本备考的视频，你们每天坚持看一两课。另外，早上起来可以记单词、背语法和句型。”

同学们点头表示认同，他们已经开始在网上学习了。好几位同学一进大学，就在自学或者在校外培训班学习。

我接着说：“坚持每天学习非常重要。你们将来实习工作再忙，也不会比我现在更忙，我每天晚上都在学习与工作，基本上晚上11：00前都在电脑前工作或在看书。学习时全身心沉浸进去，这种感觉非常美，因为这种状态让你的生活和世界变得简单。在座的同学，不管晚餐吃得多么简单，肯定比我的要丰富。昨晚我炒了一盘冬瓜，吃了一半，昨晚的晚餐我就只吃了这个。剩下的一半冬瓜，准备今晚吃。晚餐我经常啃一个干馒头，或者一碗蛋汤。这样简单的生活，我不觉得委屈了自己。晚上安安静静地沉浸式地学习与工作，效率非常高。

“参加专升本考试，不在于用多少时间去准备，而在于你们是不是真的很想读专升本；在于你们学习的时候，是不是全心投入。如果你们的理想与目标被一件事干扰，以致放弃，那本来就不是你们真正的理想与目标。所谓的理想与目标，就是要克服一切困难，特别是战胜自己的弱点，全力以赴，不留遗憾。在实习期间，除了工作之外，把所有心思都用在备考专升本上，相信结果不会差。”

最后，我说：“如果准备参加‘2+1’实习，填报材料的时候，一定要仔细，特别是自己找实习单位，签订校企合作协议时，要把所有信息填全填准确，因为校企合作协议要到学校走流程，后面审核材料的老师很忙，如果信息填不全面或不正确，就要退回去重新填写。没准，你可能还得找实习单位重新盖章，这个工作量就会呈几何级的倍数增加。认真填写各项信息，认真对待每一份材料，认真对待每一个工作细节，也是你马上参加实习必备的基本素养。”

会后有两位同学有问题问我。其中一位同学说，她想回到家乡参加“2+1”实习，但是她父母不同意，他们认为她在家学习效率会低于学校，她让我和她妈妈通电话。我对她妈妈说，最好尊重孩子的意愿，相信她的选择，信任她的决定。父母强迫的事，不管是否真的对孩子有利，只要孩子没有完全认同，她就不会全心投入。而孩子自己做的决定，自己做的选择，她就会自己承担责任与后果，从而她就会认真负责。

2023年5月24日

今天是“520”

今天是5月20日，“520”网络谐音“我爱你”，我给我班11位穷困生，还有另外一位不久前在车祸中失去母亲的学生，每人发了一个红包。

给贫困生一点特别的温暖，我想了很久，一直没有想好用什么方式。今天还是很世俗：发红包，主要考虑他们经济条件不好，发红包对他们更实惠。

我班有两位同学失去了父亲，一位同学失去了母亲，还有两位单亲的学生。这5位同学，我先发红包给他们，他们都很客气，不接收。

我说：“很抱歉，过去没有给予你特别的关照，请你多多包涵，我一直很想给你一点温暖。这是我的一点点小小心意，请你收下。”听我这么说，他们都收下了。

有3位同学发现红包比他们想象的要大，退回来了。我再发给他们，让他们收下。

考虑到其他7位同学可能也会不好意思接受我的红包，他们的红包，我发给生活委员，请她帮我转交给他们。

他们都收下了，也都向我表示了谢意，基本上每一位同学都说：“胡老师，我超感动，您对我们太好了！”其中一位同学说：“胡老师，首先520快乐！其次，真的很感谢您为我们做这么多，真的超级感动，很多话真的无以言表，我对着这个对话框很久了，不知道该怎么说感谢的话才显得真诚一点。总而言之，您是我遇到的眼睛里有光的老师，很特别的一个老师。最后祝您生活愉快，工作顺利，永远开心快乐，积极向上，永远充满正能量！”

这点钱对同学们来说，帮不了他们什么。我希望他们去好好地吃一顿，或者买一件喜欢的小礼物，像口红什么的。我只是想告诉他们，他们经济条件尽管差一点，但是不孤独，老师一直在想着他们。我也借这个机会，和他们说说我对他们的感受与评价：“你是我班第一个加我QQ的同学，也是总叫我胡妈妈的同学，你很努力很阳光很大气很友爱。”“你不久前拍的照片美极了，以后多出去玩。”“上次活动你组织得非常成功出色，学习能力超强。”“你很优秀，很勤奋，积极向上，令我感动。”“你很喜欢打篮球，喜欢运动，很有能量，以后晚上早点睡觉哈，不要影响室友休息”……

清明节的时候、母亲节的时候，我都想过给失去父亲或母亲的孩子一些关怀和温暖，但又担心会打扰他们，引起他们的伤感。

今天是网络上谐音“我爱你”，也是年轻人比较喜欢的一个日子，相对轻松一点，所以，我选在这个日子。

昨天，一位同学和我讲她的成长经历，哭倒在我的怀里，让我心痛不已。昨天听完她的故事后到现在，我还一直在想着她。半夜醒来，依然流着泪想着她。想为她做点事的愿望，促成了今天对他们作出的一点点表示。

可以说，我们班这12位同学，经历了我到现在都没有经历过的人生苦难。失去父母的同学自不必说心里有多苦和多痛，单亲家庭的伤也很难治愈。其他7位贫困生，他们每一家都有一位长期生病的长辈。我经常想，如果换了我，我会以什么样的态度来面对这样的成长经历，会形成什么样的人生观和价值观。我会不会像他们那样阳光、乐观、豁达、大气、友爱、勤奋、拼搏向上。答案是否定的，我在大学时，家庭条件也很不好，是我班几位免书费的学生之一，这是那时学校给予贫困生唯一的待遇。我却没有他们那样的精神气、那样的阳光灿烂、活泼大方，我比较孤僻。所以，他们真的令我很感动。

学生们给予我很高的评价："胡老师是我的良师益友，遇到胡老师是一种缘分，也是一种幸运"。然而，我感觉不是我在帮助他们，相反，是他们让我时时回忆我那多伤多愁的青葱岁月，是他们以坚强的意志给予我力量，是他们的品质给予我进步的动力，是他们眼中的光，点燃了我心中的火。我从他们身上看到了人生的不易、生命的能量，也从他们身上，看到还有很多家庭和孩子，需要老师，需要全社会去帮助、去关爱。

孩子们，我真的很爱你们！愿我眼中的一点微光，能在你陷入悲伤的时候，照亮你内心世界。我也向你们保证，当我懒散的时候、懈怠的时候、消极的时候，我会想起你们的笑、你们的泪、你们给予我的所有感动、点滴温暖。谢谢你们！

2023年5月20日

中秋茶话会

本周三下午我班举行了一场活动：欢迎吴涵同学大凉山支教归来暨中秋茶话会。在开学之前就安排了这场活动，因为期初的各种忙和时间的冲突，直到本周才举行。不料，与分院的会议时间还是有些冲突。

团支书曾静写活动方案，班长俞杰负责采购物资、邀请老师及活动的其他准备工作。我给这场活动进行资助。

午饭后，班委到教室布置会场。主持人陈乐尔做了PPT，电脑却投不到屏幕上。我拿来自己的电脑，也投放不了。同学拿来U盘，还是不行。这学期我在这间教室的左右隔壁都上课，电脑连上线就能用，不知道为什么这个教室不能用。直到两位辅导员来，在她们的帮助下，才投屏成功。这么一来，几位同学都很紧张，担心活动不能如期。这也是好事，学生们多经历一些，以后就有经验了。

我们邀请了3位辅导员老师、吴涵现任班主任应老师。应老师有工作来不了，派来了学生代表。

首先，辅导员负责人余璐璐老师给学生讲话。她说她第一次受邀参加班级主题活动，吴涵用实际行动做了很多人包括她想做的事，是很多人的榜样。她通过肯定吴涵同学的支教活动，给予同学们鼓励和祝福：每一个人都能找到通往未来的彩虹之路，都可以活出精彩的人生。

俞杰代表全班同学欢迎吴涵支教归来，他说："我很荣幸成为吴涵的同学，吴涵做了他自豪的事，我也想做一件令我自豪的事。"

曾静代表全班同学给吴涵献花。

吴涵讲述他在大凉山的经历。他说："很早以前，在媒体上看到有人去大凉山支教，我就萌发了去支教的念头。但是没有渠道，直到去年有一个微信推送，就报名了。然后参加面试、笔试，通过了。暑假时，胡老师和我一起向学校申请休学。去大凉山的第一周，因为不适应，想打退堂鼓。有好多人不适应，没有坚持下去，但我还是坚持下来了。

"第一学期主要教小学五年级的数学及做后勤服务。上课前我非常认真备课，生怕讲不好，学生不愿意听。上课第一天，12个孩子只来了3位，除了一位有特殊情况外，其他8位同学都没来；这些学生基础不好，小学三年级和四年级的数学知识没有学习，或者没有掌握，于是，我在周末给他们补课。所以，我对他们也很抱歉，周末的时候总是拖着他们学习，他们没有时间休息。早点5：00到晚上10：00多，他们一直在上课。我的数学课从早上5：00到上午11：00。下午和晚上我没有课，就备课和改作业。

"第二学期主要做后勤服务和助农，负责采购，有时会去采购鸡腿给学生吃；还负责分发其他地区捐赠来的物资。第一次分发物资的晚上，我哭了，为学生们流泪了。我来自农村，但是他们的条件比我们要差很多。特别有意义的是助农，把农民的核桃收上来拿去卖，然后把赚来的钱发给学生。山里的老爷爷和老奶奶，年龄很大了，还背着核桃走很远的路，让我很感动。有一天下雨，我们4位老师在雨中卸载了10吨核桃。助农挣的钱，分给每位学生500元，也分给我了，我没要。大凉山和我原来想的不一样，路、电和网络通到了山里的每户人家。"

我们都被吴涵讲的内容深深吸引了。但我还是有一些疑问，于是问主持人，我可以向他提问吗？

征得主持人同意后，我向他提了两个问题：第一，那8位孩子为什么没上学？是家长不让上学，还是他们不想来？第二，为什么要早上5：00就上课？

吴涵说："这些学生不想上学。然后，我和老师们去他们家里，把他们拖到学校里来，他们的家长大多支持他们读书，不反对他们上学；那里的一些学生非常用功，有时，我晚上11：30上厕所，看到厕所里还有好几位学生在学习。那里竞争非常激烈，所有的学生都可以上初中，但是只有一半的学生能上好的初中。比如六年级有23人，有12人左右能进好的初中。只有到好的初中里去，他们才有机会走出大凉山。所以，有一些学生学习非常刻苦。

"大凉山支教经历，圆了我很久以来的梦想。以后如果有机会，我还想再去。我也很感谢班主任胡老师，没有她的支持，当时我可能没有勇气去。"

吴涵的讲话令同学们很受感动和鼓励，大家用赞许和欣赏的目光看着他。他讲完后，同学们给予他热烈的掌声。

然后，进入同学们展示才艺时间。

孜屹、冰彬、曾静、慧慧等同学为大家献上了歌曲。老师们都说，大家唱得这么好，参加校园十佳歌手了吗？

还有集体节目，猜歌谜、猜字，这两个环节，气氛极其活跃。组委会给同学们进行了分组，大家按照分组要求入座。同学们都抢着回答，有时不得不给两三个组同时加分。30道猜歌谜，30组猜字，全部被同学们猜出来了。这让老师们很惊喜，也让我很开心。

大合唱周杰伦的"稻香"，全班同学都会唱，又让老师们大为惊叹。这也是让我最开心的事，同学们都会唱歌，多好。

我为同学们朗诵了一首小诗"不要太早定义自己"，诗是写给我自己的，也勉励大家。

最后，我做总结发言："感谢辅导员们对我班同学耐心细致的关爱，感谢同学们组织了这场活动与奉献的才艺。吴涵同学支教中发生的一些事，对我们很有启发与激励意义。他有眼疾，他的父母不赞成他去那么远的地方支教，担心他万一摔跤，视网膜出现问题，不能及时就医，但是他坚持要去。我也是极力支持，我和吴涵当时只有一个顾虑，那就是这个微信公众号是否靠谱，会不会掉进传销里去。我建议吴涵去教育局和民政局进行核实。他去的第一周一个很晚的晚上发信息给我，说带不了五年级学生的教学，适应不了。今年90多岁的奶奶生病，想他回来，他也纠结了很久，最后回来陪奶奶一段时间后，又回到了大凉山，坚持到了最后。我想告诉大家的是做一件事不容易，内外部都有一些因素在影响在制约，能坚持下来，很了不起。大年三十那天，大凉山学校停水停电停网，他没有回来，一个人在那里过春节，他还炒了几个菜，好好地吃了年饭，他说要有仪式感。这点我要特别强调，说明吴涵同学热爱生活、善于生活。也正是因为这样，他才会那么无私地热爱山里的孩子。”

学校对吴涵支教大凉山进行了宣传报道。

2023年10月13日

欢送兵哥哥

我们专业两位班长都选择了当兵哥哥。

2月28日，这学期开学第一天，我去学生寝室看望返校的学生。班长俞杰刚刚到寝室，他说他突然接到通知，马上要入伍了，3月5号就要去参加预训。

这一瞬，我为他骄傲，为他开心，心中也有一些不舍。他的专科学业生涯马上要结束了，他要离开学校，离开我们班了。接着，其他同学也都要各奔前程了。保证他们顺利毕业，送他们走向社会，是我们做老师的使命与责任，是我们的期待。然而从情感上讲，分别总有诸多的不舍与难过。

和二班的班主任刘老师商量，要不要两个班一起开一个欢送会，她欣然同意。于是我们让团支书张罗起来。

曾静很快写出了活动方案，经过两年多的学习，她已经养成了这方面的工作习惯，我再也不需要提醒她，并且基本不用修改活动方案了。

同学们在工作日要实习，欢送会定在周六下午2：00。

大多同学在家乡实习，没有回到学校，参加欢送会的同学不多。首先由两位兵哥哥发言，俞杰说："不知道大家是否还记得，去年我们班举行欢迎吴涵支教归来茶话会时，我说过一句话：支教是吴涵的骄傲，吴涵有他的骄傲了，我也希望有我的骄傲，今天我就开始实现我的梦想，参军是我的梦想。我家人也很支持我去参军，我外公参加过抗美援朝，我们全家都为他骄傲。我很小的时候，我妈妈就说，以后让我也去参军……”

二班班长毛泽磊也发表了对参军的感想：“我想做一件有意义的事、有价值的事、令我自豪的事，所以我选择了入伍。很多人说在部队很辛苦，但是我想，如果参军，最多辛苦两年；如果不参军，我会后悔一辈子，我不想让自己的人生后悔和遗憾……”

接着，两位班主任给两位兵哥哥寄语祝福。我说：“俞杰是我们班的班长，我还记得大家刚入学的情形。军训结束后，在运动场上就地开了一个班会，我讲完了，俞杰总结出来4条，然后发到班级群里，说这是刚刚胡老师的讲话，大家要记清楚了。同学们第一次上课，俞杰和学习委员铜庆同时在班级群里通知大家，作息时间、上课时间、每次点名时间，告诉大家一定要遵守，不然，全班同学会跟着一起‘吃药’，班主任还要受影响。你们刚进校来的这两件事，让我明白俞杰有很强的管理意识和管理能力。果然，两年多来，班级管理做得很好，同学们凝心聚力，奋发向上，俞杰、曾静带领全班同学获得了校先进班集体、校先进团支部、宁波市先进大学生集体等荣誉，我代表班级感谢俞杰。毛泽磊是我带课班的班长，你们班学风一直很好，同学们很守纪律，你带了好头。提起兵哥哥，都会让人肃然起敬。部队是最能历练人的地方，相信并希望两位同学能在部队学有所成，学有所用……”

刘老师说：“这是我带班主任最轻松的一个班，由毛泽磊领衔的班委很给力，我班同学各方面表现很好，团结友爱、互帮互助、学习认真，获得了先进班集体，感谢毛泽磊同学……部队纪律严明，我希望两位同学在部队里认真学习、虚心请教、克难奋进，为自己、为班级、为学校争光……”

到会的每一位同学给两位兵哥哥送去祝福：“祝两位同学练就一身真本领，保家卫国”“到部队顺顺利利，回来后顶天立地”“到部队以后就靠你自己啦”“做你的同学很光荣，希望以后为你骄傲”……

第二天晚上，俞杰请班级同学和二班几位要好的同学聚会。毅翀头天打球，韧带受伤了，拄着拐杖，从实习地绍兴由他的好友开车接来了。

小时候全村人一起送兵哥哥参军的场景历历在目，今天头脑里更清晰地再现了当时的盛况；好几次在不同地方的火车站，看到一排排的兵哥哥，总要以羡慕和敬佩的眼神向他们行注目礼好久。今天亲自送两位学生去参军，心中的自豪感油然而生。

祝福他们、期待他们、相信他们……

2024 年 3 月 2 日

化解消极情绪

今天我班一位女生问我："老师，你是怎么保持开心的心态的呀？感觉你总是乐呵呵的。我就经常焦虑，晚上一两点睡不着。我心态不好，易怒，情绪不稳定。"

我说："姑娘，我年轻的时候，也睡不着呀，情绪也很不稳定，脾气也很倔啊。你现在这么年轻，如果就像我现在这样，那可不行，太老成了。

"你看到的我只是我的一个方面，每一个人都尽量把最好的一面展现给别人，这是台前。台后，我也有情绪不好的时候、焦虑发火的时候。就拿刚刚来说吧，我给一位同学打电话，打不通，她手机停机了。我马上担心起来，因为她是'2+1'实习的学生，我怕她有什么安全问题，马上给她爸打电话。你想想，我们作为中年人，上有老下有小，还有你们这么多孩子，我也很忙很累的，哪能每一个时刻心情都很好呢？每一个人的情绪都随环境和心情而变化，迷茫、苦闷、压抑、烦恼、愤怒、焦虑所有人都有，我也不例外。

"只是不能因为心情不好，就困在这个情绪里不出来，我们得想办法调整自己。首先，得承认自己情绪不稳定，接纳某些时候心情会不好，这点很重要，不要抗拒。不管是积极情绪还是消极情绪，都是有生命的，我们得正视它，接受它。如果一味地否认它，我们就在与它对抗，这将造成内耗。不接受自己的不开心，就意味着我们不接纳此时的自己，不接纳自己是很痛苦的事。所以不管处于什么样的情绪，首先承认它、接受它，这就是我自己，OK，我接受，这样有利于后面与它和解。

“情绪无所谓好坏，只有积极与消极之分。消极情绪告诉你，有某些东西不符合你的预期和心理，你得调整自己的心态，这是发现自我、突破自我的动力；消极情绪也让我们的积极情绪变得有意义，如果不是因为偶尔有消极情绪，积极情绪就没有那么深刻的体验，我们就不懂得珍惜。

“第二步，允许消极情绪扰我们一段时间后，我们就要想办法化解。化解的方法很多，可以哭一场，可以蒙头睡一觉，可以出去散心，可以找朋友倾诉，可以出去吃一顿，可以去运动场跑几圈，可以写日记……总之，你总能找到适合自己化解情绪的方式来。像我们成人，情绪不好的时候，基本上都是自我消化和调整，我不能总是冷着脸苦着脸对别人吧？我们又不像你们学生，学生可以找老师帮忙解惑，我们只能自己想办法突破。我觉得田野能让我心情开阔起来，我就常去田野。不让自己囿于消极情绪，走出去，吹自然风，晒太阳，见令人愉快的朋友，运动场上出一场大汗，都是化解消极情绪的办法。

“成熟是一个很美好的词，但成长的过程很痛苦，会有很多纠结、迷茫、折腾、矛盾、痛苦，每一个人都是这么过来的。你很有灵性，有灵性的人，更要经历一个漫长的心灵成长过程。随着年龄增长，阅历增加，原来你觉得很难熬的事，后来都不是什么事了；原来让你辗转反侧的情，后来都会成为让你感动感恩的经验。

“以后有什么困难，可以随时找我聊聊。明天给你们上课，课间你也可以和我再聊聊。后面给你们上‘投资心理学’课程，我也会讲情绪管理方面的内容。”

情绪管理对谁都不是容易的事。我儿子很小的时候，我总是训他不能管理好情绪，想想我自己，到现在都没有管理好情绪呢，真对不起他！有一些朋友也对我说，他孩子脾气不好，情绪管理做不好。

如果孩子把情绪管理做好了，他就不是孩子了。很多表面上阳光灿烂、温暖乖巧的孩子，内心却不快乐，最后心理出现问题。

有一次，学生请我给青马班的学生讲课，题目我自定，我瞬间就想到讲情绪管理。那堂课学生评价非常高，结业时有学生写道“印象最深刻的一课是胡平老师讲的‘如何管理情绪’，她告诉我们在学习与生活中会产生各种各样的情绪，如何面对这些情绪，管理好自己的情绪，为我们提供了最优的化解消极情绪的途径。只有管理好情绪，做自己情绪的主人，才能做真正的自己，做事时发挥最大的效率。”“令我印象最深的就是第六课胡平老师主讲的‘情绪管理’。对于现在的我们，如何消化消极情绪确实是一门学问，她教我们如何转化消极情绪，做一个心态开放、心胸开阔的自己。很感谢胡平老师带来的经验，让我受益匪浅。”

不是我的课讲得好，而是情绪贯穿在每一个人的生活、学习与工作中，管理情绪对每一个人，尤其是年轻人太重要了。正如有学生说：“情绪管理对我们年轻人太必要了，因为我们总是情绪波动很大，控制不住自己的情绪。”

一些人很喜欢抱怨发牢骚，对于关系很好的朋友，我会直接和她们说：“不要见到一个人就宣泄情绪，把自己描画成苦难的模样，我们现在有很多选择，最重要的是想办法解决问题，而不是把精力放在抱怨、发牢骚上面，这无济问题的解决，相反只会把问题弄复杂弄得更糟糕。改变别人是不可能的，只能改变自己。通过改变自己影响别人，使别人也自我改变。改变自己对这件事的认知，也许你就会得出相反的结论，不但不会抱怨，还会有一份感恩之心。”

2023年9月18日

出来一起嗨吧

疫情形势严峻，学生不能轻易出校门。宁波海曙有疫情后，学生在寝室上网课。

清明节放假三天，我想学生关了这么久，肯定很想出来透透气。不能出校门，那就让他们在运动场上嗨吧。

请示学校领导，获得批准后，让班长征求同学们的意见，大家想在学校运动场上做什么活动。活动形式不重要，目的只有一个，就是让大家从寝室里走出来，晒晒太阳，尽情地玩玩。

班长说大家想跳广场舞。他们在网上找到广场舞的视频，昨天晚上寝室长带领大家练习。

我们分院丁副书记帮助协调，向学生会借来了音响。

今天中午12：50，大家在运动场集合。按照防疫要求，每人都戴着口罩，保持一米的距离。有三位同学没能参加，一位在卫生间摔伤了，不能走路；一位吃坏了肚子；一位同学因病自租房子在校外住，不能回到学校。

活动开始了。同学们先跳广场舞“日不落”，由文艺委员彩依拿着iPad，面向同学们放视频，体育委员柳松和雨桐两位同学领舞。他们都是刚学，但是，跳得非常好，很有激情，很有节律。我说：“雨桐，你才学习这么短的时间，就跳得这么棒，好了不起！”

她开心地说：“我喜欢跳舞，在高中时代表学校去跳舞。”

广场舞，每一遍3分多钟。跳第一遍时，有些同学有点放不开。后来，随着现场气氛的升温，大家完全放松了，动作也越来越熟练，每一位同学都很投入地跳，尽情地舞出青春的活力和激情。

我在队伍中跟着学，没有他们熟练，但是跟他们在一起，我变年轻了，回到了大学时代。

跳了半个多小时，汗水渗出同学们的额头，他们的脸像红红的太阳，光彩夺目。

突然，同学们齐声大喊："俞杰、俞杰！"要他到前面去跳。

俞杰走到前面，面向大家，很认真很熟练地表演了一遍。最后的两个动作他进行了创新，双腿交叉，然后高高跳起，赢得了同学们热烈的掌声。

广场舞环节结束了，我建议他们先分吃水果。

我给他们赞助了两箱水果：一箱沃柑和一箱香蕉。每人两个沃柑，两根香蕉。两位没来的同学，由室友帮他们带回去。走读的同学，没有办法给他。本来我想买点巧克力给大家，但是超市不敢去；网上买，最近快递到达的时间不确定。

接着，同学们玩游戏：猜歌比赛。大家坐在地上，围成四个圈，像丢手绢那样。猜对的同学自己到水果箱里拿一个水果当奖品。我特地多买一些水果，让他们在活动中作为奖品。

然后，我到前面讲几句话。

我说："今天活动的目的有两个，第一，你们关了那么久，天气清明，肯定很想出去玩，目前不能出去，估计还要过一段时间才能出去。我想让你们出来释放青春的活力，活动活动，晒晒太阳，大家在一起娱乐一起交流；第二，我也好久没有和你们在一起互动了，想你们了，借这个机会，跟你们玩玩。这学期我原想和大家一起包饺子，由于疫情人与人之间不能靠得太近，就不能吃到自己包的水饺了。"

同学们打断我，大叫："饺子、饺子，我要吃饺子！""我要包饺子！"女生的声音很响。

我说："等疫情结束了，这个愿望我帮你们实现。以后我班可以多做活动，每次我小小赞助一下。天气好，放假期间，不要一直窝在寝室里，多到运动场晒太阳，多运动。活动时，戴好口罩，保持距离，疫情政策要严格遵守。你们有什么要求，可以提出来，我尽量帮大家满足。活动结束后，水果箱和果皮要带走，不要留在运动场上。"

同学们大声喊："胡妈妈！""胡妈妈！"

我放下话筒，同学们要求我唱一首歌。我不会唱歌，但是必须满足同学们的愿望，于是唱了几句"我要去西藏。"毅翀马上过来帮我连接蓝牙。两箱水果也是他骑电瓶车从路边运到运动场上来的。

班长说："大家还想晚上继续在这里玩。"

我说："想玩就玩，挺好。"

他说："音响要还的。"

我说："我可以去协调，你们开心玩就是。农历十五的晚上，你们也可以做一次活动。"

他们说："那就需要月饼啦！"

我说："这个愿望，在中秋节那天，我可以帮你们实现。你们只要出人出节目。"去年他们刚入学不久，在学校过第一次中秋节，我给他们每人一份小小礼物，里面有月饼。

接下来，他们开始唱歌。毅翀先唱，他的声音极富磁性。他唱完了，两位同学马上上去给他献水果，其中一位女同学是他的女朋友。后来的几位同学，也都唱得非常棒。还有俞杰和铜庆共唱一首，声音极富感染力。他们室友经常在一起唱歌。

不和同学们一起玩，真不知道他们是这么地有才华，也不知道他们原来是这么地活跃和团结友爱。

活动结束后，学生给我留言说："谢谢胡老师，今天超级开心！""感谢亲爱的胡老师！"

我说："你们开心的神情我最爱，你们青春的样子我最喜欢！爱死你们了！"

看着他们，我无比开心、快乐与欣慰。

青春真好！同学们真好！我的孩子们真棒！

2022年4月3日

为了一起变得更好

今天早上在学校运动场跑步，跑到第12圈的后半圈时，听到后面有同学叫我。回头一看，是我班的一位男同学，他正在和她的女朋友，也是我班的一位女同学在跑步，他们在进行阳光长跑。

运动场只是他们阳光长跑必经的一段路，他们很快就跑出去了，向图书馆后面跑去。我边慢跑边目送他们俩，直到看不到他们的身影。

两位并排着的轻快的矫健的身影美极了。

在走向运动场的路上，我拍了一些杜鹃花的照片，花蕾、半开的、盛开的杜鹃，一路拍过来。在跑步的过程中，好几次看到一两只小鸟在运动场的草地上散步找吃的，我停下来，用手机拍它们。有一只翘尾巴的鸟儿，整个身躯很有弧线感，有时，它在草地上走走停停；有时，它飞向球门，站在护栏上，亭亭玉立。

今早刚跑步时，运动场上的人很少，空旷的运动场、红色的跑道、绿色的草地、初升的太阳，一幅宁静和美的景象。我边跑边听音乐，边陶醉在这些美景中，一点也不觉得累。

看到我的两位学生后，我的视线、我的思维转向了他们，觉得他们才是今天早上运动场上最美的风景，是今天早上校园里最美的风景。

这两位学生是让我很感动的一对。他们各自有着不幸的原生家庭。可是在学校里他们一点也不悲观，相反，表现很优秀，学习认真、活动积极参与，都有各自的兴趣爱好，女生很会跳舞，男生唱歌很好听。他们有很强的集体荣誉感和奋发向上的精神，男生是班干，女生是好几门课程的课代表，也是我的课代表。

他们俩人同时加入了我发起的“与我一起写随笔”团队，每周都在写随笔。他们分别从不同角度向我倾诉与分享他们的感情。非常难得的是，他们都很为对方着想，很感恩对方给予的幸福。他们有很强的自我反省能力，都能站在对方的角度分析他们的爱情，从中发现自己的问题，并且想努力改变自己，完善自己。

我拍了一张他们跑步的照片，分别发给他们，说：“俩人美美的真好！”

女生说：“小美好！”

男生说：“我天天和她一起锻炼！”

我说：“看到你们一起努力向上，我特别开心！你们真心不错，爱你们！”

他说：“为了一起变得更好”

今天他又叫我“胡妈妈！”

他是我班第一个加我QQ的同学，那时，他们还没入学，他一拿到我的联系方式，就加了我的QQ；他是我班第一个叫我“胡妈妈”的同学。从去年开学到现在，已经叫了好多次。有一次，在班级群里，几十位同学都叫我“胡妈妈”。那时，我没有注意看，是不是他带头先叫起来的。

他们俩人都说佩服我能跑12圈。

要做学生的榜样，当然得拼啦。

今天一整天，只要我脑海里有一丝缝隙，我就回放他们跑步的身影，就想着他的那一句“为了一起变得更好”。

为了一起变得更好！

祝福他们，也相信他们，一定会变得更好！一定会越来越好！

2022年4月8日

第二篇

我的财管 2121

我的财管2121

各位领导、老师：

大家下午好！

今天，我向大家汇报我的财管2121班。

我班一共有43位学生，来自16个省，浙江本省学生17人，省外学生26人；男生16人，女生27人；1位退伍学生；在学生会、社团工作的有25人。

在过去两年多的时间里，我班获得了先进班集体、先进团支部、分院运动会第1名。我班包括所有混寝在内一共有11个寝室，文明寝室9个。2023年省政府奖学金评选中，我班只有2个申报指标，调剂过来2个名额，最后有4位同学获得省政府奖学金；最让我骄傲的是在申请班助时，我们专业总共14人报名，我班就有12人；4位班助中，我班有3人。

我班涌现了一大批优秀的学生，他们分别在学习、竞赛、社会实践、志愿服务、文体等方面都有突出表现。韩铜庆获得了浙江省大学生电子商务竞赛一等奖、浙江省高校思政微课大赛三等奖，获得了校金话筒奖，在学校开学典礼、迎新晚会、国家奖学金评选等活动中担任主持人；俞杰领队辩论赛获得全校冠军；吴涵同学患有眼疾，却克服重重困难，在大凉山支教一年；吴涵、邓虹虹等同学获得了学校宣传报道。

担任班主任工作20多年，对于如何管理好这个班级，我仍然在时刻思考探索。信息化时代、激烈竞争社会，人与人之间更近又更远；教育更易又更难；学生更加有个性有想法，又更脆弱敏感易伤；学生不再依赖我们的权威，却更需要我们的爱心与温暖。尤其是职院学生，他们的父母普遍不重视教育，他们在中小学普遍不受待见，可以说很多学生带着自卑、伤痛和负面标签来到我们学校，当然也带着对爱的渴望、对知识的渴求来到我们身边。

对于这个班，我坚持以关爱为核心、以鼓励为主线、以“三规”为基础、以活动为平台，视每一个学生为自己的孩子，培养善于学习、自信向上、热爱生活、服务社会的德智体美劳全面发展的社会主义建设者和接班人。

我们的学生很难成为专才，那么就必须成为某种程度的全才。为此，我对学生提出一个要求：会写、会说、会做，即要求他们会写一篇好文章，能上台做一场演讲，能做成一件有意义的事。

我在班级发起了“和我一起写随笔”活动，向班上同学发起了调查问卷。随笔内容没做要求，他们怎么做怎么想就怎么写，调查问卷不是简单地打勾做选择题，而是谈对自己、对人生和对社会的观察与思考，比如，“996”你怎么看？你会扶一位倒地的老人吗？“日光盘行动”你怎么看？

我班每学期都会让每一位学生上台讲自己，第一学期他们自我介绍，第二学期讲“过去一年，未来两年”；第三学期谈理想，小时候的理想和现在的理想及理想的变迁；第四学期谈“过去两年，未来一年”。我不只是要同学们会说，还要同学们会复盘、总结、反思及思考未来。

2022年底，我班一位同学母亲车祸离世，我班同学自发地组织捐款，捐款额近4000元，我个人也捐了一点钱。这位同学家长给我们学校送来了一面锦旗“情深似海育学子　没齿难忘扶困恩”。甬上、潮新闻对我班爱心事件进行了报道。借此机会，感谢学校的领导和老师给予这位同学很多的支持与帮助。

2022年9月到2023年7月，我班向新典社区派出志愿者20多次，300

多人次，共计1886个志愿小时。志愿实践活动在中国网、甬上、海曙新闻、学校公众号等媒体上报道。2023年2月，新典社区给我校送来了感谢信，向优秀志愿者代表颁发了奖状；2023年6月，新典社区在七一表彰大会上对我校经管学院进行表彰，我本人被授予“优秀志愿者”。我班实践委员池霖胤同学是这项活动的校内组织者，在这项活动中付出了大量的心血，表现出色，新典社区授予先进志愿者时，有一个先进给她，她却让给了平行班的另一位同学。她今年获得了学校暑假社会实践优秀个人。

我班还举办了各种活动。第一学期中秋节，我买了月饼、水果和果冻，送给每一位同学、教官、班助及陪读的学生家长；2022年，因为疫情学生在校内关得太久了，我发起同学们到运动场跳广场舞、猜歌等活动，我赞助水果；2023年上半年，发起我班饺子宴，全班同学在学校食堂包饺子、吃饺子和水果；2023年中秋节，我班举行中秋茶话会暨欢迎吴涵同学支教归来；2023年12月，我班举行跨年活动。每一场活动我都是赞助方，承担了所有的费用。

经过两年多的培养，我班同学自信阳光、积极向上，有很强的归属感和集体荣誉感，有互爱互助分享共享的品质，有热爱学习、服务他人、奉献社会的精神。

我将育人经验总结出来，出版了3本育人随笔，育人论文或案例在省、市和学校获得奖项。

学生们优秀，我也跟着沾光，获得了不少荣誉：浙江省“三育人”岗位建功活动先进个人、宁波市优秀班主任、宁波市“四有”好老师、军训先进工作者、德育好老师、名班主任工作室负责人、暑假社会实践优秀指导教师、社区优秀志愿者等。育人事迹在甬派、宁波市教育局网站、《现代金报》、宁波九三学社、学校报道宣传。这是各位领导和老师们对我的抬爱与鼓励！感谢大家！

我一直坚持认为教育方法千千万，教育理念却只有几点：以爱暖人、用情感人；以知达人，用技育人；以德化人，用智慧人。其中爱是教育的基础，有一点我可以说，我班每一位同学，我都能讲出他（她）的故事来，包括转专业的两位同学，和一位支教后到下一年级的同学。我做不了大事，但是我会注重做好每一件事每一个细节。我经常和学生聊天，问问他们的情况；微信谈工作时，总是有意多和他们说一些话，给予他们鼓励，让他们感受到温暖。当有同学看医生挂不了号时，我帮他联系专家；当有同学在“2+1”实习时遇到困难，我马上给予他就业指导；当有同学长期生病，我送给她保健品，增强她的抵抗力；当吴涵同学家长不同意他去大凉山支教时，我说服他的父母，同时，和他一起核实公众号支教信息的真伪。当他不适应大凉山的教学和管理，当他90岁的奶奶生病希望他回家时，我都和他在一起，给予他支持和鼓励；我把冬天早上6：00多卖橘子老人的橘子买来100多斤，分给我班同学；去年疫情放开后，我给因为各种原因不能及时回家的同学送热水袋、一次性手套、口罩及水果；2023年5月20日，我给我班12位贫困生资助了4000元。我一直想以一种方式给他们一点温暖，想了好久，就选择了这一天，以让他们不要有心理压力。然而我感触最深的是，一位学生在我怀里哭了一场后，她摘掉了一直戴着的帽子，从教室的最后一排坐到了前两排；还有一位同学，我和她妈妈通了一次电话后，她也从后排坐到了前排；有一位学生考试成绩不理想，我给她打电话，她哭得很伤心。她说，此时不再只是难过流泪，还有幸福的泪水，因为有人在乎我。我有许多小故事，说明老师的眼睛、话语和双手，对学生具有不可思议的力量；也是这些小故事，让我真正理解和阐释了什么是教育。

班主任工作很辛苦。这届班主任我原是不想当的，因为上届的班主任工作很累，有点受伤的感觉，是我们分院的励业书记一次次地找我做思想工作，今天我特别地感谢励书记，因为他的坚持、努力与支持，让我多了

43位孩子。同时，也感谢领导和老师们对我班同学的培养，对我的支持与帮助！最后，我以一首小诗向大家致敬致谢！

做一位职院的老师不容易

做一位职院的老师不容易
我们得有三头六臂
教学、育人、科研、社会服务
总得有其中二一，
我们必须竭尽全力，作出一点成绩

做一位职院的老师不容易
我们的学生不是有些调皮
就是学习成绩曾经倒数第一
他们生活不自律、学习不努力
敏感自卑缺乏向上的勇气

做一位职院的老师不容易
却最能体现教育的价值与意义
帮助学生克服各种陋习
引导学生变得自信积极
我们有足够的智慧与能力

做一位职院的老师不容易
德技并修需要我们的实力与底气
社会高速发展、时代日新月异

行业转型提速、技术迭代升级
我们必须与时俱进、不断学习

做一位职院的老师不容易
辛苦我愿意、心累我乐意
和学生在一起的点点滴滴
不仅有许多美好的回忆
更是为了让每一个生命都有意义
为了让我们的世界更加美好美丽

谢谢大家！

2023年12月

注：这是在学校“三全育人”综合改革推进会暨第二届思政工作研讨会上的发言。2024年1月，财管2121班被评为宁波市先进大学生集体。

理想永远都在

今天给我班学生上大学生就业指导课，我先让同学们谈自己的理想，小时候的理想、现在的理想，说说为什么现在的理想不是小时候的理想，理想是如何变迁的。我提前通知大家，上课要讨论这个话题，让他们准备。

每位同学都积极发言，有好多位同学在手机上做了笔记。他们从记得第一个理想时讲起，一直讲到现在。

演员、歌星、明星经纪人、超人、仙人、蜘蛛侠、翻译、足球运动员、老板、小说家、钢琴家、警察、法官或律师、想早点上大学、想上清华北大、想上浙江大学等等，都是同学们小时候的理想或愿望。

有9位同学的第一理想是当一位老师。形成这一理想的原因各异，有的同学因为老师对她特别好，也有的同学喜欢和小朋友们在一起，有的同学因为老师有长长的假期。

有5位同学曾经想当医生。正在生病的彩依请假在家，她把想说的话发给了学习委员。她说："小时候看小说，总觉得医生好厉害，当他们努力把病人从鬼门关拉回来，那种喜悦感和自豪感，是我无比向往的。"

有多位同学表示，小时候的理想是做一个超人之类的，像动画片中那样，无所不能。

苗昕豪说，小时候看到一台兰博基尼，到现在，这部车依然是他的理想。

现在，大部分同学的理想是考上心仪的本科，通过专升本弥补高考的遗憾。有相当多的同学想将来实现财务自由，有时间去旅游，看看世界，陪陪家人。有的同学想做媒体人，有好几位同学希望毕业后，能自己创业。谷钒想开一家宠物店，虹虹说要把甜品店做好，柔迪想开一个餐馆，张俊想开一个养猪场。王帅拿一支笔，在黑板上描述他的理想是在家乡开一个养羊场。今年6月开始投资，和两位高中同学一起做，准备一起凑十几万。下课后，我详细地了解他的资金来源、团队分工、经营模式等。

同学们讲了理想的变迁，也讲了变迁的原因。他们长大了，面对现实了。小时候觉得世界很小，自己可以做一方老大。现在觉得世界很大，自己很渺小；小时候的理想是想出来的，现在明白了学习和奋斗的意义；小时候觉得有父母有亲人帮助自己实现理想，现在知道理想要自己去实现；小时候想我喜欢做什么，现在想我能做什么，怎么做好。正如一位同学说："现在变得务实、脚踏实地了，一步一步站稳脚跟，活在当下，把读过的书变成脚下的路。"

张俊说："小时候很调皮，是小屁孩的老大。读书时因为调皮，老师打手掌心，就想以后也要当老师，当老师很威风，最好当校长，把这位老师狠狠地管起来。后来长大了一些，想找一个漂亮的女朋友，觉得这样很有面子，并且也实现了，只是学习成绩就下来了。现在想开一个养猪场，再做一个农场。带上家人和对象满世界转转。"

班长俞杰说："小时候成绩不错，高中时叛逆。后来家里出了一件事，彻底改变了想法。现在在认真学习理财，并在实践中。"

毅翀说："小时候想当钢铁侠，中学经历过背叛和欺骗，现在就想打好基础，先做销售，因为销售能快速赚取第一桶金，然后再创业。"

幼芳说："以前可能想得比较轻松，理想依靠父母就可以实现，现在就是有点不同的追求，然后要独立去承担一些事情，理想比较切合实际。"

嘉昕说："人的生命是有限的，要使有限的生命过得更有意义，就必须使人生有明确的奋斗目标，就必须在奋斗目标的指引下沿着正确的人生道路前进，这对人的一生具有决定的意义。”她很喜欢唱歌，将来想做一名自由职业者。

梦婷说：“在成长的道路上，要不断地锻炼自己，不能安于现状；要不断地去学习，去丰富自己；先付出，再求收获；不要让自己成为一条咸鱼。”

如同以往，每一位同学讲完，下面的掌声就响起来了。

最后，我总结：“同学们，为什么让你们上台谈理想呢？第一，让你们多上台讲话，锻炼口才、培养台风。你们每一位同学在台上昂首挺胸、侃侃而谈、充满自信，与入学时第一次上台完全不一样，进步的原因主要是因为你们经常上台讲。

“第二，我想让你们之间有更多的相互了解。你们看，讲的很认真，听的很投入，掌声不断。你们看到了和平时不一样的同学，听到了和平时不一样的话，感受到了和平时不一样的友情。

“第三，我希望你们复盘来时路，对过去的人生进行总结反思。

“第四，我想强化重塑你们的理想。就像我前面说的，理想是不会随着年龄消失的，也不会随着阅历磨灭的，它只会深埋地下，有一天一定会发芽、长成大树的。我们需要时间，需要脚踏实地地把每一天过好，把每一件事做好，最后一定会有一个美好的人生。美好的人生不是事业有多么成功，而是有了人生的智慧。”

我想，让学生谈他们的理想，这比听我讲，你未来应该做什么，应该怎么做，对学生有意义得多。他们会相互激励、相互促进、相互成全理想。

因此，我也为他们的今天留下痕迹，留下纪念。除了我写下这篇文章，学习委员黄梦婷记录了所有同学小时候的理想、现在的理想及理想变迁的原因，这是珍贵的学生档案。

2023年4月11日

如何做管理者

正在吃早餐。班长发信息说，原定开班会的教室正在装智慧屏，改在21A6。我马上打电话给他："你现在在这个教室吗？如果在，我过来和你聊聊。"同步，我打电话给团支书，让她一起过来。生活委员谷钒也提前到了，正好一起听听。

上学期我已经和他们俩谈了什么是管理，如何管理班级，感觉没有谈深谈透，决定在新学年开学时，再重新谈这个问题，让他们重视起来。我们班级管理和建设，他们起主要作用。上次和他们谈了班干的责任与使命，这次就不再谈了。

我说："什么叫管理？刚才俞杰说换了教室，我马上想到，他可能在教室，随即召你们来开会，和你们讲完了，接着开班会，这就是管理，这是管理时间和效率。

"你们有当好管理者的主动性，但是管理意识不强，管理能力有待提升。只要以班级从事的任何活动，都要有目的性、组织性、纪律性、秩序性，还要有仪式感。哪怕是玩，比如，今年清明节，我让你们出来一起活动活动，你们说要跳广场舞。那么时间、地点、领队、领舞、音乐等都要有安排。口罩要戴好，队要排好，舞要跳整齐，不能像群魔乱舞那样无序。

"一位管理者，首先要有前瞻性、预见性。一件事还没有发生，要预判它可能会发生；一件事已经发生了，要预判它未来的发展走势。不要等着事情来了，老师让你们做，你们才去做。这不叫管理者，而是执行者。管理者是决策者，要会决策。首先要根据形势进行前瞻性的决策。比如，一位同学连续在两天早上第一节课迟到，就要去了解这位同学的基本情况，是什么原因导致他迟到。根据了解的情况，研判他后面还会不会迟到，会不会带动他们寝室其他同学跟随迟到，会不会影响班上其他同学。通过一年的班级管理，我班有哪些特点、哪些不足、每一位同学的性情，心中都有概念了，未来班级要怎么做，朝哪个方向发展，达到什么目标，要思考要想办法，特别是关注帮扶特殊同学。

“其次，要有明确的工作思路。事情来了，要能很快列出1、2、3、4、5……一个人能不能办事，能不能高效率地处理问题，就看他有没有工作思路。能很清楚明白地说出第一步、第二步、第三步的人，都不会差。没有工作思路，做到哪里想到哪里，就会不断地返工、不断地走回头路，效率没有了，管理也就没有了。上学期期末，我班开主题班会“过去一年，未来两年”，班会要开始了，教室还没有布置，黑板上一个字都没有写，桌凳随意零乱地摆放，这就是没有工作思路的体现。我一布置这项工作，你们马上就要想到，怎么策划、怎么组织、怎么执行，需要哪些人参与，怎么分工，可能会遇到哪些困难，这些要很快想出来，并且立即着手去做。

“再次，要善于总结。一件事做完了，要全面复盘，总结归纳。做对的地方，是下次的经验；做错的地方，以后要改进提高。先进班集体、先进团支部申报书，我都改过几遍，你们的第一稿，都是材料的堆砌，信息的堆积，没有总结，没有归纳，排版也不行。我帮你们理出1、2、3、4……来，把过去的工作总结出来，一篇漂亮的文档就出来了。比如，申报先进班集体，首先要介绍全班的基本情况、班风建设、学风情况，然后描述这一年的主要工作，最后写取得的成绩、获得的荣誉。我们班这次获评先进班集体，与你们工作努力分不开，与大家的努力分不开，也与申报材料有关系。做得再好，申报材料写不好，还是评不上。

“最后，要宣传班级。一个班做了什么，怎么做的，做得怎样，很多人不知道。可以通过各种渠道宣传自己。上次班会毅翀（此时，他来到了教室。）说，他作为宣传委员，要做的事不多。其实，宣传委员可做的事太多了，可以不断地向院报、学校公众号、分院公众号投稿。我班同学参加了那么多活动和竞赛，铜庆可以成为明星人物，但是没有宣传。我平时基本不参加活动，也几乎没有应酬，就靠朋友圈来宣传自己，效果不错。你们也要想办法，把班级好的做法、取得的成效，宣传出去。让大家看到我们的进步，从而更进一步推动我们进步。

“管理者，不是自己做很多事，而是做一位决策者。一件事，怎么做，想好，分配团队其他人去做；要凝心聚力，团结同学，调动同学们的积极性，让大家去做。当然很多时候，要和同学们一起做，起带头作用、示范作用和榜样作用。

“俞杰很聪明、很活跃，朋友多、会玩，怎么处理朋友与班级的关系，定位自己的角色，界定管理者与同学的边界，要动动脑筋。要以学校和班级事务至上，不能只是带着大家玩，更要带着大家学。我班同学团结活跃、多才多艺，但是学风有待提高，课堂纪律要加强，这是我们未来一学年的工作重点。

“我发现市场上很多人研发能力很强、营销能力很强、公关能力很强，但是，管理能力不行，到了一定程度，就做不上去了。只有管理强，才能强大。”

我噼里啪啦地讲到同学们都来开班会为止。

2022年9月1日

班干的主动性

主题班会《过去一年，未来两年》结束后，我把班干留下来，让他们就班干团干工作进一步总结与规划。

有几位班干团干说，过去一年的工作不是很多，没有很多事要做。针对这一点，在对他们过去的工作进行总结后，我重点讲班干的主动性。

“班干要发挥主观能动性，不能老师叫你做什么，你就做什么。比如：我说，今天要召开班会，你们都到了。你们是怎么坐的呢？教室的桌子都是4张拼在一起，那是上午学生做活动的布局。他们没有恢复到原位，他们做得不好。但是，你们也做得不够。你们就让同学们这样坐下来，你们自己也这样安心地坐着？大家脸都没有朝向讲台，这样坐符合常规吗？让人舒服吗？

“我早就布置了班会主题，让同学们做好准备。但是，黑板上什么板书都没有，这样班会的仪式感和庄重感就没有了。上次清明节，我让大家到运动场上活动活动，你们不确定要不要排好队。这说明什么？说明你们没有组织活动的概念与意识。要记住，以班级名义组织的活动，都不会没有组织纪律。每一次活动都要有活动方案，包括活动主题、活动流程、组织安排、具体内容和形式体现。活动结束后，还要有总结，以确保下次活动做得更好。

“班干是管理者。要想其他同学没有想到的事，做其他同学没有做不会做不能做不愿做的事。不能老师说一句，你做一下，而是要系统地考虑问题，为全班着想；不能老师提一点，你做一点，而是要预见事情的发展趋势和方向，提前布局、充分准备；不能老师推一下，你走一步。很多时候，老师没有想到的问题，你们要想到，因为你们和同学长期在一起，了解大家情况；不能事事等着老师安排，你只是被动地执行。如果这样，你就是普通学生，不是班干。

“比如，刚才宣传委员、实践委员、就业委员，都说事情不多，工作任务不重。如果想做好这些委员，事情怎么会不多呢？比如，今天我们班开班会这件事，就很有意义，宣传委员可以写一篇很好的宣传稿投到校报。班级的宣传就靠宣传委员，我们班有那么多好的先进事迹，都是可以写出来报道的。实践委员可以做的事很多，现在那么多同学兼职，你可以做职院学生兼职调查，然后写一份调查报告。每个暑假都有社会实践，同样做社会实践，如果想做好，付出的工作量是别人的好几倍呢。实践基地的建立、活动策划、方案设计、团队组建、活动安排、实施和安全等方方面面，都要考虑周全。

“班干的主动性主要体现在如下几点：第一，主动发现问题；第二，主动解决问题；第三，主动找事做；第四，主动发展自己。

“你们和同学生活与学习在一起，掌握的信息比老师及时准确全面，更能发现班级的问题、同学的问题；发现了问题，要积极去解决，小问题不要第一时间想着老师，更不能熟视无睹，忽视不见，而是想方设法学着去解决。班级管理那么多的事情，学校和分院又有那么多活动与竞赛，你怎么去推动？不要说这是学习委员的事，与你无关，你可以协助学习委员把活动落实下去。每一个班干的力量有限，每一项活动都需要其他班干的鼎力支持与协助。你主动参与活动、你动员其他同学参与活动，你帮忙搬桌椅、搬东西、清点人数，都是对其他班干很好的支持与协助。学校的一项活动，没有同学自愿参加，你不要说：‘我问过了，没有人自愿报名。’如果同学们都愿意去做，要你这个班干做什么呢？你的价值也没有办法得到体现，这份工作就没有意义。怎么找到有这方面专长的学生，说服他参加，这才是你的价值，这才是管理。

“付出都是有回报的。你们的付出，换来的是我们班的凝心聚力、积极向上；你们自己也会收获一个充实丰硕、快速成长的三年大学生活。”

班级管理得好不好，班干很重要。对班干的培养也是无处不在、无时不在、无事不有。调动班干的积极性，就调动了全班同学的积极性，这项工作怎么做都不过分。

2022 年 6 月 14 日

如何开拓业务

昨晚简餐后，出去倒垃圾，顺便在小区里散步，这是我半年多来的习惯。因为有些平足，并且今年两次爬山后，脚有些受伤，不敢再跑步了，只能晚饭后在小区内外散步半小时左右。

还没有出门，就看到朋友圈中有人说，今晚月亮特美。果然，出门抬头望向月亮的方向，天空澄净，一轮圆月孤寂而宁静地挂在天上。

前天晚上，和先生在小区散步，随手拍了几张枫叶的照片，发到朋友圈，加了几句评论："秋天的色彩一点也不亚于春夏，只是无论它们怎样艳丽，它们都透着从容、宁静、大气、典雅。正如我在周末写的一首小诗中的一句话'江南初冬如初秋'，江南其实是没有真正冬天的，所以江南的秋时间很长，而秋正是我最喜欢的季节，有着丰收的喜悦，也有着淡淡的物逝人伤的忧愁。"

白天和一位同学联系，问询他实习情况，他参加了"2+1"现代学徒制，在期货公司实习。他说正想请教我，于是，我们约了晚上聊。

我给他拨去电话，他说他定了闹钟，准备7：30打给我。这孩子的真诚、认真、坚韧、亲热，让人心疼。

他说："我目前已经有3个客户，线下开户2个，线上开户1个，还没有达到业绩要求。公司考核要求高，一年内有一个大目标，半年内有一个小目标，我担心完不成，很着急，多次想向老师请教。"

我详细地了解他前期的工作：开发客户的方法，和潜在客户沟通的技巧，和客户保持联系、持续跟踪的方式，工作之余的学习等。

然后我说："你想想，我们用什么去说服潜在客户成为我们的客户？不外乎两点，第一，以专业知识介绍宣传你的产品和服务。你做期货，要把期货这个专业知识弄得透透的，向潜在客户讲明白期货是什么，期货的种类、特点、操作方法、投资风险等等。第二，向潜在客户展示你这个人。我们营销产品和服务，不是卖产品与服务，而是向别人展示我们的人格魅力。这里面包括的东西就很多了，自信、大气、真诚、坦荡、阳光、热情、友善、积极向上等等。自信、大气来自阅历和专业知识，我们刚入职，一般很难马上达到自信满满、气场很大。曾经我写过一篇文章'年轻人的核心竞争力'，年轻人主要以真诚、坦诚、阳光、热情、积极向上感染客户、打动客户，让他见到你马上想起他年轻的时候。你的潜在客户，都要有一些闲钱，他们大多不是老板就是管理者，这类人阅人无数。在他们面前，你就是一个小弟、一个学生，不要和他们玩滑头耍小聪明，你是什么样的人，他们一眼就看出来。这年头大家都很忙很累，在他们面前要老老实实的、实实在在的，给他们踏实靠谱的感觉，他们才敢把钱投进去。他们很多人都是从营销出身，经历过你现在的困境，他们要么忙，不理你，一旦接你电话，和你见面了，说明对你有兴趣，想帮你。你就不用想太多，简简单单地面对他们。

"做营销肯定是更多的人拒绝你，甚至有个别人对你态度很不好。你不用计较。你和他素不相识，他没有理由接听你的电话，他没有理由对你好脸色，你本来就打扰他了。如果他对你发火，只能说明他心里本来就有一团火，恰恰被你撞上点着了，他的火是对你喷的，但不是因你而起，你不用放在心上，这在心理学中叫'投射'。他没有责任和义务帮你，所以当他把你迎进门，你要对他感恩，感谢他给了你机会；当他拒绝了你，你也要理解他。"

听到这里，他说被人拒绝是常态，也有人对他态度很不好，每每这样，他要难过一晚上，睡一觉才能消化一些。

我接着说：“我多次在上课的时候和同学们讲，要多学习宏观经济，多看经济新闻、社会新闻。做营销的时候，就用得上这些。比如做期货，你不能只讲期货，期货背后是宏观经济和行业发展，你还得懂这些知识。你可以在周末参加一些经济论坛、峰会，晚上看书看视频，B站里有许多很好的视频。光有经济和金融知识也还太窄了，你还得懂社会、懂一些企业管理，所以，这些方面的新闻、信息和知识也刻意留意起来，这样和潜在客户的沟通内容就很广泛。否则，你好不容易进了别人的门，三分钟不到就讲完了，你没有给人留下深刻印象。要珍惜机会，用好和潜在客户在一起的每一分钟，不能让他觉得你博学多识，最少也要让他感觉你好学乐学。你还可以学会观察，如果走进一家企业，你发现他的文化墙上有一句励志的话很打动你，你可以和客户谈这句话对你的启示；你发现他们员工很有活力，你可以适度夸他们企业氛围好；你发现他的桌面收拾整齐干净，你也可以夸他做事认真。当然夸别人要有依据，不能虚假，要让人感觉真诚，不要让人觉得你在奉承他。

“还有两个月，我相信你能完成考核指标。面对工作任务有两个方法，第一，相信自己一定能达到。很多人都说‘你不想要的东西，你永远都得不到。’‘如果你很想要，上帝都会为你让路’。如果相信自己一定能做到，一般情况下就一定能做到。能做到这个信念会支撑你想尽各种办法去实现这个目标。还有一种方法就是不管最后结果，过程中尽最大努力去做，最后即使没有实现目标，也无怨无悔。这两种方法里面，我一般采用后者，你可以挑一种方法试试。”

我讲了几个年轻业务员的例子，给他打气。让他每天晚上写总结，复盘和反思。

他周末去钓鱼，交了一些朋友。他想做一个长期主义者，不想马上和钓鱼的朋友们营销产品。这也是我一直提倡的。

实习不久后，他给我发信息说："来实习后，就开始怀念胡老师讲的课了，那些企业案例还没有听够。您讲的工作案例对我这个实习岗位很有帮助，比如说一些工作中的细节和工作态度，帮助挺大的。"有"书到用时方恨少"的体会。有想突破工作压力的愿景，再想想办法，尽最大努力，会适应的。

2023 年 11 月 28 日

一堂就业指导课

今天给学生上就业指导课，还是以提问的方式引导学生探究自己、观察社会、思考就业。我问学生："你们毕业后，想找什么样的工作？"

有几位同学说："想找轻松、保险、高薪、自由的工作。"

王帅同学在上次课中，谈到自己要创业，并且在开始行动了。

我问他："这样的员工你要吗？你想要什么样的员工？"

他说："我肯定不要这样的员工。我要的员工，第一，要有很好的执行力，让他做什么马上去做，听我指挥，服从我的管理和安排；第二，要不怕吃苦，肯做事；第三，对薪酬的要求适当。"

卢硕说："我想找一份能学知识与技能的工作，薪资多少我不会放在第一位。"

我问同学们："毕业后，你理想的月工资是多少？"

每月10000元、8000元、6000元……是他们对薪酬的期待。

我把2022年大学生就业薪酬数据展示给他们，他们觉得高攀了。

我再问大家："你认为企业员工应该具备的基本素质有哪些？"

"遵守公司的制度。""应该有很好的专业技术。""和同事关系好，与老板和领导关系也好。""能够和同事保持良好的沟通。"

同学们回答很积极，我让露淼补充总结，她说："要诚信、脚踏实地、能吃苦、有责任心、与同事处理好关系。"

我说："工作千千万万，但是，做人做事的原则只有几点，就是要真诚、诚信，要有大局观、务实、勤勉、坚韧、有责任感、有良好的沟通协调能力、有良好的团队合作精神。”

我接着问：“企业领导需要具备哪些素质？”

同学们都说要有领导力，要关心员工。

我说：“俞杰作为班长，你认为领导应该具备哪些素质？”

他说：“领导力、大局观、对员工有人性关怀。还要认识自己，如果领导不能准确认识自己，将来做决策时，可能会出现重大误判。”

我说：“这些都很对，特别是认识自己，苏格拉底说：‘我唯一知道的就是我什么都不知道’。认识自己很难，柏拉图说：‘如果有人能指出我们的错误，我们应该把他作为我们的英雄。’所以，我们要以别人为镜子，多学习别人的优点和长处，通过与别人相处共事，看到自己的短处和劣势。领导考虑问题要全面，要有敏锐的市场观察力、对行业现状有深刻的洞悉，对行业未来发展趋势要有敏锐的判断。领导还要善于用人，在员工们看来，某个人有不可接受和容忍的缺点，但是作为领导不这样想。领导用人要用人的长处，用人的一只手，而不是双手。如果他双手都很厉害，他就当了老板和领导。领导站在比员工更高的位置，看得更全面更远，不能只看眼前和某一个点。”

我再问同学们：“在工作中，你认为会遇到哪些困难？你将如何应对？”

“专业知识不够用。”“同事难相处，领导挑剔，有人会妒忌。”“同事做事拎不清，工作进展不下去，总是拖后腿。”

我让虹虹以她的甜点生意为例来回答。高考后，她开始学做甜点，暑期她在摆摊售卖。

她说：“做甜点的过程中会遇到很多困难，首先反复试哪种原料做出来的口味好，比如说黄油吧，有时试十几种。还要反复试验各种原料的配比、火候，试多了有一种恶心想吐的感觉。然后卖的时候，也有很多问题，做多了，当天卖不掉，第二天口感不好，不能卖，否则影响销售和口碑；做少了，很快卖完了，又不甘心。有一次我做多了，卖了一整天也没有卖完，剩下的都倒掉了，很心痛；有一次又做少了，一个多小时就卖完了。”

我说：“做甜点卖，是一种比较自由的职业，也是比较简单的商业模式，真正做起来，也很不容易。如果创办公司，那真是九死一生，处处是险情。不管是工作，还是生活，遇到困难的时候都会很多，但是有一点非常重要，那就是要去行动，绝不躺平和逃避。一些年轻人，一遇到困难就逃，一年换几次工作。我可以很自信地告诉你们，没有一个老板好说话，没有一位领导好沟通，老板必须以公司的发展作为第一要务，领导必须以公司的使命为使命，必须给老板一个很满意的结果，否则他的领导就当不长久。刚才俊杰同学说，将来要么开商店，要么做保安。即使做保安，我们也要认真做好，不能朝三暮四,一遇到问题就跑。

“我们小区刚交付时，我遇到了万科物业的区域经理。当我和他谈到电梯故障的问题时，他向我详细地讲述电梯的构造、功能、三大主件、几条线路、两个监控平台等。讲到小区的设计、布局时，他不是有问必答，而是给我讲原理、讲理念；我问到室内装修的一些问题时，他给我讲目前家装行业的现状、室内装修的风格及注意事项。讲到物业，那更是他的专长。他很真诚坦诚地和我讲了很多物业的知识和管理。他还说，如果业主都像我这样，他们的工作就很轻松。聊到后来他告诉我，6年前他入职物业公司做保安。这让我很震惊，才6年的时间，他就从物业保安做到了万科物业区域经理。非常了不起。

“我还认识一位一所中学的保安，他做事很主动积极，总是热心地帮助进出校门的老师和同学拿东西、撑雨伞。他50多岁了，做事时跑起来比小伙子还快。后来，这所学校让他去后勤帮忙做事。

“平凡的岗位，只要你努力去做，都会做出成绩来的。我们年轻的大学生，最重要的是不浮躁、不畏难，挺过来后，特别有自豪感。每每遇到困难，开始我有一小段时间会焦虑，很快我马上像荆棘鸟一样，向着困难迎过去，那种悲壮的感觉让我体验很好，极大地增强了我的自信心与勇气。我希望你们将来遇到困难也能迎难而上，勇于面对。做事时，多想问题的后果，这样就会怀着敬畏之心对待工作，一丝不苟、谨小慎微；但是在做决策时，不要被困难所束缚，瞻前顾后、犹豫不决，而是马上去行动，不要坐失良机，否则也当不了老板和领导。”

两节课，90分钟，围绕学生就业面临的主要矛盾，我主要以提问的形式，引导学生探究、发现、自省，其目的是想让他们多了解自己、了解社会、了解企业、了解就业。

2023年4月18日

帮我录一个视频

我班虹虹同学在学校校史馆担任校史讲解团团长。她找到我，希望我录一个视频：谈谈“四爱”教育。

“四爱”教育是我校今年推出的一项重要教育活动。

她和慧慧一起过来。拿出三个题目让我讲，问我要不要准备一下。我说：“不用了，直接开始吧。”

“‘四爱’教育开展了一个多月，全校集中学习、分院研讨、教师自我批评，轰轰烈烈，我从中也学到了许多。2006年我来到这所学校，以前对于学校的发展史，断断续续、零零碎碎地了解，通过这次‘四爱’教育活动，通过老教师的讲解，我全面深入地了解了我校艰苦奋斗的发展史，这有效地激发了我们热爱学校的情感。我国迅速崛起，西方国家试图打压我们，国际形势变得错综复杂，我国正面临百年未有之变局。三年的新冠疫情，也使世界各国经济发展速度减缓，国际贸易保护主义增强。在这样的大背景下，我校掀起‘四爱’教育活动，提出爱党爱国非常及时，有助于凝心聚力，克难奋进，实现中国梦。

“‘四爱’教育，不是一句口号，不是一句标语，要落实到具体的行动中。对于普通老师来说，爱党爱国爱校，要通过爱学生得以实现。老师不仅要在课堂上传授知识、引领学生、帮助学生，还要在课后关心学生。比如，今天的这个视频，如果老师来找我，我不一定马上录，因为上午刚上完四节课，很累。匆匆地吃完午餐，下午还有很多事要处理。你们学生来找我，我就一定要录。因为老师对学生负有特别的责任与使命。我当你们班主任、给你们上课，你们都看到了，只要能帮学生，我一定要帮；只要学生的事，就一定要当成自己的事。老师不只在课堂上要成为学生的榜样，在课后，在学生看不到的地方，也要做好，这才是真正的爱学生。”

我一口气讲了四分半钟，讲完，她俩情不自禁地鼓掌。

接着我说：“你们找老师录视频，要先和老师预约，看老师什么时候有时间，因为老师都很忙，有很多工作要处理；如果你们有指定的题目，要求按照题目来回答，那就要提前把题目给老师，让老师准备一下。如果是开放式的问题，即兴回答，就不用。不是我挑剔你们，也不是我认为你们对我不恭敬，而是我在教你们做事的规则和规矩。教学生做事的规则和规矩，比上课累多了。因为规则、规矩隐藏在每一件事中。要观察、要发现、要引导学生，很不容易。老师爱学生，不只是把课上好，作业批改好，还要让学生把每一件事都做好。我也是从一位不懂世事、没有耐心的小姑娘一步步成长为老师，成长为妈妈。”

一次，我和虹虹聊天，我说：“有一天在学校食堂吃饭，有一位老师说，校史馆里有一位学生讲到我的名字时眼睛发亮。我猜想肯定是你，因为我知道你在校史馆工作。这位老师这样讲时，我可幸福啦。”

虹虹说：“每次承接任务的时候，我都会说到我的胡老师。是胡老师先让我在这个学校感到幸福，我才能传递幸福。”

我说：“我最多只是点燃了你们内心的火，你们本身自带能量与光芒。”

她说：“有您的引导才能散发光芒，您身上还有很多值得我们去学习的地方。”

我说：“在校史馆担任校史讲解员，能学到很多东西，能让人知识全面，能向优秀者学习。有时间要多和你们在一起，能发现你们更多优点，学到更多东西。”

曾经我让她来我办公室聊聊。我顺便买两块蛋糕回来，和她一起吃。她说，在假期她做蛋糕卖，还卖得不错。这让我惊喜不已，也真是太巧了。她的蛋糕只吃了一半，另一半她要带回寝室，给她的好朋友慧慧同学。这又让我感动不已。

每每和学生在一起，不只是我在引导他们，他们也在教育我、感动我，从他们身上我也学到了很多东西。他们的青春活力、他们的热爱生活、他们的团结友爱、他们的奉献社会，都是我感动的理由，都是我奋发向上的动力源泉。

2023 年 4 月 3 日

你已经走了99步

指导学生参加浙江省大学生证券投资竞赛，竞赛要求每组同学要写一份投资报告。每组三位同学，有一组的报告主要由一位同学写，另外两位同学提供选股思路和模拟操作，其中一位同学写作能力不行，但是实操很厉害，已经在做股票了，有实战经验。

这位操笔的同学前期很积极很努力，从最初写报告的小白，到最后一份较为完备的报告，他付出了很多。

可是，在报告提交截止日期的前两天，他突然说："老师，我扛不住了。再也受不了了，主要是我写，压力太大了。明年这个竞赛还有吗？"

我说："别想明年，把今年做好。"

他说："感觉我太脆弱了，先去稳稳心态。"

我说："不要为自己找退赛的理由，坚持下去，这是唯一之路；坚持下去，这事就做成了。如果今年退赛，明年你不一定参赛。今年你已经走了99步，就差最后一步。一旦放弃，前面的这99步白走了。"

报告写好了，只是查重时，重复率超了一点点。

他不是孤军奋战，团队里两位成员，在选股和实操方面给出了很多建议。从前到后，我也一直在陪着他们，指导他们定框架，找资料，报告的每一稿，我都认真指导，提出修改意见。

我说："你回头看看第一稿，再看看现在的这一稿，你有没有进步？在这么短的时间里，写出了有思路、有条理、有内容、有分析、有结论的报告，很了不起。你吃了很多苦，但也收获了很多，不是吗？不要问明年有没有这个项目的竞赛，今年就应该把这件事坚持做下去。你已经完成了99%，剩下的那一点点问题很快就会解决的，关键要静下心来，好好修改报告。报告主要是你执笔，但这个项目不是你一个人在做，他们也有出力，还有实操和答辩，他们会全力参与进来。所谓团队，就是各尽所能、各尽所长。在项目前期，你付出多，很辛苦，我理解，但是要看全局。既然前期你把撰写投资报告的活儿揽下来，就要尽全力完成下去。”

接着我问他：“你每天用多少时间写报告，三小时，有吗？你有那么多时间抱怨，把抱怨的时间用来修改报告，报告早就写好了。”

接着我给他讲了一个真实的故事。

今年高温天气创了几十年的纪录，一位刚创业的年轻人，在两个多月的时间里，拜访了200多家客户，每天5家左右，跑爆了3个轮胎，还中过暑。前一个多月，签下了10多家客户。这无论在哪个行业，都是很了不起的业绩。这两个星期签单量下降，他都要急疯了，想找我聊聊，让我诊断到底是什么原因，致使他陷入了瓶颈状态。我没有这方面经验，帮不了他。他们也是一个团队，大股东从来没有跑过公司的业务，他在做自己的另一个项目，公司主要是他在做，他没有抱怨，没有气馁，遇到困难时想的是怎么去解决。

团队里的成员在合作之初，一个人做事多，一个人做事少，很正常。团队有分工，团队成员之间需要磨合。一项任务，你承接了，就要做下去，这是对团队负责。如果他们都不做，想想怎么调动他们的积极性。报告你主笔，内容方面你多和他们探讨交流，让他们发挥作用，参与进来，也让他们有价值感。不是一遇到困难，就打退堂鼓。很多人做企业，不是他的项目不行，不是他的能力不行，就是因为遇到困难时缺乏韧性，在最后一步的时候退却了。只要做事，没有一件事容易做。网易的丁磊、腾讯的马化腾曾经也想把公司卖掉，最后坚持下来，做成了伟大的企业，也成就了他们自己。

这位学生一直存在这个问题，前期很积极，激情满怀，后面一遇到困难就退缩。

一些学生做毕业设计，初稿很积极，想速战速决，后来发现毕业设计没有那么简单和容易，就打退堂鼓，准备放弃，总要到最后，老师一遍遍地催促，才能定稿参加答辩。

见苦就逃、遇难即弃、临阵退缩可以说是职院学生的通病，也是一些看起来资质非常好、平台非常好的创业人士创业没有成功的主因之一。坚韧、执着是做成一件事时最重要的品质，成功是因为跨过了一道道的槛，失败多数不是撞死在门槛上，而是在跨过门槛前被吓退了。说到底，学生缺乏吃苦的精神，缺乏战斗力，缺乏坚忍不拔的意志，这需要老师给他们锻炼的机会，需要老师耐心地陪伴他们，不断地给他们打气助力，让他们看到实实在在在的进步、明明白白的成长。

2022 年 8 月 16 日

辗转反侧不成寐

我平时基本上不失眠，晚上头一挨着枕头就睡着了。

从事教育30年，担任班主任20多年，遇见了各种各样的学生，经历了校园各种各样的事，原以为对学生已经比较了解，应该不会有学生让我头痛睡不着觉的时候了。可是今年开学才半个多月，我就为学生的3件事有4个晚上辗转反侧，难以入睡。这让我意识到，教育是一门极深的学问，需要有极高的修养与智慧，我还只是入门。

作为班主任，如果只按照学校规定去做，不会很累。比如，学生没有返校，你让班长把统计工作做好，就可以了；学生不归寝，按学生守则处分他，就行了。可是，一旦你要弄清楚学生为什么推迟返校，为什么不归寝，你就会很累。有时，甚至掉进他们家的那些碎碎琐琐中、那些沟沟绊绊中、那些伤痛中。一位学生家里出现了一些问题，她、她爸、她妈和我说的话不一致，我还得甄别他们谁说了真话，协调他们之间的问题。学生说晚上不归寝，我一定要搞清楚，为什么不回来，住在哪里。住在亲戚家，我要他亲戚的电话；住在酒店，我要看订单信息。学生说因为兼职晚归，我就要弄清楚兼职做什么、工作性质、工作时间，要他单位名称、地址和负责人电话，而不只是签署同意或不同意，就完事了。

学生工作，如果不深入进去，就像在海边看风景，大海大多时候风平浪静，没有什么波澜，但是如果深耕下去，就会发现学生言行的背后，都有他的心理逻辑，都有一个很长的故事前奏。你越走近学生、关心学生，学生的问题就会越来越多地浮现出来，学生也会主动向你寻求帮助，你在学生身上用的时间、精力和心思就呈几十倍上百倍地增长。

现在的大学生是在高速发展的社会、信息化时代、多元化的家庭培养出来的。大多数孩子在高压的学习中成长，大部分孩子在以成绩为单一评价标准中成长，相当多的孩子从小就是缺少父爱母爱的留守儿童，一些孩子在单亲家庭中长大，还有不少学生在贫困家庭中成长。社会的高速发展，必然带来激烈的竞争，各行各业压力加剧，全民焦虑，加上家庭结构的多元化带来亲子关系的复杂化，最终让孩子承受来自社会和家庭的压力和焦虑呈几何级增加。

社会的快速发展，也伴随着浮躁，许多学生的规则、规矩和规范意识都没有培养起来；经济条件的极大提高，许多学生的吃苦精神、坚韧品质没有培养起来；信息化时代，许多学生把碎片化信息当作系统知识，学习能力没有培养出来；智能手机和电脑的普及，许多学生在网海里沉浮漂泊，没有找到人生的意义与方向。特别地，网络上铺天盖地的愤世嫉俗的语言对青少年毒害很大，对他们的社会认知、价值观的形成产生极大的不利影响。

《我的二本学生》作者黄灯在书中总结："教育像一场慢性炎症，中小学时代服下的猛药、抗生素、激素，到了大学时代，终于结下了漠然、无所谓、不思考、不主动的恶果。"相当多的学生，在大学不想学习，很难唤醒；一些学生在中小学的高压下、父母和老师的严格监管下，心理问题和行为问题没有显现出来，到大学后就集中爆发。

过去的大学生，没有互联网，比较封闭，学校怎么规定，学生怎么做；老师怎么教，学生怎么学。现在的大学生很有想法，不是老师让他做什么，他就做什么，而是先要弄明白为什么要这么做，这么做对他有什么好处；现在的大学生，受外界各种诱惑的东西太多了，学生各种问题比10年前多了许多倍，这需要老师投入更多的精力和学生交流，帮助学生解决现实问题，引导他们树立正确的人生观和价值观。

我儿子在成长的过程中，没有让我操多少心，一方面他属于比较安静听话的那类孩子，另一方面，他一出生，我就陪在他身边，对他很了解，按照他的节奏，把他的习惯、他的态度、他的价值观培养出来了。担任班主任工作却让我操碎了心。每一个班几十个孩子，几十个原生家庭、几十种性格、几十种生活习惯、几十种人生态度，几十个成长故事。职院学生的高考成绩不如本科生的背后，是诸多教育问题没有得到很好的解决，所以在职院，育人工作真的太重要了。重塑学生的自信、培养学生的规则意识、锻炼学生坚韧吃苦精神、提升学生思维能力、构建学生终身学习力等是一个浩大的系统工程，是一个真正让老师呕心沥血的事业。

在教育学生的过程中，我没有和学生斗智斗勇，却和自己内心斗争了无数次。学生撒谎了，你还得真诚对他，并且要更真诚，因为考虑到他敏感；他错了，只要处分他，这事就不关我什么事了，我却要和他一次次地谈话，硬是说服自己不要发脾气，要把他当孩子；一些妈宝学生拖拉成性，一份材料催了一遍又一遍，按着性子想尽办法，千方百计鼓励他、批评他、哄他、找他父母、找他要好的同学帮忙。有时我想，如果换作我的儿子，我一定会狠狠地踢他几脚。因为他是学生，不只是法律规定不能打学生，还因为我的一个眼神一个语气，就让他对我把心门关上了，我再也敲不开了。我更担心，因为我的简单粗暴可能会毁掉一个年轻人的一生。

有人对我说，你都是教授了，马上要退休了，还当什么班主任？当班主任可以，不用管那么多那么细，大学生都是成人，你就应付应付得了，还真当回事呢。还有人说，做事可以，不要付出感情，付出感情就会受伤。学生不懂你，也不懂得感恩；同事可能觉得你拔高了自己，降低了他们；你做的一切，都无关业绩考核，领导还可能不支持你。你的累你的苦你的伤，没有人理解。

有人这样和我说时，我说：“你想过没有，我从大别山的一个小山村走出来，这一路该有多少人帮过我。那些帮我的人，是不需要我帮他们的，因为我帮不上，他们都比我发展得好。他们为什么帮我？还不是看到我这个人人品不太差，懂得感恩，会去帮助别人、温暖别人，把他们的光传递下去，把他们的热散发出去。对我来说，我最重要的身份就是老师，如果老师没做好，如果对学生不好，其他的我肯定做不好。首先，我自己就浮躁，就短视，做事就不行，也就不会有人帮我。不要看我为学生付出了很多，无论从哪个角度看，我都是最大的受益者。”

我科研能力不强，但在学校也不算太差，有好几年我的科研分在分院排前两名；我主讲的课程建设也有一些成果。后来我的工作重心转向育人，是因为深入学生之中，深切地感受到学生的问题，让我心痛，于是我想尽绵薄之力，引导学生做一些改变。没有一项工作不苦不累，育人工作尤其心累，它让你思考的不只是学生本人，还有学生家庭、社会、人性和自己的成长。

“十年树木，百年树人”。我有幸参与到百年树人的伟业中，与时代一起进步，与学生一起成长。

2023年9月26日

大二的第一次班会

今天上午给班长、团支书讲完后，接着开班会。

有两位同学因为家乡有疫情，推迟返校；有一位同学转专业了；有一位同学去大凉山支教了；还有一位同学来校后，被隔离了。

先简单地了解同学们在暑假期间做了哪些工作。

大部分同学做了暑假工，俞杰做销售，毅翀做外卖骑手，虹虹做甜点卖……

接着，强调开学初的一些常规工作，疫情期间防疫是重点，要求同学们严格遵守防疫抗疫政策，不给自己和学校惹麻烦。

然后，我就开始讲一个主题："我班被分院推荐为先进班集体，目前正在公示中，最后的结果还没有出来。过去一年我们取得的成绩得到了学校的肯定，这是所有同学共同努力的结果。我们班同学真诚友爱、团结互助、积极参加各种活动与竞赛，很多同学在不同的领域获得了很好的成绩。我们是一个有爱心、有温度、有情怀的班集体，这样的班级文化与氛围特别好，也特别重要，是你们现在过得开心愉快的基石，是你们未来怀念学校的美好图景，是你们人生中闪闪发光的时期。我希望我班将来成为你们怀念的一个班，这三年是你们快乐愉悦的时期。

"但是，仅有这些还不够。我们还要重视学习，加强学风建设。我们上大学的主要目的就是学习，学习成绩是学习态度和学习能力的反映。在学校既要端正学习态度，也要培养学习能力，为终身学习奠定基础。

“去年一年，我班请假的同学很多，请假的原因各种各样，身体不适是主因。今年，你们已经适应了宁波的气候，也适应了大学的生活，要照顾好自己。女同学要注意，痛经不要轻易请假。每个月痛，每个月请假，这么多女生都请假，上课的纪律就没有了。大家生病要看医生，小病小痛小小的不适挺一挺，尽量不要请假。参加工作后，感冒、痛经这类的病痛，是没有人请假的，请了单位也不会批准，只有迫不得已的时候才会请假。所以，各位同学一定要学会克服、克制、坚韧，不要有一点事就请假，一点不舒服就卧床不起。

“早上起不了床的同学，在新学年的第一天，就要给自己立规矩，不管有课还是没有课，在规定的时间一定要起床。想睡懒觉，周末的时候可以大睡一场，平时就不要放纵自己，任自己的喜好来，任自己的性子来。一旦哪一天放纵了自己，就会有第二天、第三天……然后就滑下去了。

“第一学年我们班挂科的同学不少。为什么挂科？是学习态度不行、学习方法不行、考试题目太难，还是没有适应大学的学习？好好分析一下，不要给自己找任何借口。

“有一位做人力资源评测的老师说，我们学校学生的脑能量不比本科差，差的是思维能量和精神能量，既不善于思考，也不愿意思考；缺乏恒心和毅力。遇到一点困难和挫折，首先想到的是逃，而不是迎难而上，坚忍不拔。在这里，我要批评一个人，严厉地批评他。暑假期间，他参加竞赛，投资策略报告写好了，到最后查重时，重复率超了一点点，他就打退堂鼓了。这份报告，他改了好几稿，我也帮他指导了好几稿，从最初的小学生作业，到最后成为大学生的作品，取得了非常大的跨越。可是到最后，他还是想放弃。都走了九十九步，那最后一步，挺过去就跨过去了。你今年放弃了，明年再来，明年会来吗？当然，明年如果他不参加竞赛，我可要找他。

我们从来不缺智商，缺的是自律、韧性、意志，挂科的同学千万不要掉队，要紧跟着大部队，一旦滑下去，再跟上太难了。

一年级，对学校有新鲜感。一年后，可能觉得大学不过如此而已，就放松了对自己的要求。可是，大二却是非常重要的一年，承前启后。通过大一一年的学习，适应了大学的学习与生活，现在可以更好地确立学习目标；到大三，要找工作和专升本。”

始业教育很重要，新的一学年开学教育同样很重要，要让学生尽早把心放到学校、放到学习上。而大二的学生，可能因为过了大一的新鲜感，就没有那么自觉自律了，所以得给他们打预防针。

2022 年 9 月 1 日

管理没有那么容易

10月1日，我正在回湖北老家的高速上，一位班委发来信息说："胡老师，节日打扰你了。主要是学校安排评优活动就在这两天，而且事关我班同学的事情。你看看班上评优的学生名单，可以吗？"

我一看名单，全部是女生，就说："评优名单上都是女生，没有一位男生，我班没有一位男生符合条件吗？"

他说："没有男生联系我。"

我说："这几天大家都在度假，不一定看到了你发的信息。要仔细确认男生是否有符合条件。这是大的事情，无论对同学个人还是对班集体都非常重要。要找男生寝室长，让他们一一联系本寝室的男生。评优一年才一次，错过了，就不能补。一旦有同学漏掉了，影响的不只是本次评优，还会影响同学以后的积极性，要问清楚。"

他说："老师，我是这样考虑的。因为申请奖学金、评优本身就是同学们自己的事情，而且我在班级群里不只通知一遍了。我有自己的事情，我只负责通知，如果他们不在乎这个结果，我个人肯定不愿意多干涉，我尽好自己的职责就好了，这是我的想法。"

我说："从某方面讲，你是对的。这是他们自己的事，他们应该重视起来，主动联系你。但是做管理没有那么容易，你一呼别人就应，你一通知别人就执行，那我们的工作实在太轻松了。管理更多的是别人不主动不积极不配合的时候，我们该怎么做，怎么把这件事做好，让大家满意。现在，你要做两点，第一，让寝室长通知他们寝室的同学；第二，根据平时的了解，哪些男生可能各方面条件符合，你去联系他们。我再说一遍，这是大事情，不是小事情，要切切实实地落实到每一个人。如果有一些男生评优，对调动男生的积极性有好处，对班级有好处，对他个人有好处。如果没有一位男生具备评优条件，我还挺担心的呢。工作苦一点、累一点、烦一点，不要紧，只要这件事做得有意义，就要做下去。坚持一下就好了，只要把事情做圆满，也就值了。如果在群里通知，同学们马上响应，这份管理者的工作就做得没有多大价值。”

他说：“好的，老师，我去确认有没有遗漏。”

我说：“这就是学习做管理者。”

这位班委在很多方面很出色，但是在管理意识和管理能力方面还有欠缺，需要多引导。这是我的职责，也是他当班干的意义之一，学习做管理者。

评优其中的一个条件是，要求学生所在寝室必须获得文明寝室称号。男生文明寝室向来少，获得评优的可能性小，但是不能凭此感觉来判断男生就没有人能评上；也不能因为没有男生主动联系，就简单地认为他们条件不具备；更不能因为他们不回应群发信息，就觉得是他们的事，让他们自己承担后果。管理如果这么轻松简单，就会导致两个结果：第一，不需要管理者；第二，人人都可以担任管理者。

后来，有一位班干来找我，说一位同学不看群里的消息，任务布置了两周，还没有行动起来。我也这样对她说：“管理没有那么容易，要有耐心、有责任心，不然，这份工作就没有价值。”

管理者需要具备很多素质，这些素质作为学生还不完全具备，没有关系，可以学习。但是也一定要学习，首先学习有高度的责任感，要对学校负责，对班级负责，对同学负责。责任感建立在对这份工作的认同、对学校和对同学的热爱基础之上；其次，要细致耐心，不能马虎应付，不能急躁，不能投机取巧，不能忽略细节；再次，要有智慧与技巧，能应对不同的人不同的事不同的场景。

爱心、耐心、细心、精心，就是责任心，老师要教学生具备这“四心”，老师自己更要具备这“四心”，唯有老师本人做得更好，体会更深，才能引领和教导学生。

2022 年 11 月 6 日

车祸无情我们有爱

上周的一个傍晚，我班赵同学发信息给我："老师，我家里有比较严重的情况，需要马上回家。"

我给他打电话了解情况。他妈妈出车祸了，可能很严重，家里人在哭。

我让他在网上提出离校申请，随即给我们分院分管学生工作的领导打电话，请她尽快通过学生的申请。她正好在学校，她说马上去学生寝室看他。她路遇我们分院院长，院长和她一起去看望和安慰这位学生。随后，院长开车送他到机场坐晚上的飞机。赵同学同寝室的两位同学陪着他，送他上院长的车。铜庆发信息给我："老师，如果有什么事要处理，通知我，我去办理。"

赵同学家在太原市，他先坐飞机到深圳，然后从深圳转机到太原。他刚好在中午做过核酸，而前一次的核酸正好在48小时内，这样就不影响他的归途。

第二天中午到家，他发来信息说，他妈妈走了。

这一噩耗真让我为赵同学及他的家人们难过。

我通知班长俞杰时，他感叹："人生无常！"

当天下午，我向分院的领导汇报他家重大变故之后，请示领导能否给赵同学申请临时补贴。励书记马上说肯定可以申请，他随即打电话给辅导员璐璐老师，璐璐和我第一时间对接上了。我说过几天再办手续，让赵同学缓过神来之后再走流程。分院院长就赵同学后面的学习与考试做了安排。

随后，我召集几个主要的班干开会，商讨关心和帮助赵同学，以让他在悲伤的时候，能感受到学校和班级的温暖。最后决定由班长代表全班同学和赵同学说几句，其他的同学暂时都不去打扰他。我问他们，班上同学要不要自愿表示一点什么。俞杰说，他们寝室最初决定给赵同学买一套衣服和一双鞋，最后大家觉得还是自愿捐一点钱给他更合适。

我说："不要给同学们压力，完全自愿，多少不限，不捐的也没有关系，捐款金额不要披露出来。只是一种爱心的表示，谁都不要有压力和过多的想法。"

最后我交代班委，特别对生活委员强调，下一年度贫困生资助，优先考虑赵同学。

第二天上第一节课前，我给全班同学开了一个简短的班会，告诉大家赵同学家的这一重大变故和不幸。俞杰当天应该和寝室长们讲了这个突变事故，但我想，我应该在全班同学面前讲出来，和同学们一起承受这个悲伤。我希望同学们和我一起，共同陪着赵同学悲伤，共同为赵同学加油；我也希望同学们平时多注意安全，好好珍惜和父母及亲人们在一起的日子；还希望同学们知道学校对学生的重视，领导和老师对学生的关爱。

班上同学自发捐款，捐款总数俞杰报告我了，具体每一个人捐多少，只有几个主要班干知道，我也不知道。

今天实训室的张晓娟老师给我发信息，她说："胡老师，赵同学母亲的事情我知道了，孩子向我请假，也不知道我能帮他什么。您经验丰富，如果我有什么能帮得上的，吩咐我一下。"

赵同学在张老师那里勤工俭学，他的工作，她已经安排好了。她说他做事认真，工作中从不为他担心和操心，下学期继续让他来做。

阳光长跑的次数，这学期赵同学达不到。体育老师让体育委员帮赵同学操作减免流程。

辅导员璐璐老师也非常尽心尽力，为了帮助赵同学申请学校临时困难补贴，几次和我联系，还提前和学工处沟通，希望能早点走完流程，钱早点打到赵同学的账户里。分院在今年的年末送温暖时，也考虑了赵同学。

过了几天，想着赵同学可能开始面对这一残酷的现实，我和他聊几句。我说："每一位领导和老师都为你难过，都很关心你，每一位同学都很想向你表达问候与心意。学校会给你一些临时困难补贴，全班同学自发地组织捐款，我也会向你表示一点心意。请你收下，这是大家爱心的一种表示，你不用有任何压力。"

他说："谢谢老师，感谢学校和学院领导，辅导员老师及同学们的关心！真的很感谢大家给我的帮助与关怀！"

今天，赵同学在班级群里说："大家的爱心和捐款我收到了，感谢同学们对我的关心和帮助，衷心地感谢大家在我困难的时候向我伸出援助之手，谢谢大家！"

全班同学给予他一连串抱抱的表情。嘉昕说："We are family！"曾静说"yes yes"。

我说："你受苦了。得知噩耗，同学们很震惊很难过，他们表示大家在一起这么久了，都是兄弟姐妹。代我及全班同学向你爸和姐姐问候，请他们多保重，你也多保重。"

这篇文章我本来不准备写，不想重现这个令人悲痛的场景。今天晓娟老师对赵同学的关心，让我很感动，决定记录下来。

俞杰、智诚、毅翀和孜屹几位同学捐款金额比较高，赵同学没有收。我说："你们捐这么多？"

俞杰说："大家都是同学，发生这件事我们很难过，钱只是用来表示一下心意。"

我说："毅翀家庭情况不是很好，经济比较困难。"

毅翀说："尽自己的一份力，这是应该的。他挺不容易，我平时和他玩得挺好，他人真的很好，常常考虑我们这些朋友的感受。"

毅翀在学校勤工俭学。暑假的时候，他在家乡做外卖骑手，非常辛苦。他平时在班级中就很有集体荣誉感、责任感和爱心，很乐于帮助同学，人缘很好，是一位让我很感动的孩子。

赵同学的微信头像换成了黑色，希望我们能成为他黑夜里的一颗星星。

2022年12月14日

永葆军人优秀品质

昨天，教务办通知我，我班有两位同学学业预警，一位是部队退役回来插到我班的学生，一位是有精神疾病的学生。他们两人都要求转专业，前者没有转成功，后者转成功了。

分别联系这两位学生家长和学生后，我马上让部队退役回来的学生来我办公室。他骑电瓶车摔了一跤，腿受伤了，走路不方便，还没有回家。

分析了他的几门课没有通过的原因、转专业没有成功的原因后，我开讲了。

“你从部队退役回来，不能说部队的生涯结束了，就把在部队学到的那些东西全部丢掉，在大学又重新开始，而是要把军人的优秀品质带到学校来。在部队最重要的是遵守纪律、遵守规则，这点你丢了。你上课有迟到、旷课的现象，特别在疫情期间，实行线上上课时，你偶尔睡过头，要同学去叫醒你。你插班进来，在混合寝室里，更要高度自律，严格要求自己，自觉遵守学校制度和纪律。部队里培养的艰苦奋斗的精神、团结自律的品质，要一直保持下去，带到班级来、学校来。上次开班会时有两位男生说，如果专升本没有考上，就去圆当兵的梦想。你也上台讲，如果同学们想当兵，可以到你这里来咨询。你要把部队里的好东西、正能量的东西讲给同学听，不要说部队太苦了、太累了、太封闭了，吓得同学们不敢去。”

他说：“不会的，老师，在部队里我学到了不少。军事方面使枪啊踢腿的，现在也用不上，用得上的主要是做人方面，让我们学会吃苦、学会遵守纪律和规则，还有处世。”

“金融班有一位同学，也是部队退役回来的，去年我给他上课。他非常认真，总是坐在第一排的正中间，总是早早到教室，从来没有迟到。他也参加了和我一起写随笔的活动。有一次，他讲如何帮助一位女同学会见网友的过程，他教她识人、全程线上跟进保护她。他每周跑步，每次跑10公里。有一个周末的晚上，他发信息邀我来学校和他一起跑步。当时是疫情封闭期间，来不了学校，不然我真的会来和他一起跑。”

讲到这里，我把这位学生约我跑步的微信给他看。

“养成的好习惯，两三天就破坏了。再捡起来，不容易。所以，要坚持。经历了部队高强度训练的人，早上按时起床，算得了什么呢？把当时的那股劲拿出来，干什么成功什么。

“我来宁波之前，有一位转业军人，是我的忘年交。他工作非常出色，每天睡五个小时，精力还超级旺盛。他退休好几年了，他所在单位的人，现在只要提起他，都对他的工作品质和工作能力赞不绝口、肃然起敬。宁波各行各业有很多转业军人，我认识一些，他们都非常优秀，我很喜欢和他们交流。从他们身上我能学到很多，获得很多正能量。他们普遍格局高远、奉献社会、大气豪爽、重情重义、遵守规则、诚信务实、团结友爱、执行力强。我校有一位女生，从部队退役到学校后，很努力学习与兼职挣钱。她很漂亮，非常阳光大气，我很喜欢她。这些优秀品质你都学习过、你身上也有。要把它们保持下去、发扬出来。

“如果说之前想着转专业，有的课程没有认真学习，挂科了。现在转专业没有希望了，你想要专升本，那就得发奋学习。首先要确保下学期的补考都过，暑假得好好复习看书。其次，要全面学习，确保顺利毕业。不然，专升本，你考上了，没拿到专科毕业证，你还是去不了。我上届就有这样的一位学生。开始不学习，后来觉醒了，可惜还是没能如期毕业，专升本考上了，却上不了本科，这就太遗憾了。”

这位学生很聪明很大气，对同学友好，住在混合寝室，总是到我班男生寝室，和同学们一起玩。但是他的拖拉习惯、懒散习性真是得改。

他受伤的腿，他自己用碘酒处理了，消炎了，没大碍。

2022 年 7 月 1 日

过去一年，未来两年（学生）

乐尔：参加很多活动，如运动会、足球赛、马克思杯、篮球赛。在接下来的大学时光里，将生活安排得井井有条、简单充实。培养生活习惯，锻炼生活意志，提高自理能力。大家来自五湖四海、性格各异，来到这里尽可能改去自己的缺点，处理好人际关系，在寂寞的时候要耐得住寂寞，激动的时候要注意分寸。大学是人生的第一站，是更好适应社会的前提；大学是知识的海洋，在接触知识的同时，要培养好专业技能，培养自主学习和独立思考的能力；要严格要求自己，不能在一开始就落后于别人，培养好习惯。进入大学离开了我们熟知的一切，从心理上开始学会独立。我准备将专升本提上日程。明确目标，合理安排时间，掌握科学学习方法，端正学习态度，充实自己，提高学习兴趣。

鹏杰：回顾过去一年，学到很多知识，比如了解了股票市场的运行，学会了如何合理规划时间等。时常利用课余时间去体育馆打乒乓球、羽毛球，在大学我感觉我可以放飞自我。过去一年交到了很多真心朋友，和他们一起时我很快乐。我发现我身上存在着很大的问题，比如我喜欢睡懒觉，不易管理好时间，很容易迟到；我很懒惰，做事喜欢拖延，到现在阳光长跑还没有跑完。未来我希望改掉这些缺点，更勤奋更自律。我要忙碌起来充实起来，忙于专升本。高考失利，专升本是我的另一次机会，我必须握住它。

霖胤：担任班委，参加了大量的比赛，如挑战杯获得奖项，互联网+，

3v3篮球赛获得第七名。在实践部担任几次活动的组织策划者，本学期参加了班助的面试，接下来暑期有一个社会实践活动。作为实践委员给大家做好表率，希望下一次的篮球比赛可以取得好的成绩，努力学习，做好班干的带头作用。

毅翀：大学第一年适应环境，自我评定良，有计划未实施，有拖延症的坏习惯。学习大学里的学习方式，丰富情感。进入青协部门，专升本计划未实施，开始准备，完成早起跑步计划，改掉拖延症坏习惯。

梦婷：对大学的生活很好奇。开始很积极，后面为了学分和志愿小时奋斗。对跑步有排斥，原本跑步是为了释放压力，现在变成压力，很不喜欢这种感觉。寝室关系融洽。未来规划专升本，为家里减轻负担。

宇嘉：过去一年，离读书目标有很远的距离，现在要开始实现目标。

柳松：作为体委这一年做的事不多，但是还是学到了好多东西。除了在体育健康上提高自己，也在学业上不断提升自己。未来考取证书，努力考取本科，假期多多参加社会实践，加强社会适应能力和其他特长技能。

冰彬：感谢大学的选修课！生活有仪式感，大学是小社会，与同学交往比较重要，乐于助人。卫生方面不理想，衣着打扮是个人素养问题。去录音棚唱歌，跟着合唱团参加老师的排练，感觉很好。

茹莹：适应了大学生活，对人生有初步规划。参加了3v3篮球赛，慢慢地对篮球有了由衷的热爱。大二给自己定了几个目标，争取成为党员，要努力学习，学习专业技能，养成良好习惯。

露淼：过去一年，有很多人际交往，不同朋友有不一样的乐趣。接触到以前不会的新鲜事物，阳光长跑锻炼身体。大学全靠自己，没人监督。未来想过英语四级和六级，考上二本，不想留下遗憾。

若宸：学习上有所懈怠，未来想要努力学习，阳光长跑上下点工夫，争取不要拖到最后，端正学习态度。

艺蓓：过去一年目标是英语四级，参加了挑战杯竞赛、辩论赛，写手抄报。阳光长跑不积极，起不来。开始打游戏。未来努力一点，尽量专升本，让大学不后悔。

彩依：大学老师一节课讲很多的知识点，光靠课上听讲还不够，课下要好好学习巩固。刚进入大学以为可以放松，结果大学还是很忙碌。参加了很多校内活动，考过了计算机考试、英语三级。未来两年想考出初级会计证，努力学习，为专升本打下基础，未来想从事会计工作。

婉茹：背英语单词，没有学习计划，运动少，与人交流少，志愿小时少，比较懒惰。未来学校活动多参加，多与人交流，多完成志愿小时。

姚辉：英语考过了3级。加入了宣传部，写作新闻稿，有时做文件到凌晨3点半，摄影进步很大。未来多做志愿小时，多进行学习讨论，争取下学期考过英语四级。

俞杰：和同学认识一年，在早8：00闹钟时爬起，阳光长跑很痛苦。从开始向家长要钱到最后不要钱，经常和9218舍友出去聚餐。参加挑战杯和互联网比赛。在学校部门工作，从开始的不会到后面的游刃有余。未来好好学习提升自己，与女朋友一起努力。

张俊：上学期买了电瓶车，兼职赚了五千。下学期因为疫情没有工作，玩游戏多，上课因为近视经常坐前面。对象在异地，她三天哭两次。寒假打苦力工，肌肉发达得不得了。寝室里乐趣多，室友都乐观风趣友好。梦想当兵。

皖茹：感觉成长许多，竞争学生会成员，自己一直被推着走。不想给自己设限，不喜欢给自己施压，不喜欢定目标，比较懒惰。幻想成为很厉害的人，但这些都是晚上的梦，第二天就放弃。想要一直去尝试，愿美好如约而至！

昕豪：认识大家很开心，寝室关系融洽，自认为比9218寝室好。上学期和寝室人经常出去吃饭，这学期因为疫情出去次数少。在学校部门实践了几次。下学期争取阳光长跑早点跑完。

王帅：过去一年，阳光长跑70次，在知乎发文章，暑假不回家，在当地影视城玩一玩，多体验。人生简单一点，快乐一点，体验服务员，体验群演生活，想记录家乡老人的辛酸，研究历史。经常玩杠铃，锻炼身体。未来希望人生快乐一点，自由一点。

源芳：收获了很多，从以前需要家长陪伴到现在可以独立生活，逐渐熟悉了大学生活，为同学做一些力所能及的事，上学期英语三级过了。希望下学期多多运动，好好学习，改变普通话中过多的口音。

少凤：上学期每天打球赛，很累很快乐，感谢队友，还想感谢曾静一直监督我。学习没有特别突出，希望自己打球越来越厉害。

虹虹：一个“抢”字概括过去一年，抢志愿小时，食堂抢饭，上课抢位置。几个词概括过去一年：跑步、做核酸检测、吃饭、睡觉。对未来规划：专升本、考级。

智诚：今天高考第一天，一年前的今天我们刚刚结束高考。能力有所提升，参加党校学习，认识冤种舍友，一起玩耍一起快乐。想改掉拖延的毛病。

铜庆：回忆去年班干争夺，对俞杰的工作很认可，参加了不少活动，电子商务比赛获省一等奖。我的家乡在河南郑州，希望大家了解我的同时对我家乡认可。室友都是人才。未来做一个心安理得的自己，专升本。

李娟：学习多，很累，在摆烂，阳光长跑也很累。暑假考驾照，想去旅游，尝试专升本。

卢硕：参加了很多活动，也投了很多稿子，寝室同学做了很多不能理解的事，不过我很开心。未来想专升本。

思璇：侧重点不在学习，一直忙其他事情，踩点上课，要改正。喜欢新媒体，在部门工作，竞选负责人。参加33个活动，参加挑战杯，获得校级三等奖。未来专升本，大二开始准备，多做题，考从业资格证书，考英语四六级，希望自己过得充实。

嘉鑫：英语口语不是很好，字不太好，不过在练习。缺点明显，学分不高，志愿小时不够，学习和其他方面都要开始学习。未来两年准备专升本。（该生后来转专业了。）

梦晴：参加部门社团，生活充实，参加党校学习，大一让我体验自由生活，想要成功要自我努力。

俊杰：刚来路痴。寝室分配挺好，王帅内卷导致寝室内卷。对未来没什么规划，想专升本，不成功就去当兵。

谷钒：大学一切要看自己，参加学习部，当生活委员，完成各种活动、手抄报，参加校级活动、青马班和挑战杯等，这些经历收获很大。未来想当班助，帮助学弟学妹，多参加志愿活动，多运动，多学习，多背单词，培养好的生活习惯，提高自己。

曾静：怀着好奇心进入大学，高三到大学，地狱与天堂的转变！涅槃后重生，却不是凤凰！从对校园的陌生到熟悉，从对学习的迷茫到对理想的追求，学着在艰辛中寻找快乐。新的教学方式、新的学习方式，一切都不再那么循规蹈矩，觉得有些迷茫，好像一切只是为了学而学，浑然不知挥霍了大把的时间，生活也失去了重心。还好渐渐地适应了环境，渐渐地在学习中找到了规律，那些迷茫也渐渐消散。广交朋友，结识一些高年级的学长学姐，向他们请教学习、工作、生活上的问题。面临困难，会勇往直前，拥有一颗积极乐观的心。参加许多活动如新生辩论赛、挑战杯等，认识更多的同学，增加了与其他同学交流和向其学习的机会，锻炼了交际能力，学到别人的长处，认清自己的短处。越来越觉得，作为一名大学生，要有独特的人格魅力，要讲文明有礼貌，尊师重道，乐于助人，要有一个高尚的品格。所以我有意识地改变自己，让自己变得更加完善，成为一名人格得到升华的大学生。我觉得自己最大的优点是乐观向上，待人友好，与人相处融洽，平时比较细心，对周边的人也比较关心，工作认真，有责任感，自信，有着不认输的勇气。但说话太直率，有时候换位思考做得不到位，学习知识的能力还需加强，语言组织能力和社会实践能力等方面还很欠缺，有待提高。

小慧：大一很充实，做PPT，当志愿者，阳光长跑，虽然没有很多收获，但是很满足。未来目标是专升本，注重专业课学习。

朱丽：起初想转专业，后来还是没转。参加了青年志愿者协会和吉他社团，觉得自己还有进步空间。参加了国交老师组织的一个活动，收获很大。不后悔自己的选择。喜欢吃东西也喜欢做美食，很喜欢拍照，经常和朋友去外面拍照，去体育馆打羽毛球。未来把专业知识学扎实，努力完成学业，把该考的证书考到手，准备专升本。

慧慧：误打误撞参加运动会，拿了两个奖，认识很多朋友，参加勤工俭学，参加十佳歌手，给各种比赛拍照，学习摄影技巧。未来该学的学会，考试都过。

嘉昕：没有了和以前一样的督促，自主学习能力不强，靠室友督促，希望以后可以好好学习。在生活方面结识了很多比我优秀的同学，他们都是我学习的榜样。来大学之前，对大学有所害怕，进来了觉得没有什么好怕的，思想上开始成熟，适应了大学生活，当上了部门小组长，对生活有了一定的安排。未来积极学习，考取专升本和驾照。

苇繁：阳光长跑受苗某的影响摆烂，考试说好不看书，结果寝室人很卷，不得不也一起奋斗。未来对专升本有一定的规划。

秀婷：喜欢摆烂，起不来床。寝室3个人性格各不一样，却比菜市场还要热闹。学习和志愿小时很充足，疫情时寝室隔离，同学们给予了很多照顾，感谢大家！参加了挑战杯比赛。未来做好自己，准备专升本。

雨桐：刚开始心不在学习，早上起不来，有严重的拖延症，谈了恋爱。规划专升本，想看看诗和远方。

柔迪：担任班委，课余时间进行勤工俭学，收获了工资和学分，帮助了很多学弟学妹，一年过得很充实。努力得来的东西让自己很快乐。好好准备专升本，学好英语。

雅丽：最大感觉是独立、适应，吃了不一样的好吃的，交到一堆朋友，参加部门社团。未来想参加资格证考试，想考教资，想去杭州。

幼芳：参加了社团美术社、学习部，和室友很默契。早日克服社恐，考上专升本。

孜屹：没干劲，想要好好学习，又轻易放弃努力。同学们想当兵，可以咨询我。未来想专升本。

吴涵：结交了很多来自五湖四海的朋友，对自己有很多的帮助，学习上还是很摆烂。（大凉山支教回校后，该生转到下一届）

2022 年 6 月 14 日

过去一年，未来两年（老师）

一学年很快就要过去了。

今天，召集我班开一个特别的主题班会：过去一年，未来两年。

提前一周布置班会主题及内容，要求每位同学到讲台上讲过去一年的所想所思所做所获所憾，谈未来两年规划。

我让班长在黑板上写下了今天班会的主题：过去一年，未来两年——财管2121。

班会安排苇繁和俊杰两位同学做记录，姚辉同学摄影。

活动开始了，第一个程序，我发言："为什么要开这个主题班会？不会总结，就不会反思，就不会进步；不思未来，就不会有未来。通过在大学一年的学习与生活，对大学有了比较清晰的认知，对未来两年的规划更明确了。希望通过这次班会，大家复盘总结过去一年的所想所做，反思过去一年的得与失、获与憾，从中发现自己的优点与长处、不足与短处，从而进一步完善自己。同学们发言的内容不限学习，当然学习是主要的，可以广泛地包括社团活动、班级管理、生活、兴趣、爱好、文化、娱乐、交友、情感、社会实践等方面。大家敞开讲，随意讲，不要拘谨。我上课时发现有些班的同学到了大三，上台讲话还脸红，紧张得语无伦次，我班一定不会有这样的同学。大家大大方方地、真诚坦诚地把内心的想法讲出来就好。"

接着，同学们按学号顺序到讲台上讲自己的过去一年，未来两年。

大家都非常认真对待这次班会活动，只有两位同学没有把发言稿写在手机里，就是这两位同学，也讲得很好。

进大学的第一天，每一位同学到讲台上做自我介绍，谈未来三年的大学理想与规划。那时，他们彼此不熟悉，对大学只有抽象的认识，带着羞涩，带着稚嫩，每人匆匆地讲几句就跑下去了，没有谈很多实质性的内容，对自己谈得很简单，对大学规划谈得很笼统与模糊。

今天，大家变得自信了许多，每个人都侃侃而谈，讲了很多，学习、生活、友情、看书、运动、活动、竞赛、行为习惯、思想进步、班干工作、爱情等方面进行了总结与反思。他们既为成长与进步感到高兴，又勇于直面问题与不足，分别从学习、英语考级、专升本、从业资格证书考试、竞赛、看书、考驾照、运动、志愿学时、班干工作、学生会工作、旅游等方面进行了规划，这些规划具体、务实，完全可以落实。

刚开始的两位同学，上去直接讲，讲后径直下来。我说，尽管都是同班同学，彼此早就熟识，但上台时第一句话还是要报上姓名；讲完后要向大家致谢。仪式感代表的是对这件事的重视，这也是很重要的礼仪。

后面的同学都按我说的去做了。我一开始没有这样讲，是想让他们先摸索体验一下，然后再讲，就会加强他们的印象。

同学们讲了两个多小时。每一位同学讲完后，其他的同学马上送上热烈的掌声。这点我可没有教他们，他们发自内心地为同学点赞鼓掌。

最后，我对本次班会做总结，也是我对这一年班级做的简单总结：“我想说的是我爱死你们了，真的！每一位同学表现得太出色了，都把自己这一年展现了出来。每一个人都自信大方，都很会讲。很感谢你们，让我看到了成长与进步这么快的你们，看到了收获这么丰硕的你们，看到了这么丰富有趣的你们，看到了这么快乐阳光的你们，看到了凝心聚力、积极向上的班集体。社会上有一些人说，现在的大学生是空虚的、空洞的、苍白的；上课时看到有些同学无光的眼神，有时我也很沮丧懊恼。可是今天我看到的你们，却是丰富多彩的、阳光灿烂的、充实活泼的、收获满满的。每次和你们深入交流后，就发现你们是一个个很有灵性很丰富可爱的年轻人，充满了活力，充满了智慧，充满了思想。我很喜欢你们的青春、你们的率真、你们的友爱、你们的积极向上。分院运动会，我班29位同学报名，21人次获奖，总分为分院第一；我班所有女生寝室全部获得文明寝室，男生也有一个寝室获得了文明寝室。有的同学一年时间，参加活动和竞赛达30多项，这些都是了不起的成绩。

“不久前，俞杰寝室同学出去聚会，他们发的朋友圈照片，我下载保存起来了。有空的时候看看，就觉得自己都变年轻了。大家还记得吗？第一次与你们见面会的班会，我讲的主题是：开放、包容与接纳。你们来自十几个省市，我最希望我们班是一个团结的班集体，今天同学们发言时，好几位同学都讲到同学友情、寝室关系，在以前我所带的班级中，寝室关系总有一些这样那样的问题。可是我们这个班，大家相处非常和谐，正如曾静所讲，在第一学期的时候，寝室关系不是特别融洽，总为小事磕磕碰碰，那时很郁闷。这学期，最开心的就是寝室关系融洽了，大家有什么都敞开心扉，有什么都说出来，这样关系就融洽了。你们看，刚才有同学讲‘我的曾静’，听着多亲切多温暖。还有同学讲曾经听传说：大学的女生像宫斗剧一样。可是，你们的寝室却非常快乐，打打闹闹，吃吃喝喝，疫情期间不能出校门，你们在寝室捉迷藏。有的寝室只有三位同学，原以为很清冷，却比菜市场还要热闹。我也经常看到你们分享生活，大家一起吃美食、唱歌、出去旅游。你们生活愉快，积极向上，活动丰富多彩，是我最开心的事情。

“不仅在班级内同学间很友爱，你们还很愿意帮助别人，帮助学弟学妹，想做班助。申请班助时，我们专业总共14位同学申请，我班就有12位。总共4位同学成功当选班助，我班有3位。王帅说，他是甘肃人，家乡很多老人在路边坐在小凳子上卖苹果，车呼啸而过，很不安全。他想帮助家乡的老人，帮他们卖苹果。这些都是非常好的助人品质。

“但是，我们班也存在一些问题，就如刚才有同学讲，自律不够，有的同学志愿学时还差一点，阳光长跑次数还差一两次。参加活动多，上课请假的同学也多。自己的问题要努力解决，班级也要有明确目标与追求。我们班要争取先进班集体与先进团支部。上次我们申报先进团支部，推荐到了学校，大一的班级推荐到学校的，我们分院只有两个班。我们工作做了很多，但是总结不够，和大二、大三比较，还是有很大差距。

“我的上一届学生毕业前，我也让同学们上台发言，那时学生讲时，我边听边做笔记。今天，我特意让同学做笔记，就是想全身心地听你们讲。以致有几个同学的照片，没有来得及拍。家长加了我微信的，照片已经发给你们家长了，我希望他们能与我分享你们的成长与进步，还有我的喜悦与自豪。你们说的每一个字，对我都很宝贵，都值得我珍惜。尽管让两位同学做记录，但我还是全场录音了。以后，经常回头看看你们、听听你们。也请大家把今天讲的话保留下来，明年的这个时候再来讲，看是否都做到了。”

然后，我把班干团干留下来继续总结，每位班干团干发言，最后我总结，重点讲班干的主动性。又是一个多小时。

最后，我把班长和团支书留下来，讲他们的职责、他们的进步与可改进的地方，以及我们班努力的目标。

2022年6月14日

过去一年，未来两年（班长）

经过一学年的工作，我班取得了不少成绩，也凸显了很多问题。

首先全班同学积极向上，在学习、文体活动、竞赛等各方面取得了优异成绩，同时涌现出一大批先进人物，学校的各项活动中都获得奖励。在班级干部的积极带动下，我班形成了团结、奋进、热情、创新的良好风气。整个班级和谐融洽，同学们亲如兄弟姐妹，大家在学习之余能够主动加强交流，增进感情。总体上班风向上，但学风建设仍然有待提升，从早自习迟到、旷课、上课请假等频率来看，班级同学学习积极性还有待提升。

这一学年班干积极团结同学，班级日常管理稳定有序，班委团委之间密切配合组织各种有意义的活动。每一次组织活动，班委团委都尽心尽责，努力为同学们服务。经过在一起的工作和磨合后，我们之间增添了不少默契，各位班委在工作上驾轻就熟。

但是班干仍然有许多问题，比如我作为班长的威信不够，对班级的掌控能力尚缺，工作上仍有推脱。学委对自身工作表示疲倦，体委通知常常不及时，文艺委员与组织委员对自身职责不明确等问题，这些都需要在下一学期做到改正。

对大学生而言，学习始终是头等大事。班委们需要在下一学期做好服务工作，将同学们在学习中的疑难问题传达给老师，以得到老师很好的解答。增加同学们学习信心，使师生互动。努力配合老师的工作，成为老师与学生沟通的纽带，把同学们的意见及时传给老师。关注学校的各种通知，及时传达给同学，便于同学们参加，如各种心理讲座、就业讲座、体育活动等，这样可以增强同学们学习的信心，甚至可以解除同学们某些心理障碍。抓好同学们上课出勤率，对旷课的同学做好思想工作，时常旷课的同学及时反馈给胡老师。

个别班委要提升个人能力，增强责任意识和服务意识。班委如果更换，需要换成责任心强、具有班级荣誉感的同学。班里个别同学偶尔上课迟到或旷课，对于某些课程态度不积极，课下自主学习意识不强，成绩不理想的同学，班委要加强与同学的交流沟通，了解和掌握同学的想法与意见，及时做出相应的工作调整。有些同学对学校的制度、纪律管理产生“逆反”心理，导致思想、行为自由散漫，不利于班风建设。在这方面班委会要强化管理、落实制度，避免说做不一，并及时进行阶段性总结。

班会秩序需要加强。我预想在下学期建立寝室长责任制，将班级管理分散细化，向上由各个班委统一管理。只有了解了所有同学们的想法，才能顺利地开展班级工作。多次组织活动也让我学到了很多，很多东西不是一个人能弄起来的，它需要一个强大的团结的班级做后盾。同时做事前要把所有可能发生的情况考虑周到，才能运筹帷幄，万无一失，避免到时候手忙脚乱。就比如胡老师上一次要求举行的班会，凳子没有摆好，黑板上主题没有写好，秩序没有做到稳定，这些都是班委们应该做的。

回首这一学年，这是我们真正思考大学、寻找目标、确定目标并为之努力的一年，这是我们更加团结友爱、收藏宝贵记忆、谱写青春纪念册的一年，这也是我们这一届班委继往开来、辛勤付出、与全班同学共同进步的意义非凡的一年。总之，我们班是一个蒸蒸日上的班集体，在一年的融合之后，我们逐渐形成了自己的班级特色。当然，我们也遇到过一些困难，但我们坚信在班主任的指导下，在全班同学众志成城的精神风貌上，我们一定会克服所有的困难，再创佳绩，更上一层楼，我们将走向更加辉煌的明天！

2022年6月

过去一年，未来两年（团支书）

时光匆匆，大一一学年就这样过去了，担任团支书的我在这一学年里对这个职位有了新的认识，我必须对自己的工作进行一次彻底的反思和总结，以便更好地开展下学年的班级活动，为同学们服务，促进财管2121班集体的进步和发展。

一、班级方面

1.学习方面

学习有条不紊地进行着。这个学期新课表出来以后，同学们发现这个学期的课堂学习任务不重，出勤就稍微松懈了一些，这也是直接导致期末考试成绩挂科较为严重的一个重要原因。下学年我们将吸取这个学年的教训，严厉禁止旷课，积极鼓励班级的同学学习，建立一个良好的学习氛围，把班级的整个学风搞上来。同时将一如既往地鼓励同学们参加英语四级和六级考试。

2.活动方面

本学年同学们参加的活动非常多，但是本学期比上学期理智了很多，根据自身特点，有选择性地参加，不再盲目或是出于好奇。

3.班级管理方面

针对上学期各方面的情况，我班对班规做了适当的调整与修改，进一步加强了班级管理，促进了同学们积极投入班级建设的氛围，使得班干部的班级管理工作得心应手。

4.班级纪律方面

没有出现重大违纪行为，但班级纪律有所下降，主要表现在少数同学有不想学习的想法，有迟到、缺勤的现象，经过班主任和班干部的提醒，这种现象得到明显缓解，但没有从根本上解决。下个学期一定要起带头作用，把这一现象彻底杜绝。要有针对性地提出一些方案以帮助那几位同学回到正确的学习轨道上去，使他们健康成长，成为社会有用之人。

二、个人方面

没有合理分配时间，有时候把学习时间用在工作上，在学习时间没有好好学，导致学习上没有给同学们起到很好的榜样作用。因为能力有限，没有参加大型活动，没有为我们班争荣誉。作为团支书，我十分惭愧，在下学期，我会努力改正这些不足之处。

在这次班会上我认真聆听了每位同学的发言，作为团支书，我发现真的还有好多事情还没有做到。来自不同成长环境的同学们有着很多表面没有展露出来的想法，有很多不同性格的人，还有一些和其他同学一样有着热情但羞于表露的人，我有义务关心同学们心灵上的需要，这也是我发现在以往工作中的不足之处。在今后的工作和生活中，我会在这方面倾注更多的力量。

我可能不是最出色的团支书，但我努力让自己做到最好。虽然担任团支书很累，但我不后悔，我从中学到了许多无价的东西。这个职位也是一个很好的舞台，给了我一个展现自我价值的机会。

总之，通过一年的学习让我明白了无论在班级还是在宿舍还是在社会，都要与同学们搞好关系，营造一个和谐融洽的氛围，才能有一个愉悦的心情和较高的工作学习效率。

2022年6月

过去两年，未来一年

时间飞逝，转眼学生大二快读完了，马上进入大三毕业班。过去两年他们做了什么，学到了哪些，经历了什么，有哪些成绩与不足，未来有哪些打算与想法，这是我关心的。于是，今天开主题班会："过去两年，未来一年"。这也是对去年之今日主题班会"过去一年，未来两年"的传承。

按照惯例，同学们依学号顺序上台讲，他们像以前一样，敞开胸怀，直抒胸臆。

乐尔：大一获奖、挑战杯、运动；大二，主要考证书，三级、四级证书；大三，考专升本，打球、运动、跑步排解压力。

霖胤：前两年做了很多以前没有想过的事情，进了实践部，获得了省政府奖学金，完善自己是成长过程中令自己满意的事。未来一年希望专升本成功。

毅翀：前两年比较充实，没有什么遗憾，也谈了恋爱。活动参加很多，该做的事情都做了。未来一年，参加"2+1"，会努力工作，争取被录用。

宇嘉：前两年专业知识学得太少了，未来一年希望专升本能加油，考上满意的本科。

艺蓓：过去两年考了一些基本证书，普通话、英语四级，接触了以前不能接触的东西。

彩依：大一比较忙，考各种证书，很多事情；大二一直在生病；未来做好“2+1”，空闲时间准备专升本。

婉如：过去两年出去玩的时间不多，回家的时间多，考的证比较多；未来泡上图书馆，准备专升本。

姚辉：过去两年考证、学习，生病比较多；未来一年专升本，想出去再学习。

张俊：过去两年重复着一天的生活，上课、吃饭、打游戏、收外卖；未来准备和王帅同学一起打天下。

昕豪：大一比较游手好闲，玩得多；大二，充实了一点，考了证书，当志愿者，参加实践活动，收获很多；未来一年，想专升本，考到杭州。

少凤：过去两年，比较自由充实，目前所做的主要为了以后能适应社会，通过专业和实践相结合，不断学习、探索，逐步成熟。

虹虹：加入了部门，挑战自己，策划了一些活动，工作进行顺利。考了驾照，假期还开了店，有了小小的利润。未来一年专升本。

李娟：大一时，忙着挣学分、志愿学时；到大二，每天上课，去图书馆学习，比较平淡。时间过得快，大家很快各奔东西了。未来重心在专升本。

思璇：大一时，部门组织活动多；大二时，工作中面试压力很大。获得了浙江省中青校媒优秀部长，结识了很多本科的同学，感觉他们组织能力很强，活动能力很强，学了很多。

俊杰：两年经历挺好的，让我说，说不出来。平时算是比较摆烂的人，但我私下做的事，大家看不到。很多事情需要提前去规划，不能想一出是一出。比如王帅，想创业，应该先去调查研究。我之前开了一个烧烤店，其实只是一个流动摊，弄一个小推车售卖。把两个月的生活费投进去，没有赚到钱。我班很多人不想做规划，比如张俊，感觉没做规划。

谷钒：过去两年正常上课外，参加了运动会、挑战杯、金融方面的比赛，获得了国奖、省奖、校奖，拓宽了视野，面临了许多困难与选择，克服后成长了。未来一年，参加“2+1”，会努力学习。参加专升本考试。未来充满不确定性，但是只要努力，就会进步。

曾静：更多想到去年，感觉过得很快，像昨天一样。回顾一下，大一刚进来，对什么都好奇，都主动有热情，做了很多事情。大二是学姐了，松懈下来了，没有以前主动。感觉进步了很多，比如申请我班先进团支部，大二申请时很从容，大一申请时紧张。这两年也认识了很多优秀的人，比较厌倦在寝室里打游戏，应该走出寝室。同学之间感觉淡淡之交比较多，交心的少，挺想改变的，但是不知道怎么改变。未来想专升本，最低要求考上公办本科。

小慧：时间过得快，学得多，成长多，看了很多课外书，阅读量增加，兼职，也锻炼了自己。未来专升本，有时间多出去走走，看看外面的世界。

朱丽：大一进了青协，参加了一些活动；大二担任证券投资协会会长。未来专升本、实习。

慧慧：大一向往打球，参加十佳歌手，紧张得忘了歌词，被淘汰；大二还是被淘汰了。大二任务重了很多，上台讲了很多PPT，第一次上台，紧张得发抖，现在还没有完全达到自己的目标。专升本，全力以赴。

苇繁：大一，刚从压抑的高中进入大学，感觉什么都比较新鲜，什么事都想参与一下，喜欢到处玩，喜欢探索；大二比较懈怠，什么事都不积极，大二下学期努力考证；大三，体测，想达到目标。

秀婷：进了实践部，第一次活动把我弄掉了，从此基本没我什么事了。大一感觉好玩，大家忙，我睡觉；大二参加了一些比赛，英语三、四级一次性通过，这学期准备考六级。专升本按六级的去学，专升本力争在杭师和杭州计量大学这两所学校。最后，感谢好朋友、寝室室友。

雨桐：过去两年满意又不满意。获得了浙江省金融科技大赛二等奖，自己兼职挣钱玩了很多地方，长了很多见识，见了很多风景及网上的东西；不满意的是四级证书没考出来。最幸福的事情是有一个男朋友和闺蜜龚秀婷，未来准备好好考试，考上理想学校。

柔迪：前两年比较忙，在未来学社负责招生咨询和宣传，获得校级优秀志愿者。大一获得了90多志愿小时，考一个证书，没特别复习，裸考差几分；大二更多组织各种活动，更多在招生办工作，获得200多志愿学时。参加很多活动、体验营。大一入团了，知道团员的重要性；大二，参加党校，获得优秀学员，进入党员服务站。还有勤工俭学工作，获得校级勤工俭学之星。获得国家励志奖学金、五星志愿者。感谢老师和同学们！除了上课，就是参加专升本培训，还兼职赚钱，锻炼了能力，也适应了社会，各方面能力强很多。大三，把心收回来，暂停赚钱，全身心投入到专升本中去。争取上一本，最少要上二本。

雅丽：大一进部门，忙部门的事，学了很多，打羽毛球，锻炼身体又减肥，用兼职的钱旅游、买机票，考普通话。未来一年，符合毕业条件的证书必须拿到，专升本想上杭州的大学，考上公办的学校，学费便宜，也比较好。

幼芳：第一次上台很紧张，不敢看台下，现在感觉还可以。未来两年参加“2+1”，要继续锻炼自己。

孜屹：玩得多，学得少；想做的事做得多，不想做的事做得少；未来考证，顺利毕业；准备专升本，过得快乐。

梦婷：过去两年参加了很多实践活动和社团活动。在课余时间，去找了兼职，还和朋友一起跑步、打羽毛球、K歌，收获了友谊。在寝室的时候我们经常感慨：到了大三实习的实习、专升本的专升本，再见不知是何时。所以，我们十分珍惜当下在一起学习玩耍的时光。未来一年努力专升本，成功上岸。

梦婷感冒了，嗓子讲不出话来，她写给我的。王帅还是和以前上讲台一样，习惯拿笔在黑板上书写，他今天重点讲从18~30岁的生命周期，谈创业就业、结婚成家、立业。

苇繁上去讲了很多。他讲完后，我说："关于体测，你这么努力去争取达标，应该讲出来，不管最后成绩是多少，这种坚持不懈、积极争取的意志很值得肯定。"他因为比较胖，1000米跑步时间总是达不到要求。他在减肥、在刻苦训练中。

同学们站在讲台上自信了许多，台风好了许多。他们普遍表示在大一的时候，对大学充满好奇、新鲜感、有一些新奇的想法，也有许多幻想；到大二以后，比较现实了，也就务实了，找到了学习目标与方向。他们较大一时有思想了，对自我的认知进了一步。未来一年大部分同学要专升本，目标很明确。

通过组织一些活动，让学生不断地反省过去、认识自己、规划未来；锻炼他们在台上自如表达，塑造良好的台风；让他们在坦诚以对的交流中相互借鉴、相互学习、相互提升，这是我的目的。

2023年6月19日

过去三年，未来N年

我班在毕业之际开了最后一个班会：“过去三年，未来N年”，这是传承前两年的主题班会“过去一年，未来两年”“过去两年，未来一年”。每一位同学上台发言，以前都是按学号顺序，今天同学们要求按倒序进行。

幼芳：很荣幸从重庆来到宁波，加入到财管2121班，我们是很友爱很团结的班级，毕业啦，我们不说再见。

雅丽：来到宁波，一开始认识到很好的室友，相处非常愉快，以致谷钒去“2+1”了，我很想念她。后来认识慧慧和虹虹，我非常开心。胡老师对我们很好，总之，三年很幸福。

柔迪：三年学了很多东西。认识我班同学我很开心，我一直觉得我们班很友爱。胡老师一直在激励我，我以胡老师为榜样，不断挑战自己，学习新知识，克服了很多困难，考上了专升本。本科会继续努力。

雨梧：过去三年对自己满意又不满意，满意是考了几个证，不满意是专业课没学好，没去很多地方。谈恋爱三年（同学们鼓掌，拼命地叫：对象是谁啊？名字说出来呀！），交了一个好朋友。上本科后，汲取之前的经验，要好好规划，多学习，可能会考研。

秀婷：大家在一起经历了很多，专升本都交出了满意的答案，未来不要想过得好与不好，只要我们一直向前走，不管哪条路，都通向罗马。

苇繁：先感谢胡老师，感谢学校，感谢同学！在我最困难的时候，都是大家在帮助我；三年大家相处很健康，很快乐。未来可期！

嘉昕：三年前从山西穿越1000多公里来到宁波，交了很多好朋友，觉得很荣幸，她们在生活、学习上给我很多帮助。我们也约好了以后经常在一起。很遗憾我没专升本，但我可以努力挣钱，让她们来找我。

慧慧：三年很快，没有感到自己快毕业。一想到这里，很难过，不舍。我班是非常优秀的集体，见到了很多人，很优秀，特别是胡老师，对每一个人都好。刚来学校时，我说话很紧张，现在也紧张，但是在成长。我在大学唯一的遗憾是没有谈恋爱。我希望未来找到稳定的工作，勇敢做自己，谈恋爱。

朱丽：三年我改变很多，我以前性格……嗯，台上不敢讲，现在可以随便讲。很高兴认识大家。（哭了，大家掌声鼓励）未来大家勇敢实现自己的想法，越来越好。

小慧：毕业季不说再见。祝大家前途似锦，人生辉煌。

曾静：每次站在讲台上的时候，过去一年就像前天发生的一样，这是最后一次……我荣幸担任团支书。我班是一个特别团结友爱的班集体，从初中、高中，感觉没有一个班这么团结，当然是因为遇见了班主任胡老师，她对我们都特别好。我班特别特别好。最后一次，不知什么时候再见面了，很舍不得。但是还是能见的。无论在哪里，工作怎样，生活怎样，希望能见面的时候就见面。

俞杰：很高兴能跟大家在阶梯教室相遇，各奔前途，我也选择了心中的那条道路。现在的结果是每一个人努力得到的，我当兵也是，过了一道道关，才当上光荣的人民子弟兵。没考上专升本的，不用纠结，每一个行业都能发光发亮，360行行行出状元，大家没必要难过。希望大家都能去做事情。我也想见大家，特别是胡老师。刚才手机上看到了每一位同学，看到智诚头发我就猜到了是他。相信大家顶峰相见！（他在部队，手机连线。）

谷钒：酸甜苦辣尽留痕迹，我们一起经历了友谊，分享了很多欢乐，在课堂中交流经验。希望以后相互多联系。以后我们都是最坚定的支持者和朋友。

俊杰：不知道该说什么，我都没想过这些。三年过去了，在学校算是比较懒散的人，但是挺开心的。一个人来到一个地方，开开心心的最好，身体健康。未来规划有，讲起来长，就不讲了。走上社会后，大家首先要照顾好自己。我们寝室5人都请吃饭了，还有一个，什么时候请啊？

梦晴：收获很多，尤其是室友，还有胡老师，大家都非常好。希望未来大家都越来越好！

思璇：河南人走出河南，来到浙江，很幸运来到我班。在部门小有成就，可惜参加竞赛比较少。专升本学习太累了，考研和考公暂时还没有想。人生有很多选择，祝大家都有一个美好的前景！

卢硕：过去三年，没有特别要讲，认识很多人，有学习的、有玩的，长了许多见识，开阔了眼界，视野是很重要的东西，我家庭是比较保守的。未来三年，跟好朋友维护好关系，不要因为毕业了，友谊就淡了。先工作，好朋友的故乡都去看看。攒点钱，为朋友结婚准备准备。

李娟：所有事情都需要自己去体验、去试验。室友关系非常好，无论班级有什么通知，大家都相互提醒；去拿快递或者拿东西，都帮忙拿，大家总在一起玩。

铜庆：寝室同学关系很好，后来发生了很多事情，把之前那些美好的东西掩盖了。我觉得自己挺自私的，今天开始我坐在角落里，没和室友坐在一起，需要学习成长。感谢老师，感谢同学们。

智诚：感谢胡老师的帮助与教育，很开心和大家一起度过三年时光，非常开心，感谢池姐！大家前程似锦！（有同学在附和起笑，听不见后面的内容。）

虹虹：我有四个感谢，首先感谢胡老师，我不知道用什么词来形容她给我的感觉，想到学校的温暖，我就想到她。在大二时在她办公室和她聊天，感觉很幸福。感谢我的两个好朋友：范慧慧和薛嘉昕；感谢室友，怎么叫都叫不应的余柔迪，总是高歌一曲的王艺蓓，总是忙不完事的曾静；最后感谢大家，因为你们，这三年很有意义。我今天一直看大家看每一位同学，希望最后一次记住大家的脸。我希望未来大家不忘初心，花团锦簇！

少凤：很荣幸加入这个大集体，很荣幸认识大家。胡平老师真的非常好，刚开始我觉得她特别麻烦，事情也很多。后来我也认识到自己的问题，闯了一些祸，在这里跟大家道歉。曾静，无论我做错了什么，她都提醒我。这一切都过去了，因为有遗憾，我会更加地活在当下。向前看！

源芳：我也不知道说什么，刚来时我自我介绍，说我是蔡源芳，是柳州螺蛳粉的地方。这三年过得很好，未来祝大家越来越好！

王帅：大家好，我是帅（大家笑，纷纷叫好）。过去三年在现实与虚拟之间徘徊。在上海酒店实习时，感觉现实了一些，感慨比较深刻。走上社会，没有今天这么好的一份情谊。今年考驾照，买一辆车。想让家人认可我。未来同学们去天南海北，每到一个地方，会去找同学，去同学家做客。青山不改，绿水长流，江湖再见！

昕豪：三年很快，军训就在眼前。过得开心，无论跟室友还是同学，虽然学的东西不多，但是见识了很多，学了很多其他东西。感谢老师，感谢同学！

皖如：在学校交了很多很好的朋友，她们给了我很多帮助。未来几年，想做自己喜欢的事，希望大家找到自己喜欢的工作，过上自己喜欢的生活。

张俊：（他一上台，大家就笑）大家好，我是俊（笑声更欢）。和大家相处愉快。我以前没有见过这么牛的班主任，管理班级能力超级强，能自己开公司，还是作家，尽管我没有看过她的书。以前我的中学老师经常吹牛，说他的水平相当于大学教授，我算是见识了真正的大学教授。同学们今天打扮这么漂亮，大家这么多年，今天最认真，女生都化妆了，男生头发也烫了，都弄得很好。过去三年，见了很多世面。我班女生朋友圈很精彩，各种美食、各种玩都让我羡慕不已。感谢我班班委、学委、团支书等，他们都很有耐心，我非常感谢他们！三年我好像也没有贡献，唯一的优点是我比较humorous。我个人心智比较成熟，别看我嘻嘻哈哈，以后大家遇上困难，比如恋爱之类的问题，都可以找我。未来结婚是肯定的，我得给对象一个交代。我准备先进入社会，遭受毒打。还有我们宿舍没有一丁点矛盾，尽管大家性格各不一样，但是大家都各有特点和优点，相处非常融洽，都请我吃过饭，至于为什么我没请呢？因为不久前我花了很多钱，今天必须找老爸报销一点。

姚辉：我有一群非常棒的室友，尤其是李宇嘉。基本上每天过三点一线的生活。我们的陈鹏杰陈老师，白天整天不见身影，晚上会突然出现在面前。非常感谢班委，他们非常辛苦。各位同学也十分优异，各方面都非常良好。还有班主任特别棒，我拖延症非常严重，班主任尽心尽力帮助我。感觉没做什么事情，直到最后一年，我才参加比赛，就毕业了。展望未来，实习时非常累，没关系。我想创业，推进家乡发展。我家乡是采桑基地，我觉得非常棒，能否与苏绣结合，还可以与其他工艺结合，这是我目前重点在想的。未来创业可能有点麻烦，但我不怕麻烦，我愿意挑战。可能未来我创业失败，会向你们借钱，希望你们能借钱给我。

婉如：三年比较平淡，在家里比在学校待的时间更长，但是消息灵通，朱丽会告诉我。同学们都很好，遇到胡老师也很幸福，和胡老师有主动吐露心声的冲动。未来会努力，祝大家越来越好！

彩依：生病时间比较多，班级活动参加少，很遗憾。感谢胡老师，在我生病期间对我的帮助。未来想去旅游，不是有说吗，现在看到的风景与未来看到的风景不一样。

艺蓓：这么快要说再见。三年遇到了认真负责的胡老师。回到寝室，就像回到自己的家一样。以后想见面，可以经常见面。专升本，给我三年划上了圆满的句号。这也是一个新的起点，大家未来加油！

若宸：蔡源芳是我的好朋友，未来还是好朋友，希望她谈恋爱，希望大家都好！

露淼：平平淡淡，做大学生应该做的事情。谢谢所有给予我帮助的同学和室友，尤其胡老师让我班留下许多美好的回忆。祝大家前途似锦！

茹莹：做的最对的一件事就是打篮球，和队里关系非常好。打完球后去吃烧烤，还会喝点什么。专升本肯定要读的，因为我还想在大学打篮球，还想考游泳证书。

冰彬：最幸运的是遇到室友、胡老师和同学们。学校蛮符合我对大学的想象。这个时候要说再见了，内心其实挺不舍。未来三年有一些规划，专升本考上了，也很满意。假期会实习，增强阅历。

柳松：大家好，我是松。非常有意思，遇到了非常负责任的班主任，当时和陈鹏杰出去玩，骑车受伤了。胡老师知道后，马上到医院。遇到了很好的室友和同学，臭味相投的人住在一起，每一位同学都请吃饭了。还有一位，今天一定要请哦。专升本也考得不错，会有一个好的开始。未来，幸福在当下！

宇嘉：三年在历史中只一瞬，但在我却很珍贵很重要。最重要的是感谢大家的陪伴、老师的付出。

梦婷：结识了一些好朋友，特别是我的室友，早上问吃什么，中午问吃什么，晚上问吃什么，一天要问800遍。我们一起搞钱，一起旅游，我们会欢笑，有吵闹。未来的日子会越过越好。将来如果我有能力，会帮你们。希望有时间我们能常聚。

毅翀：我的班主任都很好，但胡老师更好，帮助我很多。室友很铁，有次喝醉酒，他们把我扛回来。我买了电瓶车。我很庆幸的是，有一个长达三年的感情。实习中我发现在单位我表现最好，工作业绩考核要求很高，我还没有达到要求，不知道公司会不会把我留下来，我对期货行业了解很深刻，也常总结。希望未来我们越来越好，把我心爱的人娶回家。

霖胤：回望过去，很可惜有疫情，出去玩少了。大学美好时光主要在校园里度过。对大学的憧憬与想象中是不一样的。在这个班里很高兴，成长了特别特别多（哭了，哭得很伤心）。遇到了很多帮助我的同学、朋友和老师。成绩不是我想追求的东西，但我过得很开心，我更在乎能力提升。在未来，会先去上班。然后，我想自己开店，要有梦想要有追求，哪怕失败了，可以再回去上班。如果没追求，不知道能力会达到什么程度。

鹏杰：上来之前不知道说什么，上来之后还是不知道说什么。今天在这里庆祝毕业，是结束，也是开始。一大早起来补作业，一点一滴都是宝贵的回忆。三年来我们一起应对困难与挑战，让我们学会了责任与担当，认识了很多好朋友。寝室很活跃。遇到很多异性朋友，还有学习好的，还有很多兄弟姐妹，都在我心底。我相信每一位同学都有梦想和追求，也会有挑战，但是黎明会到来。胡老师是我认识的最好的班主任，只有唯一，没有第二，感恩在我心底。

乐尔：不知道为什么大家叫我陈老师。大一大二参加了很多活动，大三主要考专升本，本来想考一本，差了十几分。很开心的是寝室里发生的轶事：被窝里突然多了一个什么东西，不知什么时候被谁放进来的；寝室丢失的袜子，我们寝室像动物园一样，一般人体验不到的乐趣。还会收到来自520寝室的救灾物资，KFC鸡腿真香。未来我想考研，希望大家结婚时，请我喝喝喜酒。

孜屹：特别感谢胡老师，为我操了很多心，我都特别不好意思。未来几年，希望大家多挣点钱，做事时不受约束。

2024年5月12日

相信自己能过好这一生

今天学生毕业答辩，拍毕业照。我班举行了最后一次班会：“过去三年，未来N年”。

班会先放视频，和同学们一起回顾三年来的学习、生活、运动、娱乐。曾静和思璇做视频连续两个晚上至半夜。同学们看到视频中的自己很激动，想不到三年前两年前的自己是那样子。我把视频发到朋友圈，下一届有一位女生说：看哭了。平时我让同学们多拍照，多留记忆，今天见效了。

每一位同学上台讲自己过去三年，未来N年。大家回顾了三年大学的美好时光，都觉得在学校过得开心、快乐，都认为同学间情谊最美好最珍贵。无论学习成绩怎样，是否获奖，他们都认为在大学长了见识，认识了很多人，感觉很好。他们感谢室友、感谢同学、感谢老师，很多同学特别感谢我，认为我是他学生生涯中最好的班主任。男同学上台时最热闹，好几位男生自报家门我是帅、我是松、我是俊，气氛超级热烈。还有两位女生说着说着，就哭了。

同学们从10点多讲到12点多，兴趣高涨，一点也不急于离开，一点也不觉得饿。因为马上要拍毕业照，我只讲了几分钟：“同学们毕业不容易，仅实习要提供的材料就好多份。没有达到毕业条件的同学，后面一定要注意各项时间节点，一定要想法去完成；不读专升本的同学，学校会要求很快就业，希望大家不要烦，尽早按要求完成。

“我从来没有认为成绩好的学生就是好学生，听话的学生就是好学生，在我眼中心里，每一位同学都很好，我爱你们每一位孩子。刚刚有一位同学说，她开始误解我，到后来理解我、认可我，她很抱歉。其实，在我心里我从来就没有认为她不是好学生，我好多次和我先生说，她是一位很有能量很有活力的学生，她说做就做，说走就走，很洒脱，她去了很多我想去的地方，我很羡慕她。她的任性的确给我增添了一些麻烦，让我很操心，但是我在评价一个人的时候，是看他的本质、他的思想、他的灵魂，而不是停留在表面。平时我批评你们，因为我是老师，学校对老师有要求；因为你是学生，学校对学生有要求。从学校来看，从做学生来看，你违纪了，但是并不是说你是不好的学生，你的人生从此不行，这是两回事。无论你们做了什么，我都认为是正常的，毕竟你们是学生，还是个孩子，谁不想玩，谁不想要一些不受约束的自由？还有同学因为没能及时完成任务，有时躲着我，可能认为我会对他有想法，其实一点也没有。

“社会上很多人把发财了、当领导了、事业成功了，定义为成功的人生。我不是这样定义的，我觉得每一个人有自己的成功定义。比如，你做一位清洁工，只要你觉得清洁工这份工作有意义、有价值，你就是成功的。工作没有贵贱好坏，只要你自己认可就行。

“我们走上社会后，会遇到比学校复杂千百倍的人和事，未来不管遇见谁，不管遇见什么事，不管遭遇什么，都要相信自己，永远相信自己能过好这一生。我买蔡磊的《相信》这本书作为毕业礼物送给你们，就是想告诉你们，无论将来遇到什么困难和挫折，纵使不敌，也绝不放弃努力，永远相信未来。人生很不容易，不可能一帆风顺，可能我们工作不顺利，生活不如意，婚姻不幸福，但是我们依然要坚定地相信自己，未来一定很美好，我们有信心战胜困难，从挫败中重新站起。

“我周围的人都说我很幸福，其实我多愁善感，很多时候很纠结。我们有些同学看起来很洒脱，是吧？其实他的内心也一定会很纠结。（少凤说，是的。）

“所以，我们不能只看别人表面过得开心快乐，每一个人的人生都不容易，都很努力。每一个人的灵魂都是丰盈的，都值得尊重。社会的确很复杂，有形形色色的人、纷繁复杂的事，无论什么时候，我们要做符合主流价值观的事，要做对得起自己良知的事；无论发生了什么事，我们不要迷失自己，要坚守底线，做一个积极向上、阳光自信、热爱生活、奉献社会的人。”

才讲了几句话，我突然泪流满面，掩面而泣。我不知道自己为什么突然泪崩，也许是平时让我很累的学生，这次在台上都特别感谢我的付出，让我觉得付出值得；也许有欢喜，又看到学生的成长与进步了；也许有难过，马上要和学生离别了。

班会结束后，全班同学每人手持《相信》这本书，拍合影。

很早的时候，我就想我班同学毕业时，我要送一本蔡磊的《相信》给他们，希望同学们和我一起向蔡磊学习：纵使不敌，也绝不放弃，永远相信未来。我特别叮嘱团支书，一定要在京东上买，那是蔡磊最后的工作单位；一定要在中信出版社买，那是《相信》的出版商。

我把每一位同学的讲话记录了下来，同步录了音频，准备收录进第四本育人随笔里。

我和很多同学一样，直到1点多才吃早餐和中餐。

晚上请一位同学吃饭，她哭了好几次，这位同学的身世真可以写一本书。晚餐时，她还想留在宁波发展，我也帮她找到了可以去面试的单位。就在我快写完这篇文章时，她发信息说，家里出了事，让她紧急回家。唉……

今天母亲节，都没怎么记着。妈妈在采茶，2~3元/斤，她说两天就可以采一袋米钱。

2024年5月12日

第三篇 一起努力

一起努力

春节收到学生的许多祝福。

毕业5年的康佳说："胡老师，给您拜年啦！祝愿您身心健康！您热情似火，亲切热烈，思想独立而鲜明，给学生光明，指引方向，持续学习，向您看齐。"去年他有一个困惑，向我求助。

我说："一起努力，积极向上，加油！有时间多交流。"

学英说："胡老师，新年快乐，祝您越来越美丽！每天都有想您，都有被您积极的人生观带动。学生马学英爱您！您是学生心中的光，您写的文章我有空就看。一日为师终生为师，您是我人生路上的老师。"她是19年前我在本科院校时的学生。

我说："教学互长，也是师长互长。是你们眼中的光，点燃了我心中的火。人生不易，一起努力，一起加油！"

学英说："保重身体，一起努力，一起向阳而生，老师。努力向您看齐，经营好家庭，热情生活，热爱工作。"

她接着说："这些年我一直在学习在努力。努力成为最好的自己，但是心里也有疑问、有困惑，有时候也有自己解不开的疙瘩。无论生活还是工作，能做到真正的淡定从容，不容易，老师。"

她问我《那个特别的疯子》在哪里买的，她很想看。她对心理学也很感兴趣。我向她推荐了蒙台梭利、弗洛姆、曾奇峰、武志红等几位心理学家的书。

之前，她看了我的一篇文章后，对我说："学习了，胡老师。您的每一篇文章都很新颖，这篇在教育孩子方面对我很有启迪。喜欢您写的文章，谢谢您！"

我信手写的随笔比较多，发到朋友圈的越来越少，但在朋友圈中的人生感悟还是很多。我在校对《育人随笔》时，把"如何提高效率"这篇文章发到朋友圈，这篇文章是我在工作中的心得体会。学英说受到了启示，我马上又发了一篇文章"精力管理"，送给像她一样热爱学习的学生。后来，我校对完成"快乐需要学习"这篇文章后，再次发到朋友圈。

我写随笔主要是为了缓解压力、释放情绪、表达想法，没想到为谁而写，为什么而写；我写人生感悟，更多的是给自己打气、鼓励自己、激励自己，也没有刻意为学生而写，为孩子而发。没有想到，无意中给了学生一些启示和光明。

我身边自学心理学的人很多，尤其是女性，一半以上在以各种方式学习心理学。这也说明了人生不易，管理情绪、完善自我需要不断学习提升。

在教书育人的过程中，我经常向自己发出质问：学生到底需要我们给他什么？最需要我们给他什么？他最缺乏的是什么？最困惑的是什么？老师到底能给学生什么？

职院在很多人心中是最低层次的高校，我们许多学生在中小学成绩一般，有的甚至很不好。自卑是人类的天性，他们普遍更自卑；迷茫是年轻人的一大特征，我们的学生对前途更加迷茫。他们还很无助，想努力，找不到方向；努力了，不能马上看到成绩，对自己失望。所以，他们普遍焦虑、苦闷。

他们需要老师在他们心中种下一颗种子，种下一个希望，需要老师给予他们鼓励、信心，在他们心中苦闷的时候，需要老师给他一缕光，照亮他内心世界和前路。

通常我们认为，是老师在引领学生、照亮学生，其实正如我所说：教学互长，也是师生互长。康佳和我聊完后，我在微信朋友圈中发了这样一段话："与其说是学生对我的评价，不如说是代表了学生对老师的期待与激励。学生总以为是老师给予了他们温暖与阳光，其实是他们温柔了老师、照耀了老师、激励了老师。2024年1月，有3批共5位带过课的学生来看我，微毕业8年多了，海龙专门从海盐过来。去年下半年每个月都有学生回来看我，12月我生病休养，学生来了一批又批。上半年也有学生专程从外地回来看我，是不是每个月，没记住。我到底给了学生什么呢？不管我对学生多么好，绝对没有学生给我的多！成人的世界并不只有阳光灿烂，有时阴雨绵绵、有时冰天雪地、有时疲惫厌倦，是学生瞬间让老师眼前晴空万里，是学生融化了一个世俗成人的内心。老师作为教育者，用灵魂撼动另一个/一批灵魂，其实老师灵魂的救赎可能往往来自学生。"

回首过去，有多少次当我疲惫不堪时，是学生在校园里一声"老师"把我唤醒；有多少次当我想躺平时，是学生青春的身影将我解救；有多少次当我觉得受了委屈时，是学生瞬间融化了我苦涩的内心；有多少次当我受到挫败想放弃时，是学生眼中的光激发我再次向上。正如学英的一段话，让我马上又在朋友圈发了两篇文章，是她激发了我、鼓舞了我，让我觉得这样做有价值、有意义，也让我觉得有成就感。

人生不易，一起努力，一起加油，向阳而生！

2024年2月20日

不留遗憾

一位学生在微信里对我说："老师，我现在很后悔当初没有听您的话。"他是我6年前教过的学生。

什么话？我忘记了。

他说："我当初很喜欢一个女孩子，我告诉您了。您让我去表白，我却不敢。您知道吗？那时我很疯狂，真的很夸张，只要看到她，走到她的身边，我的心就跳得很厉害，没办法开口说话。有一次，她的闺蜜说她失恋了，让我去安慰她，我却不敢。后面遇到的女孩子都没有让我有这种感觉。"

这就是爱情触电的感觉。

他刚和女朋友分手。

我说你现在可以和她再联系起来。他说那位女生专升本去杭州读书了，没有了联系方式，也不知道她结婚了没有。

我说："你以后做事、谈恋爱要吸取教训，想到了就马上去执行和实施，不要给自己留下遗憾，否则在你以后的人生中心里总有一个梗，它会影响你很多东西。"

他说："就是老师说的，我现在心里就有这个梗。其他的女孩子我都没有那种心跳的感觉。以后真不能像以前一样犹豫不决了，不能给自己人生留有遗憾。"

这就是为什么我总是鼓励学生向暗恋者表白的一个原因。你们都是自由身，爱了就去争取。不敢表白，不就是怕拒绝吗？可是不表白，别人不知道，你就连机会都没有。万一被拒绝，有什么关系呢？你喜欢她，她不喜欢你，这不是很正常吗？不是也有另一个她喜欢你，你不喜欢那个她的时候吗？双向选择，关键在于你要主动去选择，而不是被动地等。等到别人有了对象，你又在那里悔恨自己当初的怯懦。

不久前我还和学生说，我们这么努力地工作、这么认真地生活，求什么呢？真是求一份好工作、一份爱情、一份舒适、一份安宁、一个幸福的家庭吗？真是求过得怎么样吗？最终我们追求的只不过是无悔的人生。不管现实中你过得怎样，只要你的人生有很多遗憾，就不会完美。

无悔的人生就是指每一个阶段做好当下的自己；每一件事竭尽全力，不为自己留下遗憾。因为时间不会倒流，人生不会回走，一些东西错过了就错过了。现在很多年轻人选择不谈恋爱不结婚，不就是在该恋爱的年龄、该结婚的年龄错过了吗？错过就没有那种感觉了。到后面想恋爱、想结婚，就比较困难，得面对很多现实问题。

我们想要的，努力去争取，实现了，就有了满足感和成就感；没有实现，也会无悔，因为努力过，体验了向目标奋进的过程，这个过程中，收获了许多意想不到的东西。比如，每年我们会给自己树立一个目标，这学年要获得国家奖学金之类的；参加比赛时，也会给自己定一个目标，要获得一等奖之类的。定下了目标，就不要纠结，朝着这个目标勇往直前。实现了愿望，好好庆祝一番，不仅要庆祝自己获奖，更要庆祝自己的努力，给自己打气，鼓励自己朝更高目标努力；没有成功，有了前面的基础和经验，离成功更近一步，下次再来，成功概率就大了。

我也和学生说，我们平时的一些小愿望，比如想喝一杯奶茶，想吃一块蛋糕，想去周边走走，要马上实现，不要让它们堆积在心中，否则总觉得生活中有没有实现的愿望，幸福感会降低；并且还会占用我们的脑空间，产生内耗。很多人说我活得轻松，那就是平时的这些小愿景我想到尽量马上去实现。于是，生活中就产生了一个接一个的小幸福、小快乐，每天都如此，每天都快乐；每年都如此，每年都幸福。

人生短短几十年，要做到绝对不留遗憾，不可能。欲望无限，而能力与精力有限，但是我们可以做到，在关键性的大事上，如谈恋爱、如工作方面尽量努力；在一些小事上，尽量马上去实践。

2023年10月22日

职业困惑

今天是教师节，三位在银行工作的同学来看我。他们同时带着职业的困惑而来。

他们说："老师，工作后，发现一切和学校真不一样，太不一样了，转正后与实习期又很不一样。现在银行和以前银行也不一样，竞争很激烈，都在转型。最近，我们行领导调整，这位领导和之前领导的工作风格、工作方式不一样，又得重新适应。我们工作压力很大，并且感觉越来越大。没有初入职时的那种初生牛犊不怕虎的精气神了，也没有初入职时那种对工作的美好向往了。现在每天想着的就是怎么适应工作，怎么跑到业务。"

王凯一脸疲惫，我问他为什么没有休息好。

他说："我没有一天不加班，每天晚上加班到10：00。当然，我也是太拼了。"

我说："你们跑市场做业务，为什么晚上要加班到这么晚？"

他说："白天跑市场，晚上回来要写报告，为客户向银行申请贷款。"他向我阐述了报告的内容。

我说："现在大家日子都不好过，很多企业都在转型。银行也不例外，国有银行的网点和自动取款机也调整了很多。市场本来竞争就激烈，现在更加激烈。这也会导致企业组织机构调整、人事变动成为常态。领导压力很大，会有焦虑，这也会传导给员工。

“你们工作一年多了，没有新鲜感了，有职业倦怠了，这很正常。但是企业需要的是弹性好、韧性好、定性好的人，最怕的是一遇到困难和挫折就跑的员工。被老板骂一顿，当时心里很难过，后面还是继续充满激情地投入工作，这种员工老板打心里喜欢；工作中遇到困难，迎难而上，再大的苦再大的挫败都能扛下来，这种员工老板愿意重用；经得住诱惑，不和别人攀比，坚定自己入职时的初心，这种员工老板会提供一切发展机会。老板和企业最怕员工一骂就跑、一难就躲、一败就倒、一累就逃。其实，从管理角度看，无论哪家企业和老板都差不多，都要求很高，甚至很挑剔、很苛刻。我自己带团队，也觉得每一个小伙伴成长太慢，拖不动，很累，也会不断地给他们施加压力；我也觉得团队问题很多，想马上改变，改不了，就会焦虑。

“年轻人最大的优势是充满锐气，最大的问题是容易泄气。不要给自己定太高的目标，如果达不到，就会气馁；目标要跳一跳就能实现，这样可以提高自己，又能激励自己；遇上挫折时，不要只看眼前的困难与利益，要看前方看远方。”

说到这里，我让他们看一篇文章“看前方看远处”，这是不久前我在《宁波妇女·她时代》上发表的一篇家书。

“人生要一辈子去学习、去努力，不是努力一年两年、三年五年。许多人基础非常好、资质很好、平台也很好，后来发展得很一般，就是因为前面太拼了，后面拼不动，躺平了，很可惜。我们要控制好工作节奏，该休息时要休息，该娱乐时要娱乐，不能让神经一直处于工作状态、绷紧状态，这样会很累，时间长了，就会倦息。真的拼不动了，就横向发展，积蓄能量，只要不掉队，总有一天会上去的。做事不能太急，很多东西急不来，要用时间去打磨。

“你们可以看看周围，工作了20年、30年的人，还有哪些人仍然充满激情地在工作，很多人都疲倦了，却有一些人仍然充满活力，像刚入职的年轻人一样青春洋溢。你们可以观察他们是怎么做到的，他们具有哪些与众不同的特质。除了强烈的责任感之外，还因为他们普遍不看重眼前的得失成败，普遍有一点浪漫主义和理想主义。人的一生都在历经苦痛、工作过程中时时有挫败，如果我们太在意眼前的得失，就会很容易生出各种不满情绪；如果我们过分看重眼前的利益，就会斤斤计较。

“到社会上后，学历不是最重要的。经历就是学历，阅历就是学历。每一个人都在努力，都在煎熬，都在纠结，也都在迷茫，这些情绪不是年轻人的专利，而是人类普遍的心理特征。年轻人还可以逃避一些，中年人就无处可逃了，房贷要还，孩子要照顾，老人要赡养。我就经常看到一些人，一边抱怨一边奋力向上。所以我时常感叹：人类伟大之处，不是做了丰功伟绩的事，而是明知人生苦短、生活艰辛，却像要活得天长地久一样地努力。

“你们也明白了社会比学校要复杂很多倍。在学校，付出了很快有成绩有成效，在企业却很难出成绩。优秀的人太多了，基础好的人太多了，有资源优势的人也太多了，因而也容易产生挫败感。你们都是‘没有伞’的孩子，起步阶段会非常艰难，没有人帮你，所有的一切都必须靠自己努力。我们不要想马上超越这些优秀的人，而是一头扎进工作中，一点点地缩短与他们之间的差距。我们要拼的是韧性，做一个长期主义者，而不只是一时的锐气。每进步一点，就给自己打气。如果真能做到每天进步一点点，后面的成绩将会非常惊人。当然，也要承认自己有一段时间的消极，接受自己在某个时期的懈怠，只是调整后一定要弹起来。”

工作一段时间后，发现工作不是想象的那样，老板和主管不是想象的那样，业绩不是想象的那样，就很容易滋生出职业倦怠和职业困惑，这是刚毕业大学生离职率高的重要原因。所以，在大学要增强学生对社会的认知、对企业的认知、对岗位的认知教育。我班的一位同学这学期开始参加“2+1”实习，他对我说：“来实习后，就开始怀念胡老师讲的课了，那些企业案例还没有听够。您讲的工作案例对我这个实习岗位很有帮助，比如说一些工作中的细节和工作态度，帮助挺大的。”光听老师讲还不够，学校的项目课程相对复杂并且竞争激烈的市场来说，也温柔了一些、简单了一些，还要创造条件让学生更多地走进企业，培养学生的吃苦精神、坚韧品质。

2023年9月10日

把窗帘拉开

今天早上出门，开车的路上，看到一轮淡淡的圆月挂在西边的天空，我突然笑了，淡淡地一笑，就像看到了思念已久的老朋友。这种美好的感觉，伴着我一路到学校，伴着我吃早餐和早餐后在运动场上走两圈。这期间，我多次抬头看天空，碧空如洗，没有一丝白云的踪迹，我也没有刻意去找寻那一轮不舍离去的月亮，它有它的运行规律，随它去吧，遇见欢喜，分别就是为了给欢喜留下空间和余地。

从学校食堂吃完早餐出来，我又顺道来到篮球场边，那里有红叶石楠绿化带，有三株月季花从密密的石楠丛中挺拔而出，有两株月季花正开，尽管花朵不大，但是开得很灿烂，亭亭玉立，另一株有两朵花苞待放。这是我每次到食堂吃完饭后，都要去望上几眼的地方。我从不关心学校食堂今天早餐、中餐有什么可吃，只要有吃的就行，我关心的是，这几株月季是否还在，仿佛只要它们还在，过去就在、美好就在、希望就在。

回到车上，学了20分钟英语，然后走进教室。学生们安安静静地坐着，有少数同学在看书做作业，大部分同学在看手机。现在学生看手机，不能说都是在玩手机，有相当多的同学在用手机学习。

教室的窗帘又被拉上了，严严实实的，窗玻璃透不进来一丝光线，一股沉重的压抑感随之扑面而来。我马上拉开讲台边的窗帘，把窗户打开一些，同时请坐在后面的同学把后面窗帘拉开。哪怕在寒冬零下几摄氏度，我也喜欢把窗户打开一点缝隙，让新鲜的空气进来。特别在教室里，四五十位同学坐在里面，封闭的空间，空气中有一股窒息的味道。

很多次，我发现教室里坐满了学生，窗帘都被拉上了。即使是冬天的早上，阳光没有照到窗台上；即使是阴天雨天，根本就没有阳光，很多学生还是习惯把窗帘拉上。还有的时候，走进教室，教室的灯一个都没有打开。江南阴雨天雾气弥漫的时候比较多，教室里显得很阴暗，学生们在阴暗中坐着。我一见到这种情况，马上开灯，拉开窗帘。除了烈日炎炎、夏阳高照的时候，我都让学生把窗帘拉开，让自然光照进来，这是短期调整心情的一种方式，这是长期调整心态的一种方式。

习惯宅着，喜欢拉上窗帘，使自己不受外界打扰，这是当代一些年轻人的生活方式。这种生活方式不能说特别不好，但是肯定不够主动积极阳光。一些年轻人没事，长期宅在家里，宅出问题来了，抑郁了。人只要经常走出去，任凭自然风吹，接受阳光沐浴，是不会出大问题的。

上课的时候，我喜欢站在窗边，这是生物向阳向光明的习性决定的。我不喜欢站在或走向靠走廊的那一边上课，为了调动全班同学积极性，我刻意让自己在两边走动。下课的时候，我喜欢看看窗外，尽管有时只是快速地一瞥，但是那一线光亮、一眼绿叶、一空蓝天、一朵白云，让我心情顿时愉悦明朗起来。

好几年前，我已经习惯了早上一出门就看天空，晚上回到家时，最后一眼看天空，平时也经常看天空，可以说最近几年，我没有一天忽略过天空的变幻。

调整心情的方式有许多种。看书、和朋友相聚、做感兴趣的事，都可以让人心情愉快。但我认为大自然给人的力量最强大，大自然对人最具有调整功能。所以，很多度假村、咖啡馆、茶室都选址在山水间或山水边。不久前，一位父亲说，他孩子患了轻度抑郁症。我说，让他每个周末去爬山吧，到大自然中去，站在高山之巅，所有的苦闷、烦恼都会随风而去。有一位年轻的妈妈说，她曾经患有抑郁症，就是大自然治愈了她。到现在为止，她仍然坚持周末带孩子到大自然中去。

亲近大自然，就是亲近万物；亲近万物，就是和万物建立链接，这样人与社会、与自然就发生了联系。越和自然密切接触，我们就越接近天人合一，人就会活得越轻松、越自然，心境也就会变得和大自然一样宽广。

植物是向阳生长的，人也会向着阳光温暖、视野开阔的地方居住。

每一个人都有心情不好，想封闭自己的时候；每一个人都有沉思的时候，不希望被打扰的时候，但我们不要总是封闭自己，把自己与大自然隔离。

寒冬的时候，下雨的时候，不得不关上窗户，也要拉开窗帘，让自然光透进来，这样我们所处的空间就显得大起来，视野开阔起来，从而心境也就豁然了。很多时候，我们只需要改变一点点，我们的心情就改变很多；我们长期有意识地改变一点，我们的心境就改变了很多。所以，我建议同学们，无论是忙还是闲，抬头多看看天空吧，让我们暂时放下当下的困惑和迷茫；无论心情好还是坏，多拉开窗帘，敞开窗户吧，让新鲜空气进入我们的血液里，让自然光照进我们的心上。

2023年11月29日

挂科的学生

“经济学基础”课程考试结果出来了，每个班有三四个人补考。“经济学基础”是比较难的一门课程，特别对于“3+2”的学生，就很难了。不到10%的学生补考，已经很不错了。这两个班的同学认真学习，课堂气氛很活跃，我很喜欢他们，他们也喜欢我。

成绩出来后，有一位女生说她只有60分的成绩，比室友少了10多分，心里不服。她说教材后面的配套习题她都做了，特别是选择题，她认为她基本都对了。

现在找老师质疑分数的学生不多，已经通过考试的学生还找老师的就更少了。她找我，说明她学习认真，考试也认真对待，为此我很高兴。一看到她的信息，我马上打电话给她。

她正在哭。我却笑了，这么认真的学生，我当然要笑；同时，我也不想把气氛弄得很紧张，让她有压力。

我仔细地和她对答案。可以说，没有一道题她做得很好。14分的计算题，她只对了一个小题，得了3分。名词解释和简答题，关键知识掌握一般。材料分析题，还没对答案时，她用了一句脏话来形容做得差。选择题她也做得不好。

我说，如果你的成绩显示是60分，你的试卷肯定在50~60分，一定没有60分。让你及格，是根据你平时的表现把分数拉上去了。

我再向她了解她对于这门课程学习的情况。她是班干，总是坐前两排，学习很认真。但是学习内容没有完全掌握，她说第一章、第二章，她都能懂，后面就迷糊了。她把教材后面的配套习题都做了，主要靠死记硬背答案，而不是理解。“经济学基础”的专业名词很多，她大多没有理解，经济原理没掌握，逻辑关系没有理顺。

这是职院学生普遍的情况。挂科的学生要么学习态度不好，要么学习方法没掌握。

对完答案后，她说她的确没有做好试卷。今天我去学校，还是去教务办查看了她的试卷，分数没错，她只考了58分。

这次期末没有通过的同学，成绩普遍较低。根据以往的经验，补考也很难通过。我想在寒假期间，给他们将课程系统地理一理，特别是概念、原理、逻辑关系及与经济社会结合来思考。我让2班的班长，也是我的课代表项子浩建群，通知同学们，补考的同学自愿加入群。项子浩因期末有事这门课程缓考。

结果一下子进来了11个人。他说通过考试的同学也进群来了。这真让我感动!

子浩说：“说明老师您值得啊！”

在这之前，因为做手术，我一个多月没给同学们上课了。“经济学基础”后面部分是外聘教师讲的，学生说她讲课很认真很仔细。两位老师上课，多少会影响学生的期末考试成绩。

我在群里说：“这次期末考试宏观经济学方面的得分低。没有通过的同学，也主要是这方面的原因。还有大学已经过了一个学期，也可以通过这门课程总结学习规律。

“这次学习，不是针对补考试卷，补考试卷到现在我也没有看到。就是通过这次补考，把平时学习薄弱的地方，无论是学习内容还是学习方法，补起来，后面学习就会轻松一些。这次学习，纯粹是自愿，不强迫。学校没有这个规定，是我自已想这样做的。大家不想学的，不要有心理压力，不要影响过春节。”

年前，我想学生刚放假，可能想好好放松，准备过春节。开学前效果会更好，他们一来学校，就要补考，这段时间他们可能在复习。前两天我通知同学们，今天晚上7：00给他们补课。我想，学生们还在过春节，应该玩疯了吧，能来一半学生就不错了。没想到，竟然来了10位同学。

谁说职院学生不爱学习？只不过职院学生的学习积极性需要老师想办法去调动。“3+2”学生学习基础差一点，逻辑思维要差一点，但是他们在高职都是很优秀的学生，学习积极性向来都是很高的。所以老师要尽力呵护他们的这份学习积极性，只要老师用心对学生，学生从来没有辜负过老师，这就是教育的意义，也是教育的美妙之处。

2024年2月22日

我想要自由

课前和学生聊天，学生说："我们下午上课，晚上还要上课，感觉大学一点也不自由，羡慕你们当老师的，真自由！

我差一点脱口而出："成人世界怎么会比学生自由？"幸而控制住了，没有说出来。

我反问她："老师怎么自由了？"

"你们每天最多上半天课，并且不是每天都上课，不上课就自由了。你们一些事可以做，也可以不做，还可以推掉。"

我笑了笑，很随意地说："也许吧，也许老师比学生自由。你理解的自由是什么？"经过前面的差一点脱口而出，我变狡猾了。

学生说："时间自由、人身自由、财务自由，最重要的是财务自由。"

我说："财务自由的确很重要，财务自由后，能让人在其他方面也获得相对的自由。不过，我理解的自由和你们不一样，你们想起自由时，就会想到随心所欲吧。我想的自由是做我想做的事，感兴趣的事；对于不想做的事，我还是会去做好。我理解这就是自由。"

"这怎么可能？不想做的事，要去做好，还把这算自由。"学生边笑边说，她身边的好几位女同学附和她，跟着她笑。

"你这个年龄，这么做，肯定不自由。到我这个年龄，这个就是自由。把不想做的事做好就是自由。一到秋天的早上，我就起不来床。特别是冬天，更起不来。昨天早上尤其如此，我定了3个闹钟，闹钟响过了，我先生叫我，我心里想‘我真想把手机丢到窗外去’。可是随即我还是起床了。起来后过了一会儿，我就觉得神清气爽，我战胜了自己，我自由了。有时，中午很困，我也不想上课，可是走进教室，我就精神抖擞了，这就是自由。坦然地接受工作中的一切，平和地面对生活中的烦恼，这就是自由，是心灵的自由。心灵自由才是真正的自由。

“现实中哪里有绝对的自由？明天我不用上课，但是我要到杭州出差。本来想，好久没见儿子，明天在杭州住一晚，可是，刚刚接了一个电话，又改了计划，明晚必须回家。于是，我买了最晚的高铁票回宁波。周六，我得为企业提供服务；周日，我得来学校监考。你看老师每周就那么多课，不用坐班，好像很自由。其实呢，老师可忙着呢，除了上课，还得做科研教研，参加竞赛，指导你们竞赛，服务社会，参加培训。

“还有，我从来不推脱不后退。在遇到不喜欢做的事，遇到困难之前，我会有一会儿的纠结，但是很快我就迎难而上。很多人不喜欢周一的早上，我却很盼望周一的早上，因为我想这个星期我要做的事很快就会实现，这令我兴奋。如果一件事，有人对我说，大家都去做了，你也去吧，我一般没兴趣做；如果他对我说，别人做不了，你试试吧，我基本上就接受了。我最喜欢在心里说的一句话就是：我试试吧。退缩从来都不会让人快乐，也就不会让人自由。因为人的眼睛向前、人心向上，我们只有遵循人的本性发展，才会真正地快乐与自由。原地不动或退步，都只会让人懊恼、遗憾，不会让人获得真正的自由。

“我最怕你们学生在学校学没学好、玩没玩好、吃没吃好、睡没睡好，这样的状态让人没有一点自由的感觉，而是在反复的纠结、懊悔中度过，这样的大学生活，不值得过，没意思。”

自由是人人向往的。匈牙利爱国诗人裴多菲在诗中说：“生命诚可贵，爱情价更高；若为自由故，二者皆可抛。”只是不同年龄不同阅历的人对自由的看法不一样，许多年轻人以为自由就是我想做什么就做什么，不想做什么就不做什么，我有绝对的选择权和决定权。这样的自由是建立在打破社会规则和秩序基础之上的，势必给社会带来混乱，给别人带来痛苦，给自己带来麻烦，进而也就不自由了。真正的自由如哲学家所说是“戴着镣铐的舞蹈”，德国哲学家康德说：“自律即自由。”我国思想家、政治家、教育家孔子说：“七十而从心所欲，不逾矩。”自由是做好必须做的事，不做不应该做的事，在完成社会和家庭赋予我们的责任后，再做自己感兴趣的事。也就是说，个人的自由要符合社会规范，遵守生活秩序，完成责任使命。

2023年10月15日

人品最重要

我对一位毕业两年的女大学生说："做人一定要真诚、简单、阳光、大气、务实，特别是做女人，一定要善良、真诚、坦荡。如果我们复杂，那么社会在我们面前就是复杂的，那样日子太难过了。"

她有些不相信地说："老师，您是在PUA我吧？在社会上，真诚有什么用，还不总是被别人哄骗？如果我的朋友们都很小气，我对他们大气有什么用？和他们在一起，总是我吃亏。"

我说："因为你还不够真诚和简单，才会被哄骗；因为你还不够大气，所以总是感觉别人小气。"

她说："你刚才不也听到那位老板说，他企业没有做大，是因为他太真诚老实了，太实诚的人企业都做不大。我周围就有人靠忽悠赚了钱，赚了大钱；倒是那些老实的人日子过得紧巴巴的。"

我说："企业用什么实力做大？是用奸诈吗？是用投机吗？是用忽悠吗？你以为全世界只有你一个人聪明，别人都是傻瓜啊？你使心眼时，也许自己很得意，以为瞒天过海把别人玩弄于股掌之上，却不知别人早就把你看穿了，人家没有揭穿你，是不想破面子，或者你对他暂时还有利用的价值，在他心里早已摒弃你了。你以为自己很聪明，别人却认为你很笨，竟敢无视他的存在，轻视他的智商。欺骗别人，只有一次，最多两次，绝不会有三次；投机获得成功，只有一次，最多两次，绝不会有许多次。你不见许多聪明的人，讲起来口若悬河，最后一事无成吗？你不见许多初看很会搭平台会营销的人，很快就在市场上销声匿迹了吗？年轻女孩子，不要被这些花哨的人、花哨的话、花哨的活动迷惑了眼睛。看一棵树能不能长大，能不能开花，要看它的根是否正、它的干是否直。

“人品不好，谁愿意做你的朋友，谁愿意帮你？今天帮你了，明天你就把他卖了，明天他还会帮你？你还能再次忽悠别人吗？忽悠赚来的钱，你会珍惜吗？人们都不傻，要想发展好、生活好，除了以心换心、以诚换诚、以光吸光、以智换慧外，没有别的机巧。你这么年轻，千万不要挖坑，然后有一天自己跳进去。”

就在刚刚，有人评价我说：“您人品好，我认可您！您实事求是、认真负责。这件事，我会处理好的，以后需要时，我还是会找您。”

她的这句话，让我眼睛湿湿的。在和她沟通的这项工作中，我付出了很多，受了一些委屈。我没有和她见过面，这件事也不是她负责，我和她很少互动。今天算是第一次真正意义上的交流，但是我们一通电话，双方就感觉很好，很舒服。她认可我的付出、尊重我的专业、赏识我的能力，这不但让我觉得事情会有新的转机，还让我感觉前期受的委屈值得。

我说：“16年前我从湖北来宁波，什么都没有，什么都不懂，一路走过来，太多的人支持我，帮助我，我很感恩。”

报恩需要能力，我没有这么大的能力，报答每一位支持和帮助我的人，只有心怀感动、感恩和敬畏，努力把事情做好。

人品是人的第二身份证。做人，人品最重要；做事，还是人品最重要。我国思想家、哲学家庄子说：“真者，精诚之至也。不精不诚，不能动人”；美国开国三杰之美国先生本杰明·富兰克林说：“诚实是最好的策略。”美团创始人王兴说：“我们犯了很多错误，交了很多学费才知道，这个世界没有神话，只有一些很朴素的道理：便宜的打败贵的，质量好的打败质量差的，认真的打败轻率的，耐心的打败浮躁的，勤奋的打败懒惰的，有信誉的打败没信誉的。”

当教育培训不能做了以后，新东方转型做直播带货，很快成为直播行业翘首。这得益于东方甄选带有文化品趣的特色直播，更归因于俞敏洪有情有义有担当，董宇辉真诚有才华。东方甄选的火爆是俞敏洪和董宇辉人品爆棚的体现。

曾经我在微信朋友圈发信息说，我看涨新东方股票，不是基于基本面分析和技术分析，而是基于俞敏洪的人品和精神。

我认真观察了我的周围，至今没有发现，哪一位人品差的人，最后发展得很好；哪一位人品好的人，最后过得很差。可以下结论：生活好坏与人品好坏正相关。

曾经有人因为善于忽悠，做成了企业，因为那时市场刚开放，人们还没有足够的经验和信息。现在，人们已经听腻了假大空的套话，警觉了五花八门的套路，并且因为市场竞争越来越激烈，市场人士感觉压力越来越大，也就越来越追求极致简单、直接高效的工作方式。在市场中，忽悠时代已经一去不复返了，人品时代正在到来。

我发现一些创业人士能力很强，最后却没有把事情做起来，尽管创业失败的原因很多，但是，没有和合作伙伴处理好利益关系，没有把利益惠及到团队成员中，是创业失败的一个非常重要的因素。

“短期看能力，中期看格局，长期看人品”。初入舞池，面容和舞姿，是吸引人的重要因素；能久居舞台中央的，只能是人品好、格局好、能力强的人。我们不排除社会上有人投机取巧，很快发了财；有人尔虞我诈，一时得了利，但我们要看长远，要看很远的未来。那些走得远的飞得高的，必定是以人品为基石、以智慧为保障、以能力为翅膀。

2022年8月31日

让你们记住我

上课时，如果学生能很好地回忆起过去所学的知识，或完全不记得过去所学的知识，我就会问相关课程由哪一位老师担任。有些学生竟然不记得一年前给他们上课的老师，这让我非常悲哀。仅仅一年，学生就把老师忘得一干二净，姓名甚至性别都不记得，这不是做老师莫大的悲哀吗？

不记得哪门课程由哪位老师教授，又怎么能记得老师传过的道、解过的惑？

学生为什么这么善忘？

为了解开我心中的谜团，我上网查看相关的信息。光明日报曾经在2007年报道说，江苏一所大学对该校毕业生进行了一次调查，问卷最后一个问题是：大学4年中，哪位老师给你的印象最深、影响最大？大多数学生选择了空白，还有的学生不符合要求地填了小学或中学老师的名字。南京一所高校在连续几年的优秀教师评选中，全校师生投票，竟然没有一位教师的得票数超过半数。

看来，这个问题由来已久。

看完这个信息，我把我的大学老师回顾了一遍，每一位老师的音容笑貌、讲课风格，在我眼前一一呈现。在写这篇文章前，我问先生是否记得他的大学老师，他说都记得。我问他，对现在大学生记不住老师这一现象怎么看。

他脱口而出：是老师的问题，老师没有给学生留下深刻的印象。

学生不能记住老师，老师要负主要责任。一些老师认为任课教师就只是上课、讲知识，课上完了，知识讲了，这个班、这些学生就没自己什么事了，甚至学生不听课、不做作业，也不用特别地教导，按照学校的制度执行就是了。该让学生挂科就让他挂科，该取消学生考试资格就取消他的考试资格，该惩罚学生就按制度惩罚他。还有一些老师讲课内容空洞陈旧，缺乏课程思政内容，缺少理论联系实际，缺少与学生的互动，缺少对学生的引导；课后更是因为忙于科研、教研、竞赛、评奖等，很少深入学生中间和学生交流。有些班主任在学生毕业时，还不能完全记得自己班学生的姓名，更不熟悉自己班学生的基本情况。所以，一些学生毕业后，没有多长时间，班主任姓甚名谁也忘记了。今年上半年，一位学生来看我，我带她在教工食堂吃午餐，我指着旁边的老师说，那几位老师都是你专业的老师，你还记得吗？她只记得两位。她毕业也才5年。

一些学生，特别是职院的学生不爱学习，他们到学校就是为了拿毕业证，学习就是为了考试过关。平时不努力，考前突击。所以，也没把老师放在心上。考过了这门课，所学的知识抛到脑后。至于是谁给他讲的这门课，不是他关注的重点。

我以为教育有四个层次。第一个层次，也即最低层次是传授知识；第二个层次，是培养思维；第三个层次，是提升认知；第四个层次，也即最高层次，是精神引领，播种希望。如果老师只是传授知识，学生忘记知识的同时，就把老师也一起忘记了。

很多老师都说，一些在学校很调皮，让他们头痛的学生，毕业后很懂得感恩。一些在学校表现很好的学生，毕业后就把老师忘了。在学校让老师头痛的学生，老师为他付出了爱心，他感受到了来自老师的关心与温暖，所以毕业后他仍然铭记在心；而在校表现好的学生，不需要老师特别操心，老师较少特别关注他们，他们没有感受到关爱。

不久前，我给初中的英语老师打电话，我报出姓名后，他马上说：

“啊呀，胡平啊，星光的！”那一刻，我幸福极了！30多年了，老师一直记着我，我能记着老师就不奇怪了。如果老师能记着学生的名字，学生也一定能记着老师的姓名。

我记人名的能力很差，除了自己的班，任课班上很多学生的名字，我也记不住。所以上课时，刻意地经常点学生的名字，请他们回答问题，与学生多互动。如果在校园学生很热情很亲切地叫我老师，我能马上叫出他们的名字，他们一定非常开心，一定会受到鼓舞与激励。

这学期刚开学，当我和学生一起回顾过去的课程时，一些学生又把上课的老师忘了。我说：“这学期我给自己树立一个Flag，就是致力于让你们大学毕业时，能记着我；毕业3年后，记着我；毕业10年后，仍然记着我；毕业30年后，还能记着我。我不是要你们记得我的名字，记得我的容颜，而是要让你们记得我曾经说过的一句话，在你人生关键时刻，温暖你、警示你、启发你或者激励你。如果我做到这一点，我当老师就成功了。如果你能做到这一点，你做学生也成功了。”

这是信息极度爆炸的时代，这是一个善忘的时代，能让学生一辈子都记住，不容易，得努力在学生脑海里留下深深的印记，得辛勤地在学生心里种下一颗向善向阳向上的种子。

2023年10月19日

信息不是知识

前几天，一位中学生也是我的好朋友来我家玩，我们聊了好几个小时。小姑娘尽管才初中毕业，但我们有许多想法、观点同频。她与很多学生一样，一旦拿起手机，就放不下。

我对她说："信息不是知识。每天，我们用手机不停地刷网上的信息，世界这么大，信息这么多，是刷不完的。看完这条信息，网络马上推送相关的另一条信息，没完没了，很多人为此掉进网海沉浮上瘾。你看，你知道的很多网络语言，我都不知道，我没有时间泡在网上刷这些信息。有时间，我也不愿意刷这些没有价值的信息，它们不能助我成长与进步。我也时常看手机，一有空就看，看一则有价值的新闻，一篇有内容的文章。几乎每天，我都会通过手机看一两篇深度分析社会和经济的文章。但是那种碎片化的信息、愤世嫉俗的语言、吸引眼球的标题文，我都不看，因为它们只会浪费我的时间、消费我的精力、降低我的审美、拉低我的思维。手机是通信工具，也是学习工具，我们要好好地利用它，不要因此荒废宝贵时间，虚度青春年华。"

接着，我补充一句："信息不是知识，知识不是能力，能力不是人品，人品是智慧。信息只有通过筛选、分析、总结、推理，才能成为知识；知识只有应用于实际生活与工作，才能成为能力；能力强，人品不行，也不行；人品好的人，才是真正有智慧的人。"

一些学生，整天拿着手机，泡在网海里，却不会搜索信息。上课时，我得手把手教他们，怎么确定关键词，从哪些网站上获取信息和数据。

信息化时代、互联网时代，每天的信息如雪花般飞来，前仆后继，你要是喜欢吃信息快餐，分身1千个1万个，也吃不完。最遗憾的是吃完了这些快餐之后，会让你腹泻不止，精神比黄花瘦，它们没有一点营养，只对人的成长有害。英国著名数学家、哲学家和教育家阿尔弗雷德·诺思·怀特海说："零碎的信息与文化素养无关……一个人如果只拥有广博的知识，那他就是世界上最无用、最无聊的存在。"被动接受零碎的知识，无法产生思想。

现在很多大学生不主动获取知识，漫无目的地刷手机各种信息，更令人担忧的是他们把这些信息当作知识，认为自己知识丰富，甚至认为不懂得网络语言，不知道网络热点事件，是无知无识。一些学生和我聊天时，频频曝出网络术语，我一脸茫然，他们觉得不可理解，老师应该是博学多识的，怎么连这么常见的网络语言都不知道。网络上即时发布的大量信息，没有经过求证，没有经过时间的筛选，没有经过岁月的过滤，没有价值；还有大量的伪信息，不值得花费一点点时间去看。

哪些信息值得看呢？国家统计局发布的统计月报、年报，政府发布的新闻、数据，一些权威机构和行业协会发布的信息、报告，每一个行业都有一些知名教授、专家发表的文章，企业家、作家、社会学家发表的看法，这些都值得看。看快餐式信息，不如看数据、研究数据、分析数据。看了这些信息以后，关键要消化、吸收、总结、归纳、分析，提炼出规律来。这个过程也是训练逻辑思维和方法论的过程。

互联网刚兴起的时候，面对网络上铺天盖地的抱怨、愤青，一些人盲目地、无理性地攻击一个人一件事，我很是不理解。为了弄明白这一现象，我买了一本书，社会心理学开山之作《乌合之众》，看了这本书后，我明白了这些人起哄的原因。从此，我对社会心理学产生了兴趣。这些年我买了很多书，其中一部分书就是因为网络上的一些事件引起我的关注后下单的，我想深入了解，买书来研究。

互联网上大量的信息，大多是供人消遣的，学生没有必要把宝贵的时间和精力放在这里。如果我们对其中某一现象感兴趣，就重点收集这方面的信息，比如我的这位小朋友，对宠物狗很有兴趣，她能叫出所有狗的品种，说出它们的特性，她收集关注了这方面的信息。

信息往往只传递现象和表象，事物的本质是什么，内在联系是什么，才是需要我们关注的重点。信息流如同水流，流过了就流过了，我们要通过筛选、整理、归纳、总结、分析、联想，将外在的现象，内化为内在的知识流。润米咨询创始人刘润说："生产的数字化其实就是在数据中提炼信息，在信息中寻找知识，在知识中凝结智慧，在智慧中洞察业务。"他认为知识来源于信息，但是信息不是知识；并且仅有知识还不够，要将知识凝结成智慧，才能用于实际工作生活中。

时间很宝贵，人的品位更重要。我们重点关注哪类信息，说明我们属于哪类人群。你喜欢看人们在网络上愤青、落井下石，说明你人生不得意；你喜欢看人们在网络上骂人，打击先进，说明你不积极向上、内心不光明；你喜欢看人们在网络上高谈阔论，说明你浮躁不务实；你喜欢看网络上的名牌，说明你比较虚荣；你喜欢看网络上做菜打理家居，说明你热爱生活；你喜欢看网络上的官方新闻、权威信息，说明你与时俱进；你喜欢看网络上的伟人故事，说明你追求卓越；你喜欢看网络上的诗词歌赋，说明你很文艺。

信息化时代每一个人都是信息的制造者、传播者和接受者。如果我们定力不足，不够自律，很容易被网络的洪流裹挟，没有方向地在网海中沉浮。各位同学，好好对照下自己在网络上的喜好，省察自己的品习，不要让网络成为消耗你的正能量、浪费你的青春、拉低你的智商的杀手，要让它成为你学习的工具和媒介，促进你提升与进步。

做一件事，不需要很多信息。你看，一棵大树的生长，只需要土壤、阳光和水这三种。我们需要的是获得有价值的信息，然后对这些信息进行深度思考。我常感慨古人那么有哲理、有思想，他们获得的信息比现在的我们少太多了，却成为伟大的思想家、作家、诗人。我们要从大自然和历史中获得启示。

2023年8月15日

过去不代表未来

有的学生说，高中英语成绩不好，最怕英语，没办法学好；有的学生说，见了数学就头疼，如果不是因为数学拉后腿，高考升本科肯定没有问题；有的学生说，我晚上喜欢熬夜，早上起不来，这个习惯早想改了，就是改不了；有的学生说，我知道运动对身体有好处，我也想运动，可就是懒得动。

今天，有一位女生说："上周我的股票赚了，这两天赔了，我心情很不好。"她在模拟炒股。

我说："赔都赔了，再赔上好心情，不是更赔吗？"

她说："要想让我高兴，得把我赔的那2万元赚回来。"

我说："不要把当下的心情与过去的成败挂钩，也不要把当下的心情与未来的结果绑定，因为过去已过去，结果不能改变；未来还未来，你不知道未来会发生什么。"

一些家长也喜欢根据孩子过去的行为给孩子贴各种标签：我的孩子不喜欢动脑筋，所以数学成绩不会好的；我的孩子很懒，不喜欢背英语单词；我们家没有读书的基因，我的孩子也不会读书……

过去对人具有十分重要的意义。它让我们知道自己从哪里来，不让我们活得虚无空虚；它让我们知道我们为什么是现在的我们，让我们总结反思。过去是我们的根，是我们走过的路，是我们提取经验的地方，却不是我们的包袱，也不是我们的标签。

在中小学，孩子学习成绩不好，不代表在大学成绩就一定不好，这是两个不同的学习模式。在中小学需要你认真听老师讲，需要你严格按照教学大纲来学习，需要你大量刷题；在大学却更需要你独立思考，需要你学会自学，需要你学识广博；在中小学有劳技的课程，但是你动手能力差一点，不影响你高考。你对社会了解得不够多，也不影响你上重点大学；在大学是为走向社会做准备的，必须广泛地了解社会，参与社会实践。

人会变的，并且会变好、变强、变优秀。古今中外，逆袭成功的人不胜枚举，刘邦、朱元璋小时候家境贫寒，没有受多少教育，却逆袭为皇帝；爱迪生小时候被学校老师认为是低能儿，却逆袭为伟大的发明家；美国第50任国务卿乔治·马歇尔小时候学习成绩很差，那时他的梦想是做一位铁匠；高尔基和本杰明·富兰克林小学没念完，后来都成为影响世界的人物；我们很多学生考上了专升本，还有学生进入本科后，考上了研究生。

曾经我也习惯晚睡晚起，现在却坚持晚上11：00睡，早上6：00起；以前，我也不喜欢运动，跑步了一年多后，脚关节不好，就坚持每天晚上出去走半小时；以前，我也有许多不想做的事，现在却无所谓喜欢不喜欢，事情来了就去做。

我刚上初三的时候，学校开大会，老师让我上台讲学习经验。我不会写讲话稿，找一位女同学帮忙，同学们都说她会写，她只和我说了开头一句话，就什么都不愿意和我讲了，老师也没有告诉我应该怎么写怎么讲。因为没有提交讲话稿，我就失去了上台讲话的机会。当然这件事，在当时和现在对我都没有什么影响，那时小，山里的孩子单纯得很，没想那么多；现在，我还是不喜欢上台讲话，幸而也很少有机会上台讲话。可是现在，我却能很快写出一篇普普通通的讲话稿，写一篇1500字的随笔，我只需要40分钟。我第二次参加高考，语文也只考了59分还是69分，具体记不住了。这个成绩不影响我现在写随笔，偶尔还会写一些小诗。

我是一位很普通的人，但是我的成长经历也说明了过去不是现在，不是未来。它并不能影响我们现在的心情、状态，更不能决定我们未来的发展方向和高度。

不久前，在“投资心理学”课堂上，我问学生：“自信和自卑，哪一个更可能导致事业成功？”

学生们都认为自信更可能导致成功。

我也常为成功人士浑身散发出来的自信光芒所吸引。

我看了许多成功人士传记，很多成功人士的童年、青年时期，过得不是自信满满，而是很悲苦，他们有着不同程度的自卑。发明家、创业家埃隆·马斯克的童年完全可以用“凄凄惨惨戚戚”来形容，在学校，校长和老师认为他发育迟缓，做事慢，不能完成任何事情。他父母离异，被人称作没妈的孩子，因为个子小，总是遭霸凌，还被打进了医院住院。创业后他的奇思妙想被人看作另类，成为大家的笑柄。当时，谁能想到现在的他成为本世纪传奇人物、世界首富。

我们看到成功人士的自信，是因为现在的他事业成功了，自信心来了，成功带来的自信，不是天生的自信。心理学家阿尔弗雷德·阿德勒认为，自卑感是人类进步的动力，人类的心理和行为是由自卑感和超越感驱动的。

所以，我们中小学成绩不如邻居家的孩子，高考成绩不如同班同学，那都是过去，不代表我们的现在和未来。

当下，我们要好好珍惜、好好努力，不要将来回想起现在时，伤逝过去虚度光阴、没做出对得起自己的事情来。

2023年11月30日

透过现象看本质

上午给学生上课，课前简短地读了一篇关于融创的新闻：融创在深夜发布2022年中期报告和年报。

我告诉学生，不仅要关注新闻的内容，还要关注新闻发布的时间：深夜。昨天是星期天，很多人都放假了，却有很多企业没有休息日，只要没有睡觉，都在工作。当我们在休假时，在睡梦中时，他们还在奋力拼搏。

上课时讲到房地产的价格，我打开宁波住建网，打开一个楼盘，打开其中一套房，让学生看这套房的挂牌价，上面清楚地标注：挂牌价格为此开发企业对此房屋的公开报价，挂牌单价不得超过备案单价……成交总价不得超过备案总价，超过备案总价的合同不予备案。

然后，讲房价的构成：土地购置费、拆迁安置费、税费、建筑安装费、管理营销费用、资金成本、开发商利润等。我以一个楼盘作为案例，列出各项费用，请同学们计算各项费用的占比和开发商净利润。

计算出来的结果显示，开发商净利润不到5%。当然这只是非常粗略的计算，精确精准计算不是我们这门课要做的，我只是让同学们感知房地产行业的生态。

最后我做总结。

通过这个案例，大家会发现，房地产对我国经济社会发展的重要作用。它产生的税费保证了我国经济建设和社会各方面的平稳运行，它改善了人们的居住条件，带动了几十个行业的发展，它提供了千万个劳动岗位，促进了就业。

这个案例也告诉我们，房地产开发利润很低，不是网上一些键盘侠说的那样，他们是暴发户、黑心商人。也许之前他们利润很高，不管哪个行业，在最初发展阶段，利润率都高。正是因为利润率高，社会资源向这个行业集聚，这个行业才得以发展起来。发展到一定程度，利润率都会降下来，因为市场竞争，也因为行业饱和，这是市场规律。

可以说，没有哪一个制造业受到像房地产行业这样严格的监管。资金的往来、施工规范、土地价格、容积率、建筑密度、绿化率、层高、最低价、最高价、均价、每套房的房价都被规定了，还要面对政策风险、财务风险、市场风险。一旦不能如期还贷交楼，来自政府的压力、银行的压力、业主的压力、市场的压力……是我们坐在教室里不能想象的。开发商能做的，就是在控制成本的情况下，做出质量最好的房子来。同学们想想，你愿意在这么多条条框框的范围内做事吗？你愿意承受这么高的风险和压力吗？开发商老板个人不缺钱，他干嘛要这样努力拼搏呢？还不是为了实现个人价值？还不是为了奉献社会和国家？所以，我们不能人云亦云地骂他们。如果我们对他们的工作性质有更深入的了解，对他们这个行业有更深入的了解，我们会对他们肃然起敬。感谢他们为社会做出了如此巨大的贡献，为改善人们的居住条件做出了如此巨大的努力。

回到融创这家房地产开发公司，自从他们资金链出现问题后，他们在公众号中，每周推出每一个项目的施工进展情况，目的就是让所有业主放心、让市场对他们增强信心。这是一种高级营销和公关策略，也是值得我们学习的。

教育的目的之一是消除学生盲目从众的心理，培养他们具有独立分析、独立判断的思维。

经济管理类的课程，几乎每一次课都蕴含着大量的思政元素。我感觉如果有时间，每门课程都可以写出一本课程思政的随笔。

2023年4月3日

网上热闹的背后

东方甄选的小作文事件在网络里掀起巨浪，几批学生和我讨论起这个问题。他们基本上都认为东方甄选的CEO小孙做得不对，人品和能力不行。

我问他们：“你对小孙了解多少？你看了小孙的个人发展史吗？”

他们说：“没有。”

“那你凭什么认为小孙不行？”

“网络上都这样说。他摔手机，还嫉妒董宇辉。”

“网络上的话你也信？你知道网络上是哪些人在讨伐东方甄选和小孙吗？你去看看小孙的发展史，小孙也是一个很牛的人。年纪轻轻的他曾经让经营很差的西安新东方学校，很快进入全国前三；当东方甄选刚成立时，他把除了自住房外的所有资金，全部投进了东方甄选。你想想，在新东方陷入谷底、前途未卜、举步维艰的情况下，他有这样的格局和魄力，该是多少了不起！该是对俞敏洪多么坚实的信任！有几个人能做到？董宇辉在西安新东方学校任教时，也是被小孙破格提拔起来的。东方甄选的迅速爆红，幕后该有多少事情要小孙去做，选品、物流、服务、组建团队……如果不是他超强的执行力，各项工作能马上到位吗？台上的人，哪能如此从容应对？尽管这件事他确实有些问题，但是情商太高的人做不了CEO。哎，这本来是多么小的事情啊，谁没有在职场上受一点委屈？谁在工作中不会犯一些错？只是他们是明星人物，任何一件小事，都会被网络大众推波助澜，放到无限大。

“东方甄选的成功，绝对不是偶然事件，一定是天时、地利、人和，俞敏洪、小孙、小董共同努力的结果，俞敏洪的战略部署加人格魅力，小孙的管理能力和执行力，小董的人品和才华，合力打造网红东方甄选。这也是俞敏洪广博的人文情怀，新东方深厚的文化底蕴爆发出来的结果，别的公司出不了董宇辉。不要看到别人成功就眼红，而看不到别人成功背后坚持不懈的付出，坚忍不拔的努力。

“曾经我在‘投资心理学’课程中，向你们推荐过一本书，群体心理学创始人法国社会心理学家庞勒写的《乌合之众》，你们看了吗？网络上的一些人说话很不负责，很不理性，你们去看看这本书，就知道他们这样说的背后原因和逻辑是什么。小孙的格局很大，作为公司的CEO，怎么会去嫉妒董宇辉呢？他的职责与使命决定了他必须看重公司的业绩，重视董宇辉的才华。只是每一个人都有情绪失控的时候，做事不严谨的时候，不要对别人求全责备，更不要被大众的情绪和言论带偏了。要有自己的观察、思考、判断，要借这件事分析每一个人，分析他们各自有哪些特质、优点与不足；静观东方甄选如何应对，思考分析他们为什么这样应对，跟踪这样应对后的效果。我平时从来没有关注过董宇辉和小孙，是这件事让我去了解他们。每一个人都不是轻轻松松地获得成功，董宇辉如此，小孙亦然。成功人士为人类社会做出了巨大的贡献，他们的很多工作品质与精神都值得我们尊重与学习。在这件事中，我们更应该思考作为网红明星董宇辉将何去何从，他会在这条路上走得很远吗？俞敏洪该怎么摆棋布阵。更深一步，我们可以去研究直播行业的发展现状与趋势。

“网络上有些人唯恐天下不乱，喜欢造势，再加上竞争对手、嫉妒眼红者、媒体的推波助澜，一件很小的事，就会放大再放大，到无限大甚至失控。有人就因为网暴，从此失去了正常生活，还有人为此失去生命。作为大学生，我们不要成为其中的一份子，让这类悲剧上演，应该成为推动社会发展的力量。最少我们要善待每一个人，善待我们的同类，善待努力工作、奉献社会的人，不带偏见、不带情绪地否定他们。

“你们回去后，可以把孙东旭和董宇辉的直播风格进行比较，发现他们的共同点与不同点，以便对他们在公司的角色有一个判断，再来评议这件事的是非对错。”

网络上的一些热点事件，是分析这件事、事件中的人和团队、社会群体等非常好的机会，我们可以借此了解社会、了解群体、了解人性、了解事件发展的规律和社会发展规律。只是在海量的信息中，要学会拨云见日、大浪淘沙、去粗取精，这就需要我们去搜集一些背景材料、梳理事件发生的整个过程及一些深度分析文章。

我在上课的时候，经常在课前和同学们读一篇经济新闻；在讲课时，也经常和学生讲社会现象和经济事件，引导学生将理论与实践结合，学会透过表象看事物的本质。只是学生的社会经验不足，还是容易被舆论大众所影响。培养学生认真观察、全面分析、深入思考、独立判断，恰恰是我们培养学生思想开放、思维辩证、胸怀开阔、积极向上的重要保证。

2024年1月3日

你的人生你做主

一位农村来的孩子，为就业的事苦恼，她想在宁波发展，父母却坚持要她回到家乡。她认为宁波比她家乡的小县城要开放发达得多，她不想回去，可又觉得父母养她不容易，如果不回去，对不起父母。

我说：“就业是大事，人生大事的选择不要在乎别人的想法，哪怕这个人是你的父母。你父母在农村，思考问题用的是农民思维；农民思维在城市里肯定行不通，这是两个完全不同的思维体系。不要听父母的，要听从自己内心的声音。你最想在哪里发展，就在哪里发展；你最想做什么，就去做什么。但是无论在哪里，无论做什么，一旦认定，就要全力以赴。”

我们学校很多学生毕业后，父母要他们回到自己的身边，尤其是浙江本省的学生，父母普遍希望孩子不要出省，理由是：浙江省经济发达，他们家庭的经济基础较好，孩子回到身边，不用那么辛苦在外面打拼，又可以相互照顾。周末、节假日，他们也总是让孩子回家，有时还给孩子请假回家。

我一直认为，这样的父母很自私，干预孩子的成长与发展，还要以爱护孩子为名。孩子在省外上大学，或者在省外就业，有非常多的好处。接受不同的文化、接触不同的风土人情、学习各地的优点和长处，对于开阔眼界、扩大胸怀、广交朋友、提升综合素质，有很大的帮助。

所以，每每有外地学生说，要留在宁波发展，要到杭州闯荡，我就心生感动。

还有一些家长，干预孩子谈恋爱。如果谈的对象是省外的，就要阻止，总想把孩子留在身边，以致他们的孩子很痛苦。

我的人生我做主，哪怕是父母的话，也不一定要听。特别是关于爱情和职业选择上，一定要听从自己内心的声音。自己的选择，哪怕吃再多的苦，也心甘情愿。不是自己的选择，哪怕泡在蜜罐里，也不会甜蜜，可能只会觉得窒息。更何况父母的安排，也只是在最初，后面的人生路还是要自己一步一步走下去，没有人能替代。既然这样，还不如出发时，就自己选择方向和目标，这样就不用在父母选择的路上，走到半路时想纠错，调整方向，发现错失了很多机会。

我年轻时，调了几个工作单位，每次调动工作结束后，我才通知我父母。我妈妈每次都心疼我，说我又要重新做起。我每次都说："你要相信，我只会越调越好，你不要担心我，只需要相信你的女儿一定可以。"我结婚，也是自己定好了时间，通知家人参加。回首走过的路，都是自己一路扑腾过来的，很辛苦，但是很有成就感；发展得一般，却很满足，因为这是我自己选择的人生。

我儿子在高考填志愿时，没有选择一所本省的学校；在出国留学时，我们没有给他任何参考意见；他找工作时，我们也没有进行指导。从他上大学后，所有的一切，都是他自己做主、自己选择。我比较懒，不想为别人操心太多；他也不会听我们的。我觉得这样很好，很有个性，我喜欢！现在，他在杭州上班，离家才一个小时的高铁，他没有回来过端午、中秋，国庆依然不准备回家。周末、节假日，他玩他的，我们玩我们的，各自不干扰，各自开心快乐，没有任何压力和负担。

孩子的责任心来源于他的独立，独立来自他自我选择自我做主。如果不让他自我选择自我做主，凭什么指望他独立？凭什么要他承担责任？他又怎么能独立，怎么能承担责任？因为这一切都不是他想要的，不是他自我选择的结果。你的选择你负责，他的选择他负责，道理很简单，父母做起来很难。

不能改变父母，可以改变自己。在人生大事上，坚持我的事我做主我负责。当然不是说，只要是我的事，谁都不要管。制度要遵守、纪律要遵守、规则要遵守，对自己做主，只是在人生发展方向的选择上，要有自己的想法，不能只听从别人的安排。

2021 年 9 月 26 日

善待快送小哥们

在给学生讲“经济学基础”课时，会讲很多经济案例、社会现象。关于外卖，我问同学们：“如果快送小哥迟到了几分钟，如果他把你的咖啡泼洒了，你们将怎么做？”

同学们的答案不一，有的说，投诉他们；有的说，会理解他们，毕竟他们也不容易。

我又问同学们：“如果你买一双10元的袜子，却要支付5元的快递费，你觉得5元的快递费贵吗？”

这次答案基本一致，他们都认为5元快递费太贵了。

我说：“我们买一双10元的袜子，需要支付5元的快递费，快递费确实贵，是袜子50%的价格。如果我们换种方式想想，就觉得这5元好便宜。快递员需要去商家那里收取袜子，然后将袜子包装打码，分区域送到机场或车站，搬上飞机或火车，长途运输，再卸下，可能还需要中转一两个点，到宁波分拣中心分拣，再装上快递车，分送到各个快递小店，由快递小哥送到你手里。你想想，就这双袜子，要经过多少人的手，每一个人从中得到了多少的报酬，应该很低很低吧？还要去掉包装袋和胶带这些成本。如果这样想，我们是不是觉得这5元付得很值，很便宜？如果你自己上街去买，付出的时间成本和路费，比这个高多了。”

同学们纷纷点头。

不从自身这一个点上考虑问题，从整个物流链上看待这5元的快递费，得出的结论和获得的感受就完全不一样了。

接着我说："如果你们愿意观察，就会发现在马路上骑电瓶车跑得最快的是外卖小哥；在各个小巷、在各个写字楼、在各个商场、在各个小区，跑得最快的还是外卖小哥。他们争分夺秒，他们的时间真正就是金钱；他们风里来雨里去，有时是用生命来换钱。曾经网上有一条消息报道，上海市送餐外卖行业的伤亡中，平均每2.5天就有1名外卖小哥伤亡。看到这个消息后，我在微信中发了一条信息，呼吁圈友善待快送小哥们。从此，我尽量给快送小哥让路。

"你没有工作，不知道劳动者的艰辛；你没有挣钱，不知道挣钱的累和苦。你觉得你付出了钱，就应该得到相应的服务，最优质的服务。可是当走向社会后，我们会发现，工作是那么不容易，挣钱是如此辛苦，生活是如此艰难。"

2023年冬，宁波第一次大幅降温，从20多摄氏度突降零下。那天晚上，我想让跑腿帮我送被子和衣服给妹妹。我不停地看手机，观察跑腿小哥的路线和路程。他从机场赶过来，再去我妹妹住的地方，一共有20多公里，而我只付了平台40多元钱。看他快到了，我站在门口等他。他的手冻得通红通红，输信息的时候，都在哆嗦，很艰难。我给他一个火龙果，我想红色的又叫火龙的水果，能给他一些温暖。他开始不要，说没有时间吃。我说你可以带回家。他说好的，带给儿子。他说这句话时，很幸福的感觉。我真替他开心，也能感觉到他儿子给他的温暖，特别是这个寒冷的冬天。

不久后的一个寒冷的夜晚，我和跑腿小哥讲这个小哥冻得很厉害的事，他说你可以打赏给他。我们一起找打赏的地方，没有找到。这位跑腿小哥把东西送到后，我找到打赏的地方了，给他打赏了。准备补回上次那个小哥的打赏，却不能实现，找不到入口。到现在，我都忘不了他那一双冻得通红又僵硬哆嗦的大手。

今天，我在电脑前坐了一整天。完善写俞敏洪、施一公、蔡磊的随笔，忘记了吃饭，中午2：00才吃饭，晚上7：00多还没离开电脑。做了一个白菜，吃了两顿。晚饭后，在叮咚买菜上下单，买半只乌鸡，想着得补补。我平时手机都是静音，只要有这类的外卖单，我就打开声音。刚入住这个小区不久，一位叮咚买菜快送小哥说，我们小区太大了，他们拼命地跑，还要迟到遭罚。从此，只要快递小哥按楼下门铃，我就站在楼梯口等他们。送菜小哥迟了50多分钟，才把鸡送到。他说他的手机进水了，联系不了客户，请我帮忙借用一下手机，打一个电话给他的店长，让他处理剩下的单子。他的手冻红了，黑色防水衣上全是水，像刚刚被水洗过。看着他手机上的水流和水滴，我想他得跑多少单多少天，才能买一部新手机啊。

春节期间，我准备一些小吃，给快送小哥们。前年春节，我准备的是水果和糖果，去年春节是水果。今晚给快递小哥一袋新昌小京生。特别热的夏季，我会买矿泉水放在门内，快送小哥来了，给一两瓶他们。今晚我又想起了王计兵的诗集《赶时间的人》。

同样是工作，快送小哥们比我们苦多了，累多了。夏天正午烈日炎炎，我们不想出去吃饭，是外卖小哥走街串巷把香喷喷的饭菜送到我们这些有空调的办公室；大风大雨的时候，是送菜小哥在风雨中骑着电瓶车把新鲜的菜准时送到我们的家；寒风凛冽的时候，是快递小哥将物品完好无损地送到我们温暖的家；疫情期间，我们不能出门，我们怕感染病毒，是快送小哥们来回穿梭在整个城市，为我们送来生活必需品。我们不想做的，快送小哥们替我们做了，而我们只付出了连来回车油钱都不够的费用。

只要别人做了我做不了的事，我就佩服他；只要别人替我做了我不想做的事，我就感恩他。快送小哥们就是我佩服和感恩的人。

我从农村出来，一路也吃了不少苦。这些快送小哥的今天是我的过去，他们中有一些人可能还是我家乡的孩子，还有一些人可能是我的学生。我现在的学生中，就有在暑假做快送骑手。我希望他们在忙碌奔波中、在大风大雨中、在刺骨寒风中能感受到一点点的温暖。不久前，我得知我的一位好朋友，也经常给快送小哥一瓶水什么的，我相信有许多家庭在这么做。我们给快送小哥一点温暖，他在这个城市就觉得温暖；很多人给快送小哥温暖，他就将这些温暖送到千家万户。这样，整个社会就是一个温暖的大家庭，社会就会很美好。

年轻大学生坐在教室里，以为人生很容易，自己付费了，就是上帝。我希望我们的学生能设身处地地为别人想想，这也是为自己的将来考虑。

2024年2月23日

做一个真诚的人

疫情期间，我班有一位同学没做核酸，却谎称做了核酸。那天我发了很大的脾气批评她。

去年一位刚毕业的大学生，也因为不真诚，撒谎欺骗他所在的单位，被我批评了一顿。我的同事和朋友还认为我多事，学生都毕业了，你还批评他做什么呢，得罪人。

我告诉年轻人做人一定要真诚，做事一定要认真，有个别年轻人认为我在PUA他。他的眼神和语气在质疑我：为什么你这么努力拼搏，到现在为止，发展得很一般，没什么成就，不就是太老实了吗？他很容易被一些吸睛的东西吸引，被一些假大空迷惑，他很想快速证明自己，他很想马上发财，最好一夜暴富。

我认真观察过，我身边像我这个年龄及以上的人，没有一个人说话假大空，没有一个人忽悠别人，因为他知道，这是最愚蠢最低效最断送前程的处世之道。

相反，一些年轻人，太急于想证明自己，证明自己的聪明，证明自己的能力，选择走捷径走旁门左道。一件事他蒙混过关，他就认为自己很聪明，为此洋洋得意：你看，这么牛的人，也被我骗了，我还是有本事的；你看，那个老领导，自以为阅人无数，也被我蒙蔽了。

我就被年轻人蒙过。前两次他蒙我，我真的没有意识到他的不真诚。因为我是老师，也因为我是母亲，还因为我对人一直以来都很信任和友好，对年轻人更包容一些，很愿意用积极的心态去理解他们、接受他们、帮助他们。我明知他那样做，有违我的善意和对他的帮助，让我不舒服，但我很容易忽略他这么做背后的动机，继续选择信任他。

我相信许多年长者都是以我这样的心态去对待年轻人，哪怕识得年轻人有做得不对的地方，都会想，我们也年轻过，做事马虎过、轻率过、糊涂过，犯点错很正常。

然而，无论多么厚实的面纱都掩盖不住真实的内心，总有一天，别人会意识到你的不真诚，从此，你就失去了这份情谊，也失去了在这个圈子里待下去的可能。

都说真诚比黄金还贵重，的确如此。真诚让人觉得你真实、可信，让人觉得你可亲、可帮。没有一个人活在孤岛，每一个人的成长与进步都需要周围人的鼎力相助。

人们可能会包容和亲近一个脾气暴烈的人，却会鄙视和远离一个谎话连篇的人，因为前者真诚、真实，和他相处有安全感，不担心上当受骗；后者不真诚，和他相处，没有安全感，担心被出卖，担心掉进坑里。

孟子说："诚者，天之道也；思诚者，人之道也。"真诚是立足之本，是人格品质的证明。

对于撒谎的学生，仅仅批评是不够的，还要弄清楚他撒谎的原因。一位学生在校撒谎，我打电话给他父亲，了解情况。他父亲说，他在家就爱撒谎，他原来的中学老师也认为他爱撒谎。再深入了解，因为他家管教很严，孩子在家不能犯错，一犯错就会遭到严厉批评和惩罚。

要培养一个真诚的孩子和学生，不仅要让他明白真诚的重要性，还要让他有试错的空间。只要我们愿意无条件地接受他的一切，他就会把所有的一切都向我们敞开，他不担心犯错受到过分的惩罚，就不会撒谎。这样的孩子长大后，就会对朋友真诚、对同事真诚、对社会真诚。

真诚是真实、是简单、是通透、是力量，是最优秀的品质。人民教育家陶行知说："千教万教教人求真，千学万学学做真人。"北宋著名理学家程颐说："人无忠信，不可立于世。"润米咨询创始人刘润说："你能好，一定是因为很多人希望你好。"一个真诚的人能聚集很多朋友和贵人，能走得很远很远。

2024年2月24日

成长是漫长的过程

今天一位嘉兴的同学带着他的高中同学回学校看我。

上午我监考成人高考，结束后，到后门去接他和他的同学。我先带他们在校园里走了一圈，从运动场、图书馆、学生宿舍、教学楼，再到食堂。我们特地走进建艺学院每一层楼，看学生们的作品，因为他的那位高中同学做动漫产品。我对他们说，建艺学院有18个工作室，这几年获得了不少国家级奖项。他们说，这么厉害！

然后，我们一起在教工食堂吃饭，边吃边聊。邓志勇老师后来也坐过来和我们一起聊。从学校聊到他们的工作，再聊到社会，大家聊兴很浓。

饭后，我们到中和楼10楼继续交流。

快要告别的时候，这位同学说，其实他很自卑。

我问他为什么自卑。他说主要是懒，每每想努力，却打不起精神来。比如想学习，但是又学不进去。

我说："你刚才不是说在学国学吗？你学得那么好，怎么说学不进？"

他说："自从学了国学，学习就进入了状态。但其他方面还是不行。"

我问什么原因。

他说，有自己的问题，也可能有家庭的问题。然后他和我讲了他家的故事。他爸90年代就在上海卖酒，挣了很多钱。后来投资其他实业，一直在亏损，现在再也亏不起了。他很想帮助父母扭转这个局面，却无能为力，总想奋发向上，却又懒，不想行动。他说他爸妈年龄大了，他还没为父母分忧，很是不安。说这些话时，他眼圈都红了。

他大学期间参军后回到学校继续学业，他的“财政与金融”这门课是我讲的。每次上课他都坐在第一排，只要进教室、课间离开教室、下课后，他都要和我打招呼。今天他对邓老师说：“胡平老师是我最喜欢的老师，对我影响很大。”他偶尔在我发的微信后面留言，发表看法，和我互动。他毕业后，入职一家上市公司的南京站，工作很出色。因为他家开有超市，对于批发、零售之类的工作，他轻车熟路。他很快获得晋升，两条业务线都是他负责，他做得很好。企业又提拔了他，让他挑更重的重担。他没有管理经验，又没有人可请教，终因担不起那么大的责任，离职了。回到家乡，在一个行政机构做事。他工作一天，休息一天。在休息的那一天里，他卖快餐盒，每个月也能挣一些钱。他说别人一箱赚20元，他一箱赚5元，但他很满足。

在我认为，他一点也不懒，还特别努力拼搏。有了一份稳定工作，还兼职挣钱，仅这一点，就超越了很多人。

我说：“你不是真正的自卑，而是父母陷入困境，你想帮他们，无能为力，无从下手，感到无助与苦闷。刚毕业的大学生都有这种苦恼，特别是家境中落的年轻人，往往背负着巨大的心理压力，想改变自己，改变家庭和家族。曾经，我回家时，我妈妈也总是对我说，村里谁一年挣了多少钱，谁给家里买了什么，谁对父母怎么怎么地好，怎么怎么地帮助弟弟和妹妹们。也许她无心，却给了我很大的心理压力。不仅是我有这样的感觉，很多农村出来的大学生，都有这样的困窘。其实，刚毕业的大学生，连社会都没有适应，工作都没有适应，自己的生存都存在很大的压力，哪里能改变家里人的命运呢？

“尽管我总是给你们励志，说要怎样做，但其实更多的是想给你们种下一颗种子。人的成长是一个漫长的过程，并不是大学一毕业，我们就是成人了，就能做出很多很大的成绩来。我们需要阅历，需要积累经验，这是一个漫长的过程。昨天我和宁波大学的一位老师，他同时也是创业者，还有他的两位校友一起聊，他们都非常厉害，他其中的一个校友是斯坦福毕业的博士，至今也没有找到很好的赛道。昨天我对这位博士说，你看古今中外，不管哪个国家，各行各业身居要位的领导都是年长者，而很少有40岁以下的年轻人，因为人生需要沉淀、需要积累，尔后才能厚积薄发。

“家里的投资项目不是你能马上解决的，那是你父母的事，你父母的人生，主要由他们自己来经营。你仔细分析一下，也许不完全是客观原因，导致你父母投资实体亏损，可能你父亲自身有一些经营方面的问题。90年代做生意，只要胆大、勤奋，找准一个方向，就成功了，那时遍地机会，遍地黄金。你爸卖酒，也即做贸易，商业模式很简单。而现在时代不一样，钱难挣，并且做实体，商业模式复杂得多。你可以分析一下，你爸是营销型的人才，还是管理型的人才。”

他认为他爸不是管理型的人才，是营销型的人才。

我接着说：“现在竞争激烈了，过去的那种简单粗放的挣钱模式行不通了，得不断学习，与时俱进，才能挣到钱。你过好自己的生活，不让他们操心最要紧，该玩的时候玩，该谈恋爱的时候谈恋爱，不要因为家庭原因失去了青春，不然以后会遗憾。”

他说：“老师上课讲的我都很喜欢。您的思维与众不同，对我影响很大，让我学到了不同的思维方式，使我的思维得到了拓展。”

他回去后，我们继续在微信里聊。

我再次告诉他，他一点都不懒，相反还很勤奋努力，不要太急于改变现状，否则会有很强的挫败感。活在当下，把当下的自己做好，就很好。

2023年10月22日

女生更要开放思想

今年我和女生讲得最多的是："我们女生更要开放思想，向外发展。我们不要只关注自己，不要过多地把时间放在这条裙子漂不漂亮、这个口红颜色好不好、这款面膜效果怎么样、我脸上的斑怎么去掉，要把更多的时间和精力关注自身的发展，关注内涵建设；谈恋爱后，不要只关注男朋友，不要总是问他爱不爱你，不要总是问他在他眼中是不是你最可爱，这件衣服他是否喜欢，而是要自信；结婚后，不要只关注自己的小家庭，不要只关注丈夫，不要只关注孩子，更要关注自己，给自己留有时间和空间，也给家人时间和空间。"

随着对家庭教育的深入了解，随着对市场的认知，我越来越觉得社会对女人的要求很高，家庭对女人的期待很高，做一位女人尤其不容易。这几年，我看到许多优秀的女性，工作非常努力，家务做得非常出色，教育孩子非常用心，却不够幸福，她得到的与她付出的不成正比。

社会竞争加剧，各行各业都很卷，社会环境给女性带来很大的压力，给母亲带来很大的焦虑。女性获得解放后，快速成长，进步神速，然而在某些方面，女性却没有真正地解放自己，仍把自己禁锢在工作中、封闭在家庭里，把所有的时间和精力用来工作、做家务、照顾和培养孩子，没有兴趣爱好，没有朋友，没有自己的时间和空间。久而久之，也就没有了自己。

没有了自己，带来一系列问题。首先，女性会认为自己为工作、为家庭、为丈夫、为孩子付出了一切，没有得到应有的回报，就会抱怨。可以说，凡是牺牲自我的女性，最终必定沦为抱怨的女性；其次，没有朋友、没有社交的女性，思想将会越来越僵化、视野越来越狭窄，性格也会越来越固执，以为自己都是对的，把自己的思想奉为信仰，把自己的认知视为权威，因此，在家庭中表现为强势。再次，没有自己时间和空间的女性，把焦点集中在家庭，把孩子视为一切，很容易倾向控制丈夫和孩子，最后，让丈夫抗争，让孩子叛逆，让家庭氛围紧张窒息。

很多男生在学校读书成绩一般，走向社会后，发展得很好；而很多女生在学校成绩很好，工作后发展得很一般。究其原因，不是因为女性成为了妻子，成为了母亲，而是因为男性每时每刻通过工作、社交、媒体获得知识、信息、资讯，久而久之，他们视野开阔、思维活跃、思想开放、发展机会多。也就是说，他们时刻在学习、在提升，在与时俱进。而我们女性却很容易掉进自己的各种情绪里，在里面兜兜转转不出来；关在自己的小家庭里，碎碎念念不出来。

无疑，女性的社会地位获得了极大的提升，但是男女真正的平等还任重道远，男性在这方面还没有完全觉醒与认知。女性要想获得幸福，需要自我真正觉醒。

即使我们结婚、生孩子了，丈夫和孩子并没有要求我们一定要守在家里，一定要守在孩子书桌旁边，他们普遍希望我们有自己的时间和空间，也给他们留出时间和空间，我们要自我解放。我们要坚信，没有我们时刻在家庭中站岗，家还是自己的家，孩子还是自己的孩子。只有解放了自己，才能解放丈夫和孩子；只有足够爱自己，才有能力爱丈夫和孩子。如果把自己淹没在家务中，我们就会成为抱怨的家庭主妇；如果把自己和孩子的学习成绩绑定在一起，我们就绑架了孩子的人生，还抱怨是丈夫和孩子绑架了我们的青春。孩子长大一些后，不但不会认为我们爱他们，还会认为我们是在控制他们，是我们自私。

有两类女性尤其需要我们去帮助。第一类，在偏远贫困地区的母亲和女孩子，那里重男轻女思想普遍严重；第二类，城市里的一些女性，她们很努力地工作与生活，却在通向幸福的路上苦苦挣扎。

我比较受第二类女性欢迎，她们希望我能给予她们一些帮助。但是当我和她们交流时，她们普遍听不进别人的意见，很固执，几乎无一例外地她们把所有责任推给家庭中的其他成员。这是认知的问题，很难改变。所以我想，应该让女生在学生时期就种下这样的思想：女生更要解放思想，走向社会。

00后的学生普遍较之前的学生全面、阳光，女生尤其如此，这得益于他们的父母。他们的父母基本上都是80后，不像60后、70后的人，重视物质，忽略精神与生活享受。但是在我讲经济新闻时、讲经济案例时、讲社会现象时，女生仍然没有男生那样的感兴趣；上课时，男生普遍希望我理论与实际结合，多讲社会案例，女生却普遍希望我照本宣科。她们更关注期末是否会挂科，是否会获得评优资格。她们很务实，也更看重眼前得失。做实当下，是很可贵的品质，然而，放眼未来，才能有更大的发展机会。

女人很容易受情绪支配、受情感牵引，所以，女人更要走向社会，更要思想开放，这样才不会在自己的情绪里多愁善感、作茧自缚、故步自封和怨天尤人。人的发展从来都不只是自己个人的发展，而是推动社会发展，女性尤其如此。女性要做母亲，母亲思想开放、格局高远、视野开阔，不仅有利于家庭和谐、家庭发展，也有利于培养志存高远、胸怀社会和人类的孩子。

2023年11月7日

热爱学生的不完美

我校前校长周志春教授寄语全体教师："热爱学生真诚的不完美，严在当严处，爱在细微中。不要试图改变学生，要去影响学生。在不影响学生学习利益的前提下，表达对学生的人文关怀。"他要求老师要有耐心，去热爱学生真诚的不完美。

他讲了很多育人观点，我受益匪浅，尤其是这一句"热爱学生真诚的不完美"令我内心震动，引起我的深思。

金无足赤，人无完人。学生不完美是事实，特别是职院的许多学生，他们不爱学习，学习态度不端正，不喜欢坐在教室里；他们怕吃苦，没有韧性；他们不善于思考，不善于学习，没有养成好的学习习惯，没有训练好学习思维；他们比较自我，规则意识不强，团队协作精神不够；他们很拖拉懒散，执行力差。说起来，他们有一大堆的缺点和毛病。

这就是学生的实际情况，学生很真诚地呈现给我们他们全部的好与坏、强与弱、优与劣。

积极向上、认真听话、学习成绩好、集体观念强、热情洋溢、助人为乐、有奉献精神的学生，每一位老师都会出于本能地爱，这是人性趋善趋美决定的。老师爱这类学生，一点都不难。

人们都不喜欢懒散、消极、拖拉、不爱学习、不好相处、不爱卫生、总是惹麻烦的人，这也是人的本能。远离把你向下拉的人、远离负能量的人，这是人理智的选择。

好的、强的、优的，谁都爱；坏的、弱的、劣的，很少有人爱，这是人的本能，这也是社会向前向上发展的动力。如果人们都喜欢坏的、弱的、劣的，社会就会退步。

父母对于孩子的好与坏、优与劣、长与短必须爱，因为他们是父母，也是教育者。

老师对于学生的强与弱、好与差、优与劣，也必须爱，因为老师是教育者，这是教育者的天职。如果学生都完美了，他们就不需要到学校来接受教育，学校就没有存在的必要，也就没有教师这个职业。

爱学生的完美，很容易；爱学生的不完美，很难。能做到爱学生的不完美，才是真正的爱，才是教育。教师的价值就在于明知学生不完美，我们仍然爱着他们，愿意与他们一起，促使双方变得完美。

说起来容易，做起来难。周校长深知爱学生的不完美的重要意义，也深知做到这一点不容易，所以才寄语老师，才强调要热爱学生真诚的不完美。

作为老师，我很愿意全面地接纳学生的一切，包括学生睡懒觉、陷入网络游戏、不认真学习、不交作业、活动不积极、寝室里闹矛盾、撒谎逃课，但是在工作过程中，还是会时时犯错，有许多地方做得不够好。

我年轻时很任性，没有耐心，并且说话很急、语速很快。学生出现了违规违纪的情况，我会当全班同学的面指出来，批评他，没有考虑到违规违纪的学生更在乎的是他们的尊严，没有考虑到他们违规违纪主要目的可能就是为了引人注意，当着同学的面教育他，不但不能管教他，还会助长他潜意识里的这种需求。

特别地，对于撒谎的学生，我以前不能容忍，在班上会狠狠地批评撒谎的学生。没有去仔细想，他为什么撒谎，撒谎背后的逻辑是什么，从而也就不能真正帮他改正撒谎这个毛病。

我们越爱学生，越可能怒其不争，接受不了他的不完美，这是肤浅的爱。深刻的爱是无条件地接受学生，然后帮助学生提升。

这些年，我一直在努力学习心理学，明白了爱是需要学习的。本能的爱带有很强的控制欲、自私成分。一不小心，我们就掉进控制学生的陷阱里去了，这如同父母教育孩子是一样的，以爱之名控制学生，让学生接受我们的权威。真正的教育是我们不能只要求学生听话、只希望学生顺从，我们更希望学生从内心认同我们的教育理念、教育方式和方法。

至今，我还会偶尔犯错误，批评教育学生的方式不当，在学生触犯纪律时，我的本能还会促使我冲动。但是我很快就会认识到自己的问题，很快会纠正自己。每一次犯错，都让我很沮丧；纠正后，我又欣慰进步了一点点，对自己多了一点认识。我犯的这些错也时时在提醒我，任何时候都不要得意和狂妄，你离真正的教育者还远着呢。

周校长正是在充分认识人性、完全读懂学生、深刻理解教育后，才一针见血地语重心长地对我们提出了“热爱学生真诚的不完美”的要求，我们需要不断反思、不断学习。

2022年11月16日

第四篇

心中要有孩子

心中要有孩子

一位家贫智障身残的孩子，因为长相酷似某位名人大咖，被多位商人利用炒作，最近又传出这位孩子被某省文旅拍视频宣传。

每每看到这类的信息，我心里会难过很久。真想大声疾呼：放过孩子！

孩子不是用来博取眼球的，孩子不是用来创造经济价值的，孩子不应该被利用！孩子是用来保护的、用来关爱的、用来善待的。特别对于贫困家庭的孩子、对于智障身残的孩子，我们更应该保护他们、关爱他们。如果在经济发展过程中，这类需要我们特别关爱的孩子我们都不放过，都想从他们身上挖掘商业价值，那么，这种发展是不健康的，是不可持续的，也是大多民众不想要的。

商人利用特殊孩子的特殊性从事商业活动，这种唯利是图的行为遭到大家谴责；政府部门负有对特殊群体关爱、照顾、帮助的职责与义务，更不应该利用特殊群体作宣传博取眼球。

每一个孩子都是独立个体，都有他作为人类这个群体的尊严。如果我们尊重自己，我们就会尊重同类；如果我们心怀仁慈，我们就会关爱所有的同类，尤其是孩子，特别是特殊孩子。

胡适说，一个社会的文明程度主要看三点，其中第一点是看他们怎样对待小孩子。因为孩子是未来，是希望，更因为孩子身体比较弱小，心灵比较敏感，需要我们用心去呵护、去关爱。如果我们在发展过程中，无视孩子作为独立个体的尊严，任性妄为，不但会影响孩子健康成长，还会阻碍社会持续健康高质量发展。

政府在做决策的时候，首先应该考虑到孩子，全面评估这个决策对孩子的影响，如果对孩子会产生负面影响，这个项目即使再重要，也不应该做。

企业在生产产品和提供服务的时候，也应该全面考虑对孩子现在和未来发展的影响。如果不利于孩子成长，这个产品就不应该开发，这个服务就不应该推广，更不用说生产毒牛奶、毒饼干、毒玩具，在网络上对孩子放毒，这种行为不只是要谴责，法律要严惩。世界各国对伤害孩子的罪行都实行从重处罚。

热爱孩子、保护弱小的孩子，是人类的天性，是人类与其他动物区别的一个重要特征。动物都爱幼崽，但是动物只爱自己的幼崽，不爱其他动物的后代，所以，我们称它们为兽性。人是万物之灵，首先对人类具有惺惺相惜之情、有手足之情。“老吾老以及人之老，幼吾幼以及人之幼”就是说人要有大爱，爱自己的长辈要推及到爱所有老人；爱自己的孩子要推及到爱所有孩子。尊重孩子、保护孩子、热爱孩子，是我们热爱生命、热爱人类、热爱社会最基本的表现，也是最基本的道德底线。

未来是孩子的，现实世界却是成人的，是成人创造出来的，是成人在维护、在运营、在推动、在发展，这就需要成人心中要有孩子，时时把孩子放在心中，事事把孩子放在脑中。让孩子成为社会发展中的一面镜子，照见我们决策时的爱心、做事时的善良；让孩子成为一把尺子，衡量我们社会进步的尺度，丈量我们走向远方。我们要呵护孩子，爱护孩子，给孩子树立榜样，让孩子长大后，也成为一位有爱心、心里装着别人、装着社会、装着整个人类的公民。

2024 年 1 月 17 日

是家长在卷

我所住的小区群有家长在讨论学习成绩的问题，有一位家长说："我家孩子成绩不好，不知道怎么办，请大家指点指点。"

一位邻居说："读书不行，就换一个赛道，社会这么多元化。还有为了小孩学乐器，自己学会了，然后开班赚钱的呢。这路多得很。"

这位家长说："他喜欢玩。"

"你不喜欢玩吗？玩也能玩出职业来的，孩子喜欢跳伞，当跳伞教练；喜欢潜水，当潜水教练；喜欢玩电动的，现在也有那种开电玩店的，xbox，PS，switch，然后几台电脑，也能开个店。"

另一位邻居接着说："我感觉只要培养孩子三观正，能吃苦，有毅力，以后总会发光的。品质还是第一位的。没有自制力，再高的起点，都会沦为众人。"

这位家长说："我喜欢玩，但我学习不让人操心。只是现在太卷了，对孩子的诱惑也太多了。"

"是家长卷，孩子卷什么？家长不知道自己要什么，也不管小孩子要什么。人家补课，我也补课；人家报班，我也报班。"

这位家长说："报了培训班，效果没有。投入高，产出低，不见成效。"

如何看待孩子的学习成绩，家长们各抒己见。我们小区的家长都很热心教育，关心别人的孩子。最令人欣慰的是那么多的家长认为，孩子成长过程中，最重要的不是学习成绩，而是身心健康，多元发展；不是要让所有孩子都学会读书学会考试，而是要让孩子学会生存技能、学会生活智慧。

我住的这幢楼里，有好几个小孩子，大部分都不是特别看重孩子的学习成绩。晚上，他们的孩子只要做完学校布置的作业，就可以随心所欲地玩。孩子们在楼下跳绳、骑车、滑滑板，无比欢快。他们很少给孩子报各种培训班，周末带孩子出去逛公园、游乐场，去户外露营野炊，孩子们都很快乐开心。

这些年越来越多的专家、社会人士和家长呼吁，基础教育要从育才向育人转变，要充分发展孩子的天性，培养身心健康的孩子，培养全面发展的社会主义接班人。

可是，还有不少老师和家长，仍然把学习成绩当作是孩子的未来，把学习成绩当作是通向成功的唯一之路，通向幸福的唯一之途。

一位妈妈认为凭自己的智商，无论怎样，当年高考都应该上重点大学，她之所以没有考上重点大学，是因为她当时年幼不懂事，不够努力。当妈妈后，她马上给孩子规划了大学，最低要确保孩子上“211”。所以，她对孩子很严格，要求特别高。孩子在幼儿园时期，就报各种培训班；孩子一上小学，作文、英语、数学、美术、跳舞等培训班，一个都不落。平时还给孩子布置大量的训练题。可怜孩子，不管学校作业做得有多么快，晚上还是做不完妈妈布置的额外任务，以致每晚很晚才睡觉，第二天早上又醒不来。如此恶性循环，孩子渐渐地疲了，也开始叛逆了。妈妈全身心地为孩子，没有朋友、没有兴趣、没有自己的时间，也没有自己的空间，付出没有得到回报，她也越来越焦虑，越来越抱怨。

学习成绩很重要，但是肯定不是最重要的。最重要的是尊重孩子的天性，保护孩子的学习兴趣，培养孩子的求知欲，激发孩子的好奇心，因为这些是孩子长大后，能坚持终身学习的保证。如果在中小学阶段，把孩子的学习兴趣弄没了，求知欲完全扼杀了，不用说到社会上，孩子勉强考上大学后，在大学也不学习了。一些大学生在大学期间，真的很难唤醒他的求知欲。他们觉得在基础教育阶段，学得太累了太苦了太压抑了，他想弥补之前的太多缺憾，做之前想做没做的事，把之前没玩的没吃的没睡的十倍百倍地补回来。

我经常问一些妈妈："你是想要孩子上一个好大学，还是想要孩子终身都热爱学习？如果你太想要前者，就要有心理准备，后者会失去，而后者一旦失去，你孩子人生的天花板就在大学里可见了。如果前者不够理想，只考上了一般般的大学，但是只要后者还在，他的人生就没有设限，越到后来前途越无量。"

遗憾的是孩子不能选择父母！父母对于孩子来说，是完全垄断，所以一些不懂教育的父母就可以为所欲为，控制孩子的一切。如果孩子可以给父母评分，对不合适的父母可以更换，还有哪一位父母敢这样对孩子？

不得不承认，孩子生在哪个家庭，是需要运气的。

希望所有小区群、社区群，有更多关于教育孩子的讨论，希望有更多懂教育的家长，能帮助更多在焦虑中无助的家长，大家一起把家庭教育推向科学化、理性化、全民化。

2023年10月19日

家长做什么

今年没有以前那么拼了，早上吃完饭后，不再马上进入工作和学习状态，而是在校园走一圈，一般用时15分钟左右。今天早上和一位同事在运动场上走了4圈。他讲了好几个教育现象和教育理念，打开了我的一些育人思路。

他说："现在一些家长不知道自己在做什么，只知道要求孩子成为什么样的人，给孩子定下高目标，希望孩子成为佼佼者，而他自己却还是一个普通人。他们总是想孩子考第一，每一所学校，第一只有一个，全省高考状元只有一个。你要求孩子考第一，将来成为伟大的人，你自己怎么不去做马云呢？从资产来说，马云现在比你多1000亿，一年后，你追上一点，挣个1亿，让马云只比你多999亿，你做得到吗？"

我们家长总是给孩子提出不切实际的期待与目标，仿佛每一个孩子都可以考第一名。事实上，我们不得不承认，基因对孩子有很大的影响，各个孩子禀赋不同，有的孩子就是不喜欢读书学习，但是这并不影响孩子后来成为一位幸福快乐的人士。孩子在学校考第一名，高考上了"985"，很多人就认为这个孩子从此就是一位成功的人，其实这只能说明孩子适应校园文化、适应学校现行的评价体系，不等于孩子走出社会后，就能成为行业的佼佼者。"985"高校出来的学生两极分化很严重，有的确实在行业中很有建树，有的却很普通。我们要好好研究，为什么会有这种现象？

单纯以学习成绩为指标来衡量学生，对学习成绩不好的学生，是一种伤害，打击了他们的自信心，使他们在漫长的中小学过得郁闷、不开心，还导致了相当一部分学生抑郁。表面上看，这种评价标准对成绩好、会考试的学生有利。其实，对于读死书、不能适应社会的“好学生”也是一种伤害。因为他在上学期间成绩好，考上了重点大学，人们就对他产生了很高的期待，以为他以后就一定是一位事业成功人士；他本人在刚出社会时，也以为自己在社会上一定能取得校园内的同样成功，而社会和学校不同的评价标准和体系，决定了很多方面他都得从零开始学起做起。如果他在社会上发展不好，没有满足周围人对他的期待，没有实现自己的理想，他也会很郁闷。轻者可能自卑，重者抱怨社会，乃至自暴自弃。

这位同事说他夫人去党校学习三个月，他管孩子，他只负责管孩子的生活和接送，不管孩子学习。他夫人担心孩子成绩会变差，他说：“孩子每天学习12小时，回家后，还要额外布置作业，你想想，他能学得进去吗？如果学校规定的12小时他学不好，额外增加的任务，他一定完成不好。相信孩子，等吧，等他自己想要的那一天。他是一个孩子，是一个生命，他有自己的成长规律，我们不要总是去干扰他成长的节奏。”他夫人担心等不到那一天，孩子就高中毕业了。

“以前，老师总是把我们叫到学校，我会去学校见老师，回家后，却从来不把学校老师的批评与意见带给孩子，让孩子自己成长。我对儿子说，如果你在这个学校不愉快，可以换一所学校。我儿子很有想法和个性，坚持不转校。今年，他的学习习惯变好了。如果在学校老师不认可孩子，总是批评孩子，回家后父母再总是批评孩子，看孩子这不顺眼那不舒服，孩子肯定会叛逆，会变得更加难以管教，也更加不愿意学习。

“我们那个时候要什么没什么，现在的孩子要什么有什么，这么好的条件，只要我们不去打扰他们，少折腾少干预，孩子自然会发展得很好。我们一去干扰，孩子心态就变了，内心得不到安宁，他怎么发展自己？我就从不关心孩子的学习成绩，将来不管他上哪所大学，我都相信他会在社会上能很好地立足。”

同事说得铿锵有力，掷地有声。

这是教育自信！

我身边有这样教育自信的家长不是很多。大部分家长都焦虑，尤其是妈妈们，总是相信只要自己对孩子提出高要求，孩子就能达到这个要求；只要自己帮助孩子设计未来，孩子一定能奔向这个未来。如果孩子没有达到，是孩子不想好，是孩子不努力。

不是每一位孩子都能成为参天大树，做一株小花小草，同样能绽放生命的光彩。所有的植物汇聚在一起，才是一片森林；所有的河流汇合在一起，才是一个大海。作为国家，也不需要每一位学生成为参天大树，建设社会主义国家需要各方面的人才。企业家看起来固然光艳，也极其辛苦。把企业做起来，除了需要企业家，还需要管理者和普通员工；科学家很伟大，能成为科学家的只是凤毛麟角，科学家也需要大批助手帮助他完成科技创新，需要更多的产业工人帮助他实现成果转化。父母作为普通人，生活都这么不容易，又怎么能指望儿女一定要成为人之龙、人之凤呢？自己长不出翅膀来，孩子长得出来吗？这些都是常识，如果不做父母，大家都人间清醒，一旦做了父母，就糊涂起来了。原因是父母的爱有自私的成分、有非理性的成分，所以父母得检省自己。

2023年11月28日

家长怎么办

一位朋友的孩子刚入小学，整天学习、做作业，没有晚上、没有周末。我说，孩子这么小，要让孩子玩，不要抓得太紧了。

他说："胡老师，你不知道，现在的学校和过去不一样了。作业没做完、作业做错了，要挨批。老师不仅批评孩子，还要批评家长。老师在家长群里批评家长，毫不客气，那个面子真是挂不住。孩子考了97分，也不行，因为别班都是99分、100分，少1分2分，就把排名拉后了很多。"他的孩子英语考了97分，竟然在班上排第21名。

国家一再要求减负，但是学校对待减负这个问题，差别很大。老师的素质也参差不齐，差异很大。有些学校很尊重小学生个性、培养他们全面发展，而有些学校却仍只重视小学生的学习成绩，并且把家长和孩子的学习成绩绑架在一起；有的老师很爱学生，很懂学生，很懂教育，而有的老师更重视教学业绩，忽视学生个性发展。

我儿子也有过错一个字，罚抄100遍整句的经历。每当我觉得老师惩罚不当或过分的时候，我不会站在老师那边。相比老师的要求，我更希望做儿子的妈妈和朋友，而不让儿子把我界定为老师的帮凶。

我儿子也有晚上做作业到10：00以后的情况，每到这个时候，我就站在他的后面，报答案让他抄；或者帮他的画涂颜色。孩子因为做作业影响睡眠，不但第二天精神不好，学不好，长此以往，也会影响身体健康，得不偿失。

我和一些家长说，在学校老师严格要求你的孩子，批评你的孩子，回到家，你还变本加厉，你的孩子夹在两股强大的力量之间，弱小的他是不是太可怜了？他是不是感觉很孤独？你得站在孩子这边，让他有出气出力的地方，让他有依靠信赖的地方。如果这个地方你把他堵死了，他就会窒息，他就会叛逆，首先想着逃；逃得掉还好，他的身心不会出现问题；若是逃不掉，他的心理出问题，那就麻烦了。

一个孩子如果在学校里总是被老师盯着批评，回到家，还不给他空间，给他尊严，给他愉悦，那他就没有快乐的童年、快乐的少年了，从此，也很难有快乐的人生。社会上有一种流行观点：年轻人不结婚不生孩子是因为工作压力大、经济压力大。我不这样认为，如果一个人有很快乐的童年，有很快乐的少年，他一定会很爱孩子，很想要孩子。如果一个人没有快乐的童年、没有快乐的少年、没有快乐的人生，他就不敢结婚生孩子。这就是为什么过去那么穷，人们都愿意生孩子的原因；为什么现在那么多经济条件好的年轻人不结婚不生孩子的原因。他觉得人生而不快乐，长而不快乐，干吗要把一个无辜的孩子带到不快乐的人间呢？他没有这个自信和勇气。

家长把孩子送到学校，肯定希望孩子成绩好，但是，若孩子在学校遇上了只看重孩子学习成绩的老师，那么在家里不要只关注孩子的学习成绩，而是更要全面培养孩子；对于在学校不受老师待见的孩子，家长在家里不能施以权威，以致让孩子更加叛逆，相反，更要尊重孩子的个性，呵护孩子的自尊，要更加平等平和地对待孩子。

让不爱学习的孩子、调皮的孩子在学校服从老师的管教，又不至于成为只会读书的书呆子，需要家长很有智慧、很巧妙地找到一个平衡点，这的确不容易。但是为了孩子，没有什么我们做不到。

2023年11月7日

提高心理韧性

《中国国民心理健康发展报告（2019—2020）》显示，我国青少年的抑郁检出率为24.6%，其中轻度抑郁为17.2%，重度抑郁为7.4%。人民日报健康客户端、抑郁研究所等联合发布的《2022年国民抑郁症蓝皮书》也指出，青少年抑郁症患病率为15%至20%；在抑郁症患者群体中，50%为在校学生，其中41%曾因抑郁休学。

经常在网上看到有关孩子心理问题的信息，有些甚至令人触目惊心，我们的孩子竟然承受了这么沉重的学习负担，这么巨大的精神挤压，产生了这么多严重的心理问题，这些让我心情无比沉重，也无比担忧。如果我们不调整对孩子的期望，不改变对孩子的教育方式，未来孩子心理问题将会更加严重。

改革开放四十多年来，我国经济获得了空前发展，人们丰衣足食。不愁吃不愁穿的时代，就会有一些人思考人生的意义何在。以前主要是大学生和成人思考人生的意义，现在很多小学生就开始在思考这个问题了，这是时代的进步，但也使孩子内心的迷茫和苦闷提前。

技术突飞猛进，给人类带来福利的同时，也给人们内心带来恐慌和不安，人们担心落后、被淘汰，担心跟不上时代的步伐，压力越来越大，越来越焦虑。人工智能以超出人们想象的速度发展，也将超想象冲击人们的心灵世界，破坏内心的平静与祥和。

社会的高速发展，同步带来了浮躁。年轻人享受了太多的快捷服务，吃了太多的方便餐，快速、方便、简单、高效成为他们的生活方式，这些或多或少地干扰了他们成长的脚步，侵蚀了他们心灵的成长。他们普遍具有追求快速成功、一夜暴富的心理。他们这样的自我期待和心理与他们的能力不匹配，必定让他们最后产生苦闷、焦虑。

网络信息传播越来越快、越来越公开、越来越爆炸，也鱼龙混杂。年轻人机会变多，呈几何级增长，从而导致选择困难，眼花缭乱，意乱情迷，这也加剧了年轻人的浮躁、焦虑和抑郁。

全民卷的结果，全民焦虑，全民焦虑的最后承压方是脆弱的孩子，家长会把工作中的焦虑情绪带回家，还会因为孩子学习问题在家庭制造焦虑；学校卷老师卷的结果是把考核压力迁移到学生身上，同步把情绪压力传递给了孩子。如果全民焦虑，孩子所处的社会环境焦虑，也会给孩子的成长和发展环境造成焦虑，孩子行走其中，当然焦虑和抑郁。

特别是孩子卷，致使有心理问题的学生越来越多。各大医院爆出接诊心理疾病的学生人数暴涨，让人无比痛心与担忧。

好多位心理学家说人的一切问题都是关系问题，一切烦恼来自关系；哈佛的研究结果说，人际关系对幸福权重最大。孩子的学业问题成为破坏亲子关系最大的罪魁祸首，也是弱小孩子不能承受之重。

我窗外原来有一棵桂花树，当初移过来时，没有扶正，歪着长。后来工人来扶正，不久它就死了。这使我感慨：如果当初工人对它用心一点，它就不会长歪；如果后来扶正时，注意保护它的根，及时浇水，它就不会死。我在家养绿植始终养不好，在办公室却养得好。因为在家时，我有事没事给它们浇水，去折腾它们；办公室我去得少，一周最多给它们浇一次水，它们长得蓬蓬勃勃、生机盎然。

要想让树长大，并且能抵抗未来的风暴雨雪，唯一能做的就是在这棵树还是很小的时候，仔细地呵护它的根和它的芽，不要因为嫩芽可爱总是去触摸它。可以把它围起来，挡住牛羊的践踏，但是不要把它弄到温室；

在这棵树生长的时候，不要轻易去刨根松土，也不用总是去浇水施肥，让它自然生长。它的根扎得越深，未来长得越高大越能迎风击雨。

许多孩子在成长过程中，一方面心灵受到过多的忽视，另一方面生活和学习成绩受到过多的干扰，我特别认可蒙台梭利说的“每一个孩子都有自己的节奏”这个观点。我发现，父母总是打乱孩子的节奏。孩子晚上回家，想按照自己的计划学习，父母白天听同事讲他的孩子怎么学习有效，就想让孩子仿效；弄到一套试题，就要让孩子先做，以致孩子很反感。孩子本来想痛痛快快地玩1个小时后认真学习，还没玩到5分钟，父母就不停地催他做作业，弄得他没玩好没玩透，学习也没有动力；孩子想安静一会儿，父母不停地唠叨；孩子好不容易有一个朋友，父母对这位朋友评头论足，说他不适合成为孩子的朋友；姑娘长大了，爱美了，想穿漂亮的裙子，父母认为这会让孩子分心……孩子的一切想法和愿望都被认为不合理，必须服从父母的安排。孩子小小的心房，被父母无数次地不受欢迎地造访、打扰与伤害。

父母没有安定的内心，焦虑不堪，没有很强的心理韧性，孩子怎么可能有很强的心理韧性，怎么可能有安宁和谐的内心世界？幸福与快乐对孩子来说，太奢侈了。

还有一些父母认为孩子从小受到的挫折和打击越多，将来越能抗压。一棵树经受我们养孩子这般折腾后，长大了会是什么样的？树可能长不大了，孩子能长大，但是长大后，满身创伤后，他就不敢大踏步地走向社会了，他没有安全感，他怕受伤，他就会选择躺平，选择在困难面前退缩。现在很多大学生毕业后，选择不上班，啃老躺平，不就是因为在成长过程中受的挤压太大了，背负的太重了，受的伤太多了？他长大了，有能力反抗了，反抗的方式就是不走向社会，继续让父母养着，因为他这一路，都是父母替他做出的选择，替他安排的人生，他从来没有对自己负责过，没有为自己活过。

巴尼时代（BANI）真正到来，应对脆弱的、焦虑的、非线性的和不可理解的世界，需要我们有稳定的内心世界、强大的心理韧性。我们内心世界越稳定，就越能坚定自己的发展方向、坚守初心、抵抗来自外界的一切诱惑；我们心理韧性越强，就越能形成一个动态的心理调控系统，使之很快应对各种干扰和威胁。否则我们如失去柳枝的柳絮满天飞，内心将会非常抓狂、不安、焦虑和抑郁。

学生心理健康已经引起了国家重视、全民关注，2023年5月，教育部等17部门联合印发《全面加强和改进新时代学生心理健康工作专项行动计划（2023—2025年）》，行动计划坚持健康第一的教育理念，切实把心理健康工作摆在更加突出的位置，促进学生思想道德素质、科学文化素质和身心健康素质协调发展。行动计划的落实，需要全社会共同努力，放弃高考这个指挥棒，抛弃赢在起跑线的观点，摒弃单一以学习成绩评价学生的价值体系，精心地呵护孩子幼小的心灵，真正地蹲下身子倾听孩子内心的声音，做孩子知心朋友，为孩子营造轻松愉悦的成长环境，还孩子一片放飞心灵的蓝天，还孩子一个自由奔跑的大地，给孩子一个温暖和美的家，给孩子一个友爱美好的校园，给孩子一个和谐阳光的社会。尤其需要父母不断反省、学习，成为一位内心稳定、强大有力、心理韧性强的人，这既是科学养育孩子必备的心理素质，也是提高孩子心理韧性最有效的方式和方法。

2024年2月21日

学习心理团辅

参加南师大宁波家庭教育研究院举办的团辅培训，主题是“团体心理辅导在家庭教育中的运用”，由南师大的季秀珍老师和应海华老师授课。他们早上4：00就起床赶车到宁波，来给我们上课，真是辛苦！上课的时候，他们却是那样激情满满，如果不是出于对孩子的热爱、对社会的奉献，没人会这么做吧？

先由南师大的副校长缪建东给大家讲话。他讲了八点，其中第一点是从2021年起，家庭教育从家事上升到国事。

上午学习团辅理论知识。季老师讲家庭教育与家长教育的区别，家长教育的内容和特征，学校对家长、家长对学校的评价，家庭教育中存在的问题，团辅的概念和意义，团辅的工作流程、主要阶段及主要任务，具体做法，团辅的有效性因素，团辅的设置和设计等。她经验丰富，讲了很多案例，能与大家很好地共情，说话又幽默轻松，大家听得很认真。只是信息量很大，我没有完全消化。她讲了亚隆和樊富珉两位分列国际和国内排名第一的心理团辅专家，我马上下单买了他们的11本书。

下午应老师教我们做实操。先热身活动，大家做游戏互动，增进认识与感情，挺好玩的；实操针对性很强，都是家庭教育中常出现的问题，这些问题大家都有同感，都经历过或正在经历，有意义又有趣，大家兴趣很高，很投入。

在老师的引导下，大家很乐意分享自己的经验、体会。应老师让大家根据亲子关系得分站队，大家都站到了10分处。

我说："我比较注重和儿子精神方面的互动。晚饭后，我们经常坐在餐桌边聊2~4个小时，基本上都是他讲我听，他讲学校的老师和同学，就只讲这一个内容。高中的时候他游学，在国外拍了几百张照片。回来后，他用了很长时间给我讲他在国外的见闻，从第一张照片讲到最后一张照片。去年他和女朋友去欧洲，拍了400多张照片，我到杭州出差，晚上去看他们。他们做饭给我吃，平时他们基本不做饭，儿子女朋友特地买了大闸蟹。晚饭后，他们快速地把照片从前到后给我看了一遍，讲了一遍。从他出生那天起直到他18岁，我给他写成长日记50多万字，近三年出版了3本《育人随笔》，第4本正在出版中。我之所以站在10分的这个地方，是因为我特别感恩我的儿子，是他让我从一个矫情、骄傲、倔强、任性的小女生变成一位妈妈；是他让我开始反思我该如何做妈妈，如何做教育工作者，如何做社会人；是他让我从只关注小我开始关注社会，从小爱开始关注别人。如果让他评价我，我肯定得不了10分，他觉得我还有很多要改进的地方。

"不久前河南的3位初中生残杀他们的同学，令所有人唏嘘不已。我想如果把我们置身于那样的成长环境中，我们不知道会是什么样的结果。昨晚睡觉前，我看了孙小果的案件，他的行为令人不寒而栗，部分原因是他在幼年时期受到了伤害，导致人格扭曲。明年我将退休，我想帮助一些家庭，帮助一些孩子，这是我来这里学习的目的。"

分组讨论时，应老师让我们对亲子关系影响因素的重要性进行排序。一位心理学老师说，她认为是情绪，我也这样认为。可以说人最难做到的就是情绪管理，我曾经给我校菁马班的学生上了一堂情绪管理课，学生认为非常受用。我不是心理学专业，不是我课讲得好，而是做好情绪管理对每一个人都不容易，做好了，修行就到位了。这是一辈子的功课。

我校有4位老师参加了心理团辅培训，占了58位学员中的4席。

学员们主要是老师，也有妇联的、做企业的，还有全职妈妈。大家分享了育儿经验、自身成长过程，每一个经验都很宝贵。教育学生不容易，育儿很难，大家都很努力。

愿意牺牲周末、自愿学习的人，都很积极向上；热爱心理学、热爱家庭教育的人，都很真诚阳光，具有分享精神。我很欣赏、敬佩、喜欢这样的群体。

特别让我感动的是范老师70多岁了，坐公交车从余姚到宁波来学习。他坚持写育人文章，在很多杂志上投稿，经常分享到微信群里。很荣幸下午我们坐在一起互动做项目，还忙里偷闲地交流几句。他总能用很简洁的语言总结经验、提出建议。他的智慧、热爱学生的情怀、终身学习、勤勉努力，都是我要学习的。我们一致认为心理团辅是未来发展方向。

结束后，遇见开放大学的林老师，我说希望有系统的深入培训。他说会有的，我说拜托一定要安排在暑假哈。

就在这篇随笔快要写完的时候，应老师发来了今天上课的PPT，这就是心理专业人士的分享精神。

应老师的PPT第一张是：我渴望我的生命活出善意和慈悲，由衷地给予在你我之间流动——马歇尔·卢森堡。好喜欢这句话，这也是我未来努力的方向。季老师说从事心理学的人都长寿，是因为真诚、坦诚、分享、热爱、奉献吧。

一些学员讲了很好的育人观点和方法，我写出来了，又删了，突然想起要遵守团辅保密规则。

2024年4月20日

孩子言行背后

一位朋友说，她的孩子上小学六年级，属于很聪明但比较难管的那种类型的孩子，学习成绩不好，在学校不听老师的话，几乎每天都有老师找他们，说孩子在学校各种不好的表现。他们为此很头疼和焦虑。

不久前，她儿子的一个同班同学对老师说，她儿子背地里说老师不好。老师在班上批评他。他说他没有说这些话，还到老师办公室找老师理论了。

她认为她儿子有可能说了这些话，因为他在家经常说，谁上课说话，谁抄了作业，谁不讲卫生，谁搞小动作等，他认为每一位同学都有毛病或问题。

我问她："你们是不是很少表扬孩子？"

她说："孩子上学后，我们的确没有给他鼓励，总是说他这不对那不好。"

我说："这就是他为什么说同学这不好那不行的原因。因为大家都说他这不好那不行，那么他就专门去挑同学们的毛病，以示对你们批评他的反抗，以求得别人对他的认同。他这样做的心理逻辑是：你看，老师经常表扬的那个孩子、成绩总是考前三名的同学，不也是有这样那样的问题吗？他们也不完美呀，为什么他们总是受表扬，而我总是挨批？为什么我的问题你们总是揪着不放呢？

"他有没有说老师不好这件事，如果是我，作为母亲，我选择相信孩子。因为只有相信孩子好，孩子才会真的好。对于没有证据证明孩子不对的事，那就选择相信孩子。并且孩子自己到老师办公室去自证清白这件事，足以值得父母为之自豪，也应该表扬孩子。

“孩子是需要鼓励的。许多父母总是很谦虚地说，他的孩子成绩不怎么样，都已经是年级前五、班级第一了，他还要这样说；有的孩子明明很聪明，他的父母偏偏要谦虚地说，孩子不聪明。我却从我儿子出生起，就认为他非常了不起，各方面都很好。不仅在他面前这样说，他不在我面前，只要提起儿子，我都是激情飞扬，满满的自豪与骄傲。他的成绩可以，但绝对不是特别好，可我就是认为他非常棒。不仅是他的确很棒，各方面远远超越了我和他爸，更是因为我就是认为他非常棒。在他成绩不好的时候，我一直鼓励他，说他是潜力股。他小学时，不会写作文。我说小学作文主要是编故事，你是男孩子，不善于编故事。你读了那么多书，到初中作文一定写得很好；在初中时，他作文还是写不好。我说，你上高中一定写得好，高中主要写论文，你很有思想，论文一定写得好的。到了高中，他还是写不好作文。我又对他说，基础教育阶段作文有套路，不是你写不好，而是你书读得多，不按套路出牌，得不了高分。我儿子很相信我的话，坚信有一天他的作文一定会写得好；即便作文得分不高，也不是他写不好，不是他的问题。

“调皮的孩子能量很大，把他关在教室里他很烦，坐不住。晚上或周末，带他跑步、打球、爬山，让他的体能得到消耗和释放。

“到了初中，父母对孩子的影响开始下降，同伴影响开始上升，现在还来得及作出一些改变。尊重他、相信他、鼓励他，给予他有实质内容的赞美和鼓励，而不只是说他聪明。很多聪明孩子反被聪明误。如果父母和老师只盯着孩子的缺点与不足，就会强化孩子的缺点与不足，他就真的不行了；如果父母和老师总能看到孩子的优点，孩子的好就会被强化，从而增强他的自信，他就会越来越好。还有，如果你们只盯着他的缺点与不足，他就会交上缺点与不足比他还多的同伴，这样就显示他不是最差的，最少不是独一无二的不好。如果你们总是鼓励他，看到他的闪光点，他就会和很优秀的人交朋友。”

说到这里，我把曾经写的一篇文章“聪明不是能力”发给她。还给她讲了好几个案例，说明父母改变了，孩子马上改变。

我儿子的优劣势我比较清楚，但是我接受他的弱势和不足，不要求他完美。其实我基本忽略了他的弱势与不足，而是不断强化他的优点。我明显地感觉到，我儿子很喜欢我和别人谈到他。

一些家长说，社会很复杂，竞争很激烈，所以要对孩子实行挫折教育，要对孩子实行严厉教育，要让孩子变得越来越完美，这只会打击孩子，使孩子不自信，并且反复强化孩子缺点，使孩子真的朝向不利的方向发展。孩子哪怕只有一个优点，其实孩子优点很多，比如上面讲的那个孩子，很有爱心，很有分享精神，很愿意帮助别人，这是极好的优点，是一个人极好的品质，是一缕火光，点燃别人，照亮自己。这缕光应该被父母和老师发现、表扬、强化，使他不断优化自己、完善自己。

孩子非常聪明，他的言行背后都有一套逻辑体系。你鼓励他、表扬他，他就会言行一致、表里如一，努力做一个好孩子；你总是批评他、否定他，他就会反抗、叛逆、亲近身边比他更差的人。作为父母和老师，我们不能只看孩子说了什么，做了什么，而是要思考孩子为什么这样说，要分析孩子为什么这样做，只有这样，我们才能真正走进孩子心里，也才能让孩子成为我们的一面镜子，照出我们对教育的失误与不足。所谓孩子是父母的老师，就是指孩子通过自身的问题来引领父母的反思与学习。孩子有这样那样的问题不可怕，只要父母明白孩子的问题其实是自己的问题，通过孩子的问题反省自身存在的问题，我们就能与孩子一起成长。

2024 年 1 月 3 日

每一个孩子都有独特的秘密

每一个孩子都有独特的秘密
这是他们成长的原动力
要是能找到这些秘密
养育孩子不费吹灰之力

每一个孩子都有独特的秘密
切忌和邻家孩子比
他喜欢篮球她喜欢画笔
每一个孩子都有他的神奇与美丽

每一个孩子都有独特的秘密
不要只看到眼前的学习成绩
要细细观察他的每一个敏感期
踩着他的节律养成他的好品习

每一个孩子都有独特的秘密
如果他朝你大发脾气
不要武断地认为他取闹无理
一定是你侵犯了他的某一个领地

每一个孩子都有独特的秘密
他们藏得很深很隐蔽
要想找到他们的蛛丝马迹
必须不断反省我们自己

每一个孩子都有独特的秘密
找到他们的秘密不容易
曾经我们的秘密也被置之不理
我们得蹲下身体，从头学起

每一个孩子都有独特的秘密
如果我们找到了芝麻开门的钥匙
亲子关系和谐又甜蜜，还能助孩子
长出双翼，飞向他的理想高地

2022年7月16日

成绩不决定未来

昨天和两位好朋友小聚。

一位小我10来岁的朋友为孩子的学习成绩很担忧，她说我们都是拿工资的，收入不高，没有家族企业，我担心我儿子玩物丧志，将来会啃老。我们被啃不起。

她的孩子非常聪明，喜欢养小动物，精心地看护小宠物，还认真观察动物们的生长。她的孩子很有思想，文笔很好，作文写得很棒，思维活跃，文采飞逸。

和我同龄的朋友说："首先，你要想明白，大部分孩子将来都是普通人，我们的孩子也会成为普通人，不要对孩子期望太高。另外，学校对学生的评价标准与社会对人的评价标准不一样，学校主要看重学生的学习成绩，要求学生成绩好。社会要求学生具有综合素质，要全面发展，可持续发展。"

年轻的朋友说："看来，我的格局不够，我现在主要看重学习成绩，应该看到很远的未来，全面发展，才具有真正的竞争力。只是宁波竞争实在太激烈了，中考一半学生到职高，一半学生才能上普高。把所有学生加起来，进入重点大学的比例只有15%。"

另一位朋友说："不要为了争前几，争那几分，占用孩子所有的时间，让孩子失去更多的发展，全方位的发展。到我们这个年龄发现学习成绩好不是唯一的出路。我们那时考上好大学的，现在发展不一定就最好，倒是大学一般或者是没有上大学只上了中专的，发展得更好。农业是未来的发展重点，动植物方面的研究和就业很有发展前景。”她举了几个例子来说明她的同学中发展得最好的都不是学习成绩最好的。

这位年轻的朋友其实很不错，从外地来宁波，现在发展得很好。并且，她也很懂得反思自己，改变自己。她说：“上午我儿子不认真做作业，我很生气，不说一句话。我儿子哄我，我也不说。后来，他很郁闷地说‘你不说话，我很抓狂，很没有安全感，不知道你怎么啦。你有什么，要直接和我说。’然后，我就告诉他了，他很理解地接受了。其实，我儿子一点也不固执，很多事情我们觉得他可能不认可。其实只要我们做他的工作，他很快就接受了。”

他儿子愿意和她这样说话，表明信任她，也表明她平时在儿子面前的表现也很不错，不然他儿子什么都不会和她说。

其实，我在儿子读中学时也焦虑过、紧张过。在学习成绩为王的今天，在高考指挥棒下，家长一点都不焦虑，也很难。

在40岁前，很难看出我们的同学发展得怎样，特别是我们从农村走出来的，发展普遍滞后。但是到50多岁时，我们同学的发展基本上都到了巅峰期，各自的瓶颈和天花板都显现出来了。我们发现，真不是成绩好的同学发展得最好。正如网络上有说“第10名效应”，即排名在班级第10名左右的学生，未来发展得最好。还有调查显示，高考状元走上社会后，职业发展远低于市场预期，杰出的科学家、政治家、企业家中没有一位是高考状元。这也反映了应试教育的弊端，作为家长不能以应试教育作为唯一标准来衡量孩子未来的发展，尽量让孩子按照其个性和兴趣爱好发展。

高考状元不是职业状元；学习成绩第一，不是工作业绩第一；优异的学习成绩不等于知识，也不等于全面的知识体系，更不等于能力。这些道理我们都懂，只是当我们做家长时，就会不知不觉被学习成绩必须好这个唯一的标准所绑架，被中考、高考这两大考的洪流所裹挟。

到了工作单位，谁还会看你高考考了多少分，在班级排多少名？结婚过日子后，谁还会看你在哪个名校毕业，拿了什么奖学金？最后还是要看工作成绩、生活智慧。

湖北妇联公众号有一篇文章说：“做父母最少要经历三次失望。第一次失望：孩子终将与父母的期望背道而驰；第二次失望：父母的话语权是有期限的；第三次失望：终其一生，我们的孩子只能成为普通人。”文章还说：“这世间所有的爱都有期待，但真正的爱是学会消化失望。最可贵的是，尽管普通，但他们却最终成长为了有幸福能力的人。”

我这两位朋友都很优秀，和我同龄的这位朋友很有思想很有智慧，也很从容优雅，看什么都风轻云淡；比我年轻的这位朋友，事业成功、家庭幸福、做人很真诚。她们都是我学习的榜样。多和有经验的朋友交流，对于年轻爸妈在教育孩子时有许多好处，会多一些理性的成分，少一些感性。

2023年10月6日

网约车里的孩子

晚上参加黄冈商会年会，打车回家。网约车师傅是一位女性，她停在酒店前面。我说这地方不好找吧。

她说好找的。她来前绕了一下。我以为女性师傅和我一样，找路要差一点。

上车后，我发现后排座位上竟然有一位小男孩。他胖胖的脸蛋，很安静的模样。

我问她："这是你的孩子吗？"

她说，是的。

我感到好奇，和她攀谈起来。她是湖北人，2006年来宁波，原来在朋友公司做销售，全国跑业务。因为生了第二个孩子，孩子没人带，她婆婆身体不好，妈妈得给弟弟带二胎孩子，她只能辞了工作，跑网约车。每天放学后和周末，孩子都陪着她满城跑。她说今天中午1：00把第二个孩子送到学校，他们才出来工作，今晚可能要跑到11：00以后。

她因为第一次婚姻失败，不想再婚，这位丈夫追了她多年，她才同意结婚。她丈夫是湖南人，开大车，很少回家，但对她和孩子都很好。她的大儿子随了前夫，知道她很爱他，很听她的话，现在当兵去了。第二个儿子在职高学动漫，他对动漫很感兴趣。

我说："家乡妹子，你干吗要这么拼啊？"

她说："女人拼，最少有尊严，不把手心向上，找别人要钱。再说，孩子们也大了，给他们树立一个榜样。”

小朋友拿了一颗糖，让妈妈剥掉糖纸给他吃。他妈妈说：“没有办法，只能带点糖，免得他闹。”他手上还拿着一袋零食，说是乘客送给他的。

我突然意识到，我手提袋里也有吃的。马上把商会发的两袋零食、婴儿洗衣液、湿纸巾和鼠标垫都给了这位小朋友。

小朋友和我同姓，最后一个名字和我小名同音。所以，我们更觉得特别有缘分。我让他妈妈经常把前面的窗户打开，让孩子透透气，后面的窗户一定要提醒孩子，不要打开。她说：“孩子跟了我两年多，知道注意安全了，不会打开窗户。休息时，我也会停下车来带孩子玩玩。”

我说一周最少一天带孩子出去玩玩，去大自然更好。不然，这个小小的车厢，太委屈他了。她说她住在郊区，周围都是山和水库，也会带孩子去玩。几年前她在宁波买了房子，贷款也快还清了。

我说：“你现在过得挺好的啊？”

她说：“是的，现在的生活，我很满足。日子就是这样，想怎么过，就会怎么过。”

她的声音很好听，很干净，也很平和，没有一丁点的诉苦和怨言。

分别时，我和孩子亲亲脸，握握手。他妈妈不停地向我致谢。我挺心酸的。

我喜欢和出租车师傅聊天，他们也对我言无不尽，差不多20分钟，我就把他们家的基本情况弄清楚了。之前，也遇到过出租车妈妈生两个孩子、做两份工作还贷款。这位妈妈尤其令我敬佩，我不愿意用“怜惜”这个词。她就是我心中女性的模样、母亲的模样。和她聊天时，我就想，现在的一些女孩子怎么这么傻啊，不谈恋爱不结婚不生孩子，其实做了母亲，尽管累点苦点，也乐在其中啊。这位妈妈如果不是因为孩子，会这么忙这么拼吗？“梅花香自苦寒来”，我们生命的意义和人生价值就是在忙碌中在拼搏中在爱中体现出来的。

这个孩子长大后，一定会很感恩妈妈，并且很热爱生活。

祝福他们母子，祝福他们一家！

2024 年 1 月 14 日

旅途中的孩子们

暑假外出，途中乘车，车厢里有许多孩子，每次总有那么一两位引起我的注意。

去泉州的途中，一位妈妈和她的女儿坐在我的前排。我刚坐下时，她放视频，是做泡菜方面的，声音很大。我让她把声音调低，她马上接受了我的要求。她的女儿大约四五岁，很活泼。这位小女孩试图找我玩，我没怎么理睬她。我怕我们之间的说闹，影响邻座。

这位妈妈和女儿讲英语，小姑娘和她妈讲中文，当她妈妈用英语强调时，她说我知道我能听懂。

她们也在泉州下车。下车时，这位妈妈拿起包和袋子，指着袋子里的矿泉水瓶和孩子的衣服说“This is water”“This is coat”。也许是这位妈妈的心思都在教孩子学英语上，东西忘在座位上了。到了车门后，她匆匆地回去拿东西，情急之下，她和孩子说的是中文。我看她拿着两只大箱子，手上又提着一个袋子，提出帮她拿一个箱子，她没同意。不料，再次到车门时，她又发现拿掉了一个袋子。这么一折腾，把她自己弄得很紧张。

这时我想，这位妈妈可能是一位焦虑妈妈。这么小的孩子，学英语也不用这么着急和抓紧时间吧。在中文环境里，就好好学中文，把母语学好，对孩子更重要。到了学英文的时候，好好学英文，效果会更好。

从泉州回来的高铁上，一位父亲带着孩子，父亲安静地睡觉，孩子安静地玩手机，几乎没有什么交流。一位约莫两三岁的小女孩，坐在我前面，其实她一直跪在座位上，她一个人在窗边玩，非常投入。她把双手放在窗沿，假装边沿有孔的地方有个什么玩具，不停地用小手抓起，还不停地念：“抓娃娃、抓娃娃……”我一直看着她玩，她发现了我的注意，一边对我讲这个娃娃，一边继续认真地去抓娃娃。有时还会扭头看我的反应。我问她抓什么，她没有明确回答我。我用眼神和微笑与她交流，给予她鼓励。要下车了，她妈妈抱起她，她一边说：“还没到，还没到，不下车”。一边和我再见，非常热情地挥挥小手。

暑假去了一趟桂林，在旅行车上，一位幼儿园的小朋友对爷爷奶奶又踢又打，把爷爷踢到前面座位去了。奶奶对他无可奈何，任他哭闹。一位北京来的游客说：“你太闹了，一车人都在看你表演，这样子不像男子汉。”

这位孩子边哭边叫：“不要你管，我就要哭！”他理直气壮，毫无惧色。

他的爷爷远远地看着他，他的奶奶在微微笑，这笑中有尴尬，有无奈。

这位北京游客和女儿及外甥女一起来旅游。下车时，女儿说要去漂流。她妈妈说：“刚才导游问哪些人要去漂流，登记人数，你没提出要求，错过了，去不了。”

这位小女孩坚持要去，她妈妈说：“如果你要去，自己找导游说去。如果他说可以，我们就去；他说不可以加人，我们就不去。”

听到这句话，小姑娘马上跑去追走在最前面的导游，争取到了漂流的机会。

家教随时可以在孩子身上得到体现。我为那些生长在不懂家庭教育的孩子感到遗憾与无奈。人出生时都一样的，后来快乐与否、幸福与否、成功与否，家庭教育起了决定性的作用，可惜很多家长不懂得这一点，还以为是孩子的种种不是，是孩子的问题，而不是自己的问题。真诚地希望每一位家长都懂教育，这需要全社会都关注教育，帮助那些不懂得家庭教育的家长。

2023 年 9 月 1 日

什么是家庭教育

上午到楼下的空地上坐着看书，然后在小区闲步。

一位骑电瓶车的年轻妈妈带着孩子，停在一棵胡柚树下。这孩子小学三四年级的样子，她让孩子站在电瓶车上摘胡柚。孩子怯怯地无助地看看我，看看他妈妈，许久没有爬上电瓶车。

我们小区胡柚很多，的确很诱人。

我让他们不要摘。这位妈妈理直气壮，认为她是业主，摘一个又怎么样，不关我的事。

我说："你是妈妈，特别不能让孩子做这件事，学校老师也让你孩子不要这样做吧？"

她说："学校没说啊，老师也没说。"

我说："我就是老师！"我的声音很轻，却很有力量。然后我什么都不说，盯着她看。

她看了看我，悻悻地带着孩子离开了。

目送他们离去后，我站在原地好久，头脑里冒出一句话："什么是家庭教育？"

家庭教育就是要求孩子好读书、爱学习、成绩好吗？家庭教育就是要求孩子乖、孩子听话、孩子怎么做，而父母可以随心所欲吗？

不，这绝对不是家庭教育！

家庭教育渗透在家庭的所有场景中，蕴含在父母的一言一行中！

父母刻意对孩子的引导、管教是家庭教育；父母无意的言行、神态，也是家庭教育。父母在孩子面前说的每一句话做的每一件事，是家庭教育；孩子不在父母面前，父母说的一切做的一切，仍是家庭教育。

家庭教育也不只是要求孩子学习成绩好、会读书、考上好大学、找一份好工作，家庭教育贯穿在孩子的品格性情、思想格局、思维认知、情感体验、身体素质、文化修养、生活技能等各方面。

美国哲学家爱默生说：“孩子最终会成为什么样的人，主要取决于他从第一个教育者那里所接受的爱的质量、陪伴和榜样示范。”家庭教育是学校教育和社会教育的基础，孩子的起跑线，不在孩子的学习成绩，在于父母的素养，家庭教育的综合实力；父母是孩子的第一任老师，最重要的老师，父母生活、工作和娱乐中所有所有的一切，好的歹的、优的劣的、强的弱的，最后都集中体现在孩子身上，孩子会在某一个时间某一个地点以某一种方式表现出来。

家庭教育的目标，不是父母要求孩子这样那样达成的，而是父母言传身教、潜移默化的结果。父母的所思所念、所作所为对孩子是精神引领、文化渗透、行为示范。如果父母的言行与对孩子的期待不一致，孩子不但无所适从，不知道是听父母的话，还是看父母的做，还会很反感父母，认为父母不真诚，认为父母虚伪，从而不认同父母对他的教养。

我相信家长们都希望孩子善良、真诚、友好、大气、光明磊落、奉献社会，有一个美好的发展前景、有一个美好的人生。我也相信绝大多数父母都具有这些品质，或者希望自己具有这些品质。只是在生活中，有些父母没有那么注意，以为我只是随地吐一口痰、随手摘一个橘子、随口说一句脏话，不会对社会造成危害，不会对孩子造成不良影响。这位年轻的妈妈可能也只是想，这么多的胡柚挂在树上，烂掉后掉在地上，太可惜了。摘一个无伤大雅，既不影响景观，也不至于太浪费。

可是，就是这些小小的举动对孩子的影响非常大，在孩子面前混淆了公与私、是与非、对与错、得与失。父母一个小小的恶，可能就在孩子心中种下一个恶的种子，将来结出恶果和苦果。

教育孩子就是教育自己，意思是指当我们严格要求孩子时，我们首先要自律；我们希望孩子成为什么样的人，我们首先要成为那个我们期待的人。我们不想孩子做的，我们不要做；我们不想孩子成为的那个人，我们不要成为。我们这些做父母的，不是一做父母就成为了育儿专家，我们也都是带着原生家庭的一些创伤、成长过程中的一些迷茫与困惑。孩子出生了，带给我们喜悦，带给我们希望，也带给我们使命与责任，同时也带给我们困难与挑战。我们正是在期待和塑造孩子成为一个热爱生活、热爱社会、奉献社会、受社会欢迎的人的时候，塑造自己、提升自己、完善自己。做父母最有意义的事是把自己的学习与成长融入孩子的学习与成长中，做父母最有成就感的事是培养一位优秀孩子时，促进自我成长与提升。

很多父母在养育孩子过程中，一旦觉得累，孩子不好管教，就以为是孩子的问题，却不知这些问题基本上都是他们平时不注意管束自己、提升自己积累出来的。孩子是我们的一面镜子，并且不是普通镜子，是X光镜，能照亮父母人格、认知、情感、情绪、意志、品德等方方面面。

这个小男孩眼神里的怯怯与无助，让我很心痛。对于这位妈妈的行为，我也过了指责她的年龄和认知。我希望能帮到她，可惜她很可能不会看到这篇文章。怎么做才能帮到那些为生活奔波而忽视家庭教育的妈妈，才是我们要认真思考的。

2024年1月14日

爱孩子需要学习

做父母是人生的一大幸福，然而做父母却是需要学习的，因为成长环境的局限、原生家庭的不完美、人性的弱点、自身的不足，导致学习做父母是一件特别特别难的系统工程。我也是到现在才明白，做父母不是教孩子怎么做，而是教育自己该怎么做；不是把孩子培养成什么样的人，而是自己成长为什么样的人。可以说，孩子是来照亮我们的、教化我们的、引领我们的，是来陪我们觉醒的。他（她）促使我们反省自身先天不足、后天残缺；促使我们追根溯源，追问我为什么是今天的我；促使我们想尽一切办法全面提升自己；促使我们从小家走向大家，从小我走向社会。

孩子是生命，遵循所有生物和生命成长的规律，即需要阳光、需要土壤、需要水，所以，在怀孩子期间、带孩子玩时，多走向大自然，多爬山登高望远，只要常亲近大自然，孩子的身体肯定会强壮得多，长大后心胸会开阔很多，抗压能力会强很多，要相信大自然的宽广和力量。平时多让孩子去沙滩，多玩泥土。去公园和山上时，多观察植物、动物生长规律，多看看树皮上的伤疤、断枝的生长。带孩子长期观察门前的一两株植物，植物生长的规律就是所有生物成长的规律，包括人。如果能和孩子一起种一两株植物更好，养植物的规律也是养孩子的规律，水浇多了或少了，太阳太强了或长期没有，都不行；总是挪动植物，折腾它，也会摧残它。

要相信所有生命都是强大的，适应环境的能力超强。所以，怀孩子、养孩子，除了注意安全外，所有方面都不要太刻意。该吃什么就吃什么，大家吃什么就吃什么；该玩什么就玩什么，想玩什么就玩什么。夏天的白天尽量不开空调，通风换气，也让孩子出汗排毒；冬天，不要用帽子、围巾和衣服把孩子全部裹起来，让孩子偶尔受冻，到外面经受寒风刺骨，这样反倒不容易感冒生病。做饭洗菜洗水果，不要用纯净水，就用自来水。孩子手上沾点泥沙，身上沾点灰，不要大惊小怪，不要紧张，拍拍就没事了。要常洗手，但是不要在卫生方面有洁癖，要求过多过细，我们不是生在无菌室，不是长在温室，而是与细菌共存共处。

要让孩子多做事，多参与，多体验，体现他（她）的价值。人活着不只是为了活着和繁衍，还要体现价值。如果不能让孩子的价值得到体现，他（她）内心就会空洞，轻则浮躁、自傲，重则找不到人生的价值感和意义感，自暴自弃、空虚绝望。

幸福家庭的唯一法则是：好男人是捧出来的，好女人是哄出来的，好孩子是夸出来的。无论孩子多么调皮，多么不好带，都不要打击孩子。一遍遍地唠叨孩子、教训孩子，就是一遍遍地强化他（她）的弱点和缺点。无论孩子考试成绩多少，排名多少，我们要看到孩子的优点、长处，以他（她）的实际行为、具体事件激励他（她），而不是以好、强、美之类的形容词泛泛地表扬他（她），让他（她）的优点不断强化，以增强他（她）的自信与价值感。

好孩子不是教出来的，是模仿出来的。父母和长辈怎么做，他（她）就怎么学，将来就怎么做。孩子做作业，你玩手机游戏，孩子是不会学习好的；你要孩子遵守规则，你自己先要遵守；你要孩子不闯红灯，首先自己不闯；你要孩子不随地吐痰，首先自己不吐；你要孩子人生努力，首先你自己要努力；你不要孩子吃甜食喝饮料，首先自己控制好。

好习惯的养成不是孩子上小学后成绩不好时才着急上火去做，而是从孩子出生时起，甚至在备孕时起就开始了。要培养孩子的专注力，就要从胎儿在肚子时起，父母每天在一个时间段安安静静地做一件有意义的事情。孩子玩时、做事时，不要去打扰他（她）。很多父母怕寂寞，不断地召唤孩子，打扰孩子的玩与学习。一个很有名的教育家说，孩子的玩是工作，的确如此，孩子通过玩找到工作的乐趣、规律和价值感。要培养孩子爱动脑筋善于思考，就要让孩子深度参与一件事，所以尽量少给孩子买玩具，一个玩具反复玩，特别是益智的玩具，用不同的方式玩，玩出不同的结果来，这样最有意义；一个故事反复读反复讲，品出不同的感悟来，这样最有效果。同时，要让孩子多观察自然，观察事物发展的内在联系和规律，引导孩子去探索去思考。

孩子一进入小学，很多父母就抓狂，亲子关系直线下降。孩子还是那个孩子，为什么孩子成绩不好，孩子就不是好孩子了呢？这是父母认知的问题，与孩子没有关系。孩子的成绩是多方面的结果，有的孩子就是不善于学习文化课，有的孩子没有掌握好方法，有的孩子不适应他的老师，有的孩子因为家庭不和谐，无心学习……如果孩子将来成绩不好，我希望你们更多的是反思自己，而不是责罚孩子。

凡事不要追求完美。吃的、穿的、用的、学的、做的，60~80分最好，太差了，孩子没自信；要求太高了，孩子达不到，会气馁。追求完美最坏的结果是形成焦虑症、强迫症。特别地建议，家里不要所有地方弄得一尘不染，整洁有序。什么东西都有序，让人感觉养眼，但不一定养孩子的心，这让进入你家的人手足无措，会剥夺孩子的成长空间。总要留一个角落，让孩子尽情地玩耍、随意地打滚。

在养育孩子的过程中，玩具、衣服、吃的都是越简单越好，简单让人心静心安，内心朴素充实。只有一种东西可以多，那就是书。在家里到处放上书，沙发边、餐桌上、卫生间、书桌上、床头柜上，都放上书，让孩子一睁眼一抬头全是书。书的品类要多，自然的、科学的、人文的、故事的、诗歌的……如果孩子暂时不想看书，不要强迫，先给他（她）讲故事，听故事也可以，最好是父母和孩子一起读故事，有情感的有陪伴的阅读，效果最好。如果长期坚持这样做，有一天孩子一定会爱上读书。

这是一个开放的时代，也是一个浮躁的时代。男人最怕华而不实、飘在空中，女人最怕不把自己当成女人。应对激烈竞争的唯一办法是无条件地充分地爱孩子，让他（她）有足够的安全感，抗击未来人生的风风雨雨；应对浮躁的唯一办法是心静，做人简单，不追求浮华的表象。我们既要与时俱进，又不被时代的喧哗所裹挟，踏踏实实做人、认认真真做事、简简单单生活。无论物质怎样富有，如果内心不安定，人都是虚无缥缈的，所以无论在生活中遇到多少不顺利的事，无论夫妻中有多少不开心的事，都不要把孩子当成出气筒，都要精心地爱护孩子，陪伴孩子。只要孩子小时候充分享受了爱，他（她）就会有足够的安全感，长大后，他（她）就不会爱慕虚荣，不会华而不实，不会为所谓的面子失去真实的自我，他（她）就会为自己而活，内心丰盈富足，这样的人生必定精彩无比。

怎么爱孩子都不过分，但是要有规则有规矩，底线要给孩子，绝不允许孩子触碰。孩子在2~3岁时，规则意识的培养尤其重要，首先制定好规则，然后坚决执行。

动用权威、控制别人是人的本能。然而，你的人生是你的，孩子的人生是孩子的，我们爱他（她）、关心他（她）、帮助他（她），但是我们不能控制他（她），不要让他（她）完成我们的理想、实现我们的梦想，他（她）有他（她）的人生，怎么走，是他（她）的事，少控制多祝福。

爱孩子是本能，会爱孩子是需要学习的。让我们和孩子一起成长吧。

这是我写给家里孩子的育儿经验，我想分享给所有的父母们。

2024年3月16日

该文2024年7月发表在《宁波妇女·她时代》第49期。

我一出生就爱你

今天去一家企业，这家企业的创始人，是我无比崇拜的女性。她不仅公司经营得好，孩子还培养得很好。无论她做什么，都能把这件事做到极致。早餐精致得可以PK五星级饭店；给孩子织毛衣、织袜子，堪比专业织工。她现在国外，一边打理国外的企业，一边陪孩子读书。今天和她妹妹聊。以前只知道妹妹是国内前五高校的高才生，没有想到，她也是全能型的人才。

这家企业为什么成为现在这样的企业，这个人为什么成为现在的这个人，是我非常感兴趣的，我想知道这些企业发展背后的底层逻辑与企业管理者人格的关系，我想了解这个人成长背后的支持系统和他个人的努力。

妹妹说原生家庭对人的影响真的很大。由于重男轻女，她妈妈只读了小学，但她妈妈非常聪明、要强，却又是一位很温柔很温暖的妈妈，从来不打骂她的两个女儿，对她们很理解和接纳，是一位很了不起的妈妈。她妈妈帮她们姐妹俩带孩子，继续秉承这样的教育理念：孩子是用来爱的，不是用来打骂的，和孩子要好好说话。

姐妹俩继承了妈妈的教养方式。她说，她姐姐超级热爱生活和工作，充满正能量，从来不抱怨社会、从来不怕困难，凡事都认真去做。她姐看起来很文静，说话声音很轻，却很有力量。管理企业时很严格，却很尊重孩子成长的天性，顺应孩子成长的规律，像她妈妈一样，是一位很温柔温暖的妈妈。

接着她讲述她教育孩子的成长过程。

“胡老师，教育孩子真是一门功课。生了二胎后，更觉得培养孩子不容易，于是报了心理学培训课程。有一位心理学老师讲得非常好，她说父母只是孩子的导航，你见过当你没按导航设定的方向走，导航生气了吗？骂你打你了吗？如果走错了，导航重新规划路线，让你最终到达目的地就可以了，不是一定要按照最初设定的路线走。只要在路上不偏离大的方向，就不要去干涉。父母让孩子多穿衣服，怕孩子冻着了；让孩子穿大一点的鞋子，怕鞋子小了，孩子脚痛。孩子不是机器人，只要他冷、他痛，他都会有感觉的。生活中这样的事就不要去干预孩子。这位老师还强调，要对孩子进行正向引导，正向赋能，而不能盯着孩子的缺点，对他的缺点进行强化。”

接着她讲她的教育理念。她的女儿6岁，很有想法，也敢于表达想法，直呼爸爸和妈妈的姓名，她觉得这样很好，她的一些朋友认为这样不对。很多朋友的孩子在这个年龄都会提前学习拼音，报这个那个班，她就让孩子玩，让孩子出去旅游，参加孩子想学习的兴趣班。她说：“如果现在提前学习了，将来她在小学就不认真学习。学习态度一开始养成不好，以后就没有办法养成了。原来我孩子所在的幼儿园不注重培养孩子的规则和习惯，认为孩子小，不用培养，上小学了再培养，我果断地让孩子退园。我们认为幼儿园最重要的就是培养孩子的规则、规矩和习惯，这个是孩子将来一辈子要用的。不能等她上小学再纠正，就晚了。习惯养成、规则意识的培养是在孩子一出生之后就要注重。”

她说情绪无所谓好坏，只要存在就合理，首先要接纳它，承认有这个情绪存在，而不是打压。情绪是流动的，不让它表现出来，它就会积压，然后爆发，所以她孩子的任何情绪，她首先都表示接纳、理解，然后帮助他们一起化解。她讲了好几个案例，说明如何接纳孩子的情绪。

有一次，她女儿打了弟弟，她第一时间很生气，但是没发脾气，决定两个人先冷静一下，于是，她去洗澡。她女儿搬个小凳子坐在浴室外面等她，对她说："妈妈，我知道你很爱我，我也很爱你呀，你是有了我之后，才爱我的；而我一出生就爱你了。你现在把我丢在外面去洗澡，我很难过。"

她说："我应该在她对弟弟发脾气的第一时间，先抱抱她，给她安慰，让她平静下来。可是有时候，还是很难做到，人的潜意识在支配着。小时候内心受到的创伤，当受到外界刺激后，不自觉地做出小时候惯有的那种反应模式。每一个人内心都有一个小孩，我希望我的孩子们内心的那个孩子是快乐的、阳光的、自信的。"

她6岁的女儿说，"我一出生就爱你了"，这句话让我瞬间湿目。多么有爱，又多么客观、理性和哲理的表达！道出了所有孩子的心声：孩子比父母的爱更原始、更无私、更真挚、更深刻、更恒久、更有天性；也用她那稚嫩的童声对父母发出了振聋发聩的警示：孩子是父母的老师，孩子比父母更懂人性更懂爱。

她还讲了她女儿是如何巧妙睿智地处理同学之间的关系，令我更加敬佩这个未曾谋面的小姑娘，也对所有孩子肃然起敬。当然，这是她科学的、理性的、用心的家庭教育的结果。

能把企业做好，把孩子教育好的人，说明她的人格是稳定的、健全的，这与原生家庭的养育、后天自身不断学习密不可分。

她说她很喜欢看我的朋友圈，坚持要请我吃午饭，和我再多聊聊。我说精神食粮这次吃饱了，我回去写篇关于您的随笔，题目就叫"我一出生就爱你"。

年后第一次去企业，收获满满，正能量满满。

2024年3月5日

做母亲是一场修行

昨天和两位银行人士谈家庭教育。

其中一位是四年级学生的妈妈。她说："我儿子小学二年级时，非常叛逆，家里弄得鸡飞狗跳的；他在学校，也总是惹事，几乎每周我们都要被老师叫到学校，都要接到其他家长投诉的电话。那是一个至暗的时刻，我无比揪心与痛苦。我反复想，最后得出结论，问题应该出在我身上。我性子急，比较强势，对他要求很严格，总是以命令的口气和他讲话。我要求他每天背10个单词，我原想，一天才10个单词，应该很容易做到的，他就是做不到。这10个单词都不是常见单词，比如卷心菜、西兰花之类的单词。这件事放下后，我再想想，的确不好背。但是那时，我就认定这是很简单的事，儿子背不下来，是他态度不好，不愿意学习，不是能力不行。每天背这10个英语单词，让他很抓狂，我也跟着很痛苦。我们之间关系很紧张，每天家里都要发生一场战争。

"后来，我改变了自己，我改变后，儿子很快就变好了，还得了三好学生。老师在期末评语中说，孩子变化特别快特别大。"

我说："你这么快就意识到自己的问题，并且马上作出改变，很了不起。我认识一些妈妈，坚持认为自己都是对的，错的都是孩子。我和她们交流后，她们回去一两天变好一点，然后很快又回到原来的状态。"

她说："问题已经很严重，到了不得不改的地步，不然就会出事。我也是经历了极度痛苦煎熬后，才反省自己。我相信，并且一直都知道我的儿子是一个好孩子，他在一年级之前真的非常好。我就想，为什么他一上二年级就成这样？问题应该不在他那里，而是在我这里。我母亲很强势，我也比较强势。认识到自己的问题后，我很快就改变了态度。总的来说，出了问题，就是要反省自己吧。”

一个人的修行需要多种能力，反省自己是最重要的认知和能力。

我说：“随着社会的进步，女性的解放，我发现在家庭教育中，更多的问题是由母亲强势带来的。做母亲是一场修行。”

不久前，和两位好朋友聊天，也讲到做母亲真是一场修行。一位朋友说，孩子学钢琴遇到难处时，急得哭。她最初不知所措，也急得哭，还动手打过孩子。后来，她意识到这样逼孩子没有用，就教孩子方法，和孩子一起回顾过去学琴遇到难处时的体验，陪孩子一起慢慢地挺过去。

曾经，湖北妇联公众号发表了一篇淼淼妈的文章“父母都要经历三次失望”，有一段话令我反复琢磨：“父母都要经历三次失望，第一次失望：孩子终将与父母的期望背道而驰；第二次失望：父母的话语权是有期限的；第三次失望：终其一生，我们的孩子只能成为普通人”。看完这篇文章后，我马上转发给一位妈妈，她是一位事业有成的励志女性，却在做了母亲后焦虑不已。她不明白她的孩子为什么不能像她当年那样热爱学习、拼搏向上，为什么孩子的成绩不能像她当初那样出类拔萃，她希望孩子能复制她的成功之路，遗憾的是十几年过去了，孩子还是没有按照她的期待发展。

孩子是母亲的骨肉，是母亲生命的延续，母亲历尽千辛万苦、忍受世上最疼的痛，把孩子带到人间，怎么会不爱孩子呢？只是爱孩子和有能力爱孩子是两回事。爱孩子，凭着做母亲最原始的本能就可以做到；有能力爱孩子，需要学习。

在做母亲前，我们也都是受人宠爱的小女生，有点任性、有点傲娇、有点倔强、有点矫情；做了母亲后，我们不再是家里的公主，我们不再是家庭的主角，一切让位于孩子。我们把所有的时间、精力全部奉献给孩子，不料，换来的是孩子的叛逆，孩子的种种问题。

这就逼迫妈妈们反思家庭教育：孩子出现这样那样的问题，到底是孩子的问题，还是自己的问题？孩子有哪些问题？自己又有哪些问题？我儿子小时候不叛逆，从来没有对我们说不，只有一件事，就是拖拉，十分地拖拉。我苦思冥想，想弄明白他为什么拖拉，直到他上大学后，我才想明白。昨天我把这件事讲给这位银行人听，这位小学四年级的妈妈马上就明白了怎么回事，我还没有说到其实这就是儿子的叛逆时，她说，这其实是反抗。为什么她这么快就得出我想了许多年的结论，因为她有深刻的体验，她懂孩子。

孩子长大了，终将与我们越来越远。我们最初把他搂在怀里，和他相依相亲；后面，还能踮起脚尖看到他的背影；再后面，他一定会消失在我们的视线中。我们势必要经历引导孩子成长，教导孩子独立，然后孩子飞远了，我们必须放手这样的过程。

拥有很难，放下更难；控制很难，放手更难。我们做妈妈的，要学会反省自己、认真学习有理性、有智慧、有信心的爱。仅凭爱，是很难教育好孩子的，特别在开放的社会，孩子普遍有个性、追求自我，外界各种诱惑又很多，我们父母更得承认我们有很多方面的不足，得向孩子学习。

2023年8月15日

教育孩子是生态工程

昨天和一家本地龙头企业的两位高管谈完工作后，又聊起了教育。一位比我年长几岁的高管郑总非常平和亲切，待人很友善，她从宗教的角度讲教育孩子要有大爱与博爱，谈夫妻相处之道；另一位比我年轻几岁的高管谈总，他从做父亲的角度谈对教育的看法。在这篇文章里，我着重把这位父亲的讲述和观点记录下来。

他说："关于孩子的教育，我认为是三个层次问题。首先，我们自己想要怎样的人生？其次，我们想要孩子成为怎样的人？最后，我们如何把孩子培育成那样的人？

"第一个问题，我们自己想要怎样的人生？我是这么看待自己人生和家庭教育的。我认为人的成功不是一个点一个面，而是一个人整个一生的生态系统，也就是说，成功不仅是指事业成功，还应包括生活幸福、家庭美满和精神财富的传承等方面。如果只是自己事业成功，其他方面不成功，我认为并不算是成功的人生。以史为鉴，梁启超，他不仅用勇气和学识开启了中国人民现代文明的心智，同时把9个儿女都培育成国之栋梁，我很欣赏家庭和事业双丰收的梁启超。如果你把家庭教育看成是自己完整人生的一个环节，就不会忽视对孩子的培养；如果你认为儿女的教育和为事业努力工作同样重要，你就不会借口工作忙而耽误孩子的成长，你也就有了源源不断、坚持不懈努力培育孩子的动力。

"第二个问题，我们想要孩子成为怎样的人？家长当然希望孩子身体健康、精神乐观、生活幸福，能为国家和社会做些贡献，最好还小有成就。

“第三个问题，我们如何把孩子培育成那样的人？身体健康、精神乐观最重要，也许这两点对有些人而言与生俱来，因此也极易忽视。我以为精神乐观的根本是人的道德品质，良好的道德品质靠平时生活中对人性的修养，何为修养？对人性中不利于自身发展或利于自我但有损社会的东西进行修正，对于人性中既利于自身又利于社会发展的东西进行培育。要求孩子阳光，家长自己心中是否光明？人的另一支柱是身体健康，身体健康是生活快乐的源泉。我有这样的经验，生病了或太累了就会做噩梦。其实，我们大家都明白这个道理，但家长们有没有经常关注我们孩子学习生活是否开心，有没有抽空陪伴孩子一起快乐地运动，让孩子们拥有健康的体魄？

“如果人活着不开心，那就失去了人生的意义，我们的孩子更是如此！因此，我们要反复问自己，孩子凭什么愿意学习？要想办法让他自己发现学习的兴趣。一个人的学习兴趣不是天生就有的，需要想办法激发出来，找出兴趣的源头。比如，想让他学好数学，我不直接告诉他数学应该怎么学，而是给他买《数学大世界》及数学家传记类的书籍，让他在看书中发现数学的乐趣与学习方法。让他将学到的知识教我和他妈妈，我们是他的虚心‘学生’，为作为‘老师’的他的精彩讲演而喝彩。我90多岁的老母亲也自豪地说，我这么小的孙子就当‘老师’了，让孩子体验展示能力的快乐，并从中获得学习的意义感与价值感。

“我儿子发展很全面，各科学习成绩都平衡。喜欢足球、羽毛球和乒乓球，他是学校足球社成员，经常踢一两个小时足球，很投入很累，但是感觉非常好。”

讲到这里，谈总学着孩子踢完球后，既疲惫又痛快的样子，头向后一仰，双手张开，他说：“很爽的！”

接着他说："我儿子也喜欢下棋，军旗、象棋和围棋都会玩，这些都是我教他的。我和他妈分工明确，他妈负责生活，我负责陪他运动和下棋。

"为了研究儿子的教育问题，我看了弗洛伊德、马斯洛和荣格的书。了解人的需求，分析人的潜意识，潜意识支配人的思想，思想又支配人的行为。培养孩子，要想办法把他潜意识里的东西激发出来，一旦他自己想要了，他就会去行动，就会很有成效。教育孩子其实也是净化自己心灵的过程，你会不断反思自己，你会思考社会和人生，思考物质和精神，和孩子一起成长。现在是物质高度发达社会，不能回避经济问题和孩子谈人生，不能脱离物质和他谈崇高的理想，如果你的教育与现实不符，他会认为你虚假。你也希望孩子有一个很好的经济基础和经济条件，但是只有经济肯定不行，会让孩子以后的人生空虚，也会因为没有精神支撑，经济不能持续稳定发展。所以，要让孩子在精神与物质方面取得一个平衡，不能只追求精神，也不能过度追求物质。要有精神信仰，同时也要把日子过好；日子过好了，也是为社会做贡献；在追求物质的时候，要坚守底线、要讲规则和原则。"

我说："我非常认可您关于人生和家庭教育的系统论、生态论；也很佩服您在培养孩子的时候，从根源上去激发孩子的兴趣，还很佩服您热爱学习、钻研的精神，您能从历史、心理学、社会学及平时的工作和生活智慧中汲取教育理念，融入教育孩子中。您强调人要全面发展、注重各方面的平衡，符合中国传统的哲学思想。"

谈总的儿子在一所重点高中创新班读高二，成绩很好，全面发展，阳光向上。谈总说我的微信朋友圈他多年来一直在看，他看东西喜欢看人的基本思想和底层逻辑。

今晚10：00先生下班回来，看到我仍在电脑前工作，便说："你又在写文章啊，你真忙！"

我说："我们运气真是太好了，我们没怎么用心教育儿子，儿子成长得不错，你看别人是怎么教育孩子的。"接着我把昨天两位高管和我讲的这些对先生复述了一遍，把今天见到的两位企业负责人的家庭教育情况讲给先生听，他们表面上无为而治，其实处处都很用心，孩子教育很成功，也是全面发展，在重点中学读高中。然后，给他看今天一位年轻的美女妈妈发给我她儿子的一篇文章。我们都觉得这个孩子写得太好了，有思想，文笔又好，现在的孩子真了不得，见识、格局、开放性、学习能力、对社会和自我的认知，是我们在那个年龄时远远不及的。

最后，我对我们的家庭教育作了一番反思。和这些爸爸妈妈比起来，我们真没为儿子做什么，无论是当时的格局、教育意识、用心程度，还是教育方法，我们都比他们差远了。

2023年8月18日

“双节”再叙师生情

今年中秋节、国庆节双节同庆。我和先生回老家湖北英山参加他侄子的婚礼，我们决定抽空去看看几位老师。

中秋节的那天上午，我们从县城驱车到石镇，去看先生的两位小学老师和一位初中老师。

小学的王学贵老师已经70岁了，因为胃痉挛，一直在打嗝。住院做手术，仍不见好。他说，这段时间好了一些，前不久不能走路。他住在镇附近自建的房子里，周围都是自种的菜，很有一些田园气息。他的两个女儿定居武汉。他说，他想做一份杜山村村史，重点讲述小学走出去的学生的成长故事。可惜现在他做不了，身体不允许。他说我先生是他重点培养的学生。

小学江汉武老师年近70岁，但身体很好，他是先生的启蒙老师，也是全科老师。江老师喜欢文学、书法，他正在着手写杜山村的村史，计划把解放以来杜山村的党员、退伍军人、考学走出大山的读书人、创业成功的人士等分类进行采访。他的儿子现在是镇中心小学校长。

初中的江波老师，是先生的班主任和数学老师，一个人住在乡下，听说我们要来，早早地在路口等我们。他已经77岁了，看起来鹤发童颜，腰杆笔直，走路很有精神。先生毕业后江老师担任初中的校长，后来到镇文教站工作，从文教站站长任上退休。退休后，他仍然积极关注教育事业，关注教师的发展与待遇。江老师热爱文艺，喜欢唱歌和黄梅戏，性格乐观开朗。

先生说，这几位老师在他的学习和成长过程中，给了他极大的鼓励和无私的帮助。那时印刷试卷不容易，老师们经常把高年级的试卷想办法拿来给他做；那时，大家都穷，他家更穷，老师们尽最大能力从经济上帮助他，他们是他一生的贵人！

下午去医院看望黄朝水老师，他是我的小学语文老师。他正在吸氧。因为糖尿病引起的并发症，他的视力几近失明。他说，他的内脏现在基本上都是黑的。我坐在他的床边，握着他的手，一句话都说不出来，只是泪如雨下，他也泪流满面。先生和妈妈也都跟着流泪。他是一位非常乐观豁达的人，即使现在长期住在医院，他依然保持着乐观的心态面对生活。我在第一本《育人随笔》里写了一篇关于他的故事。前年我在我校三全育人综合改革推进会暨首届思政工作研讨会上做报告，第一张PPT就是他的照片。

然后，去看望杨百元老师。杨老师是我的初中物理老师。那时他刚毕业不久。有一次周末我回到家，一句话都不说。吃饱饭后才告诉父母，饭盒弄丢了，一天多没有吃饭。我爸问我，学校的领导是谁。我那时也不知道学校有哪些领导，就说杨老师是。其时，他是教导主任。我爸找到他，说学校要好好管理，不能再发生偷饭盒的事情，不然，把孩子饿坏了。我至今还记得杨老师一脸尴尬的神情。杨老师年轻时很帅，一头卷发。后来他到英山县理工中专担任校长。晚上，杨老师叫来贺先锋老师和两位同学，大家畅聊。贺老师那时担任我们政治课，他瘦高瘦高的，腰杆挺得像旗杆，头高高昂起，他后来也调到了县城。他现在身体不是很好，中风过。

两位同学送我回酒店。到酒店后，我叫上早上在酒店偶遇的两位同学，大家一起喝茶聊过去。在酒店吃早餐时，突然有人喊我的名字，原来是一对姐妹。姐姐问我记得她吗，我马上叫出她的名字。30多年过去了，她一点都没变，还是细细巧巧的，皮肤还是白得透亮。她是我的同班同学。妹妹在苏州工作，早上才回到英山。她是我弟弟的同班同学，曾经来过宁波。

中秋第二天，我们去医院看望我们村星光小学的黄老师。他不是我的任课老师，因为我老家就住在学校旁边，我回家经常去他那里玩。尽管我们家在大别山上，但是家乡人很重视教育，我们村1400人，前几年统计，有300多位大学生，有8位博士、硕士，北大、人大、社科院的大学生都有。现在，村里人把孩子带到镇里读小学，村小学有时只有两三个学生，最后只有一个学生。黄老师一直陪着这些孩子们，担任小学的全科课程。他是一位很坚强的铁汉子，因为食道癌在医院住院。中秋节那天他下午开车回到山上，陪两位老人过中秋，第二天早上赶到医院。谈起孩子们时，他流泪了。他说现在才知道，要多生孩子，生大病重病时，孩子们各出其力。

国庆节那天，杨老师和夫人到草盘中学，和几位同学相聚。草盘中学的校长肖学军是我的同学。他带我们参观校园，指着门口的一棵大树说，现在只有这棵树是原来的，其他的全都重建了。我们一起回忆了初中时的几位老师，回忆那时的青涩、懵懂、调皮、单纯与美好。学军记忆力惊人，能清楚地记得当初班上前几名同学的名次。大家都在教育界，他们谈乡镇教育。杨老师说，现在硬件方面提升了很多，最主要是师资方面的欠缺。乡镇中学基本上成为县城和各城市老师培养的基地。很多年轻老师刚刚培养好，就调走了。尽管如此，草盘中学今年有一位学生考上了黄冈中学，还有一位差一点考上，因为数学成绩不理想。他们现在就特别缺数学老师。前年才进了一位音乐专业的毕业生做音乐老师。我在一旁听着，感觉乡镇教育与城市相比，特别与沿海开放城市相比，有很大的差距，在师资与资金方面可以说有着天壤之别。乡镇中学的老师们很了不起，寒门学子很不容易。

在家乡的最后一天，我的第一届学生罗田的胡云峰联系我，说第二天要和几位同学一起来看我。前几天，他在负责一个重要的会议，走不开。他们从我的微信朋友圈中得知我回到了家乡。我们从武汉坐火车回宁波，先生的学生黄志刚送我们到武昌火车站，分别时，志刚的泪水在眼眶中打转。这就是师生情。那时，我们刚大学毕业，不懂教育，却因住在学校，和学生在一起，打成一片。

我和先生的老师都退休了，我们也离退休不远了。我们希望通过重走来时路，不忘初心，不忘根本；我们去看望老师们，希望他们的晚年生活多一点回忆、多一份温暖。

还有几位小学和初中的老师，想去看望，没有时间，只能留到以后再去。

2023年10月6日

爱笑的刘兴老师

今晚在学校值班，写了三篇随笔，1975+2140+1424=5539个字，要不要再写第4篇呢？我有点累了。

在休息的时候，给刘兴老师打电话，他是我初中英语老师。我说，我是您的学生，86届的。我还没有来得及说出姓名，他问是哪位。我报出姓名，他十分之一秒都没有犹豫，马上说："啊呀，胡平啊，星光的！"

他还记着我！还能记着我的家乡！我真是太幸福了，感觉一下子穿越到初中时代。他的身影、他执教时的情景、他的眯眯笑历历在目。

我也一下子就听出了他的声音，他的笑。

他已经72岁了，还如当初一样爱笑，笑声一点都没变。

那时，他很瘦，清瘦清瘦的。腰板挺得不是很直，有一点点猫着，配合着他的眯眯笑，就觉得他很亲和、很亲切。他总是拿着水杯，有盖子的那种陶瓷杯。他一遍遍地教我们读英语字母，读英语单词，读英语课文，非常有耐心。那时，英语对我们来说，真是来自天国的语言，开始怎么也学不会，一个单词要学习很久很久，可他总是不厌其烦。他从来没有批评过我们，从来没有发过脾气，总是笑、笑眯眯的、眯眯地笑，眼睛都笑成两条线了。也因着他的笑，我们都很喜欢他，喜欢他的英语课。

他让我们感觉笑眯眯的老师多么亲切，多么慈祥，多么温暖，多么有力量。一直到现在，这种感觉我都没有减少过一丁点。刚才一听到他的声音，这种种感觉都涌上心头。

回到故乡时，只要在草盘镇住一天，我就去草盘中学走走。还去找过他，没有找到。他说他以前住在学校，中间有七八年时间在上海儿子家里带孙辈。他儿子在上海城市设计院工作，女儿在武汉工作。

高中第一学期结束后，我回去看他。他问我高中学习情况怎样，我说还好，没感觉有多大的压力。其实，那时我还没有进入紧张的学习状态。

之后，我再也没有看到他，没有看到他的眯眯笑了，没有听到他的声音，没有听到他的眯眯笑声了。但是我从来都没有忘记过他的笑脸、他的笑眉、他的笑容、他的笑声。

我说："我们都很喜欢您，喜欢您的笑。"

刘老师说："现在还是这样的，喜欢笑，一直都是这样的。"

真好！祝愿他一直这样笑着。

他说他始终记着两类学生：成绩好的学生；不认真学习，调皮捣蛋的学生。我在他眼中，算是成绩好的学生。其实，我那时成绩也一般，我那一届成绩好的学生很多。特别是几个镇的学生汇合到草盘中学后，学习成绩排在我前面的学生就太多了。

他很高兴我和我先生都是老师。他说，他一直在关注教育，但是现在他落后了，教育理念变了。

我说："刘老师，教育理念一直没有变。您那时对我们的教育理念没变，值得我们学习。现在老师与学生之间没有过去那么亲密，您那时对我们的关爱，变得弥足珍贵；您那时对我们的笑，依然很温暖，很有力量。您想想，30多年过去了，您竟然还能记着那么多的学生，连学生的家庭住址都记得，仅这一点，现在很多老师都做不到。"

大概在他的眼中，我还是那个孩子气的学生吧。他问我孩子，我说儿子已经27岁了，在华为工作。他感叹："唉呀，孩子都这么大了！"

他说身体总体还好，只是之前中风过，不太利索了，所以儿子让他去北京玩，他不想去。他走过江南很多地方，宁波没有来过。我希望他能来宁波看看。

他说他不会加微信，我教他怎么加，让他通过就行了。他还没有加我，估计还没有弄会，不过，有电话联系，也就够了。他的微信头像是他的照片，还是那么清瘦，还是那么有精神，还是一脸的笑容，一眼的眯眯笑。

我是这次“双节”回到湖北，才从同学那里拿到他的电话。因为时间仓促，没有来得及去看他。下次回去，一定去看他。我不仅要听到他的笑眯眯的声音，还要看到他的眯眯笑，这是我初中时最美好的回忆，最温暖的回忆，最有力量的回忆。

写这篇文章时，我已经在电脑前坐了4个小时，写了3篇随笔，疲劳因着刘老师的笑消除了，一股力量从我的心头冉冉升起。

这就是爱笑的刘老师！

以前学生做错了，我总是批评学生，有时还当着其他同学的面批评他，以后我也要学着刘老师，多对学生笑一笑，少一些批评和说教。

2023年10月6日

第五篇

拥抱生活

拥抱生活

昨天晚上，在回宁波的路上，博士王总说："胡姐，看到你的朋友圈，感觉你不像50多岁的大姐，而是比我们还年轻，像20多岁的小姑娘，精力那么充沛，那么有活力。"

国庆期间回了一趟湖北，来去匆匆，路上两天用了24.5小时。还有一天的时间参加外甥婚礼，和分别30多年的初中同学第一次相聚。因为疫情的缘故，不敢在家乡多留，匆匆回宁波。

我回应他说："也累，但是没有办法。"

其实，此时在我心中流淌的话是："窗外的世界花红柳翠，我心若玫瑰；窗外的世界如玻璃碎，我心若红玫瑰；窗外的世界鸡毛满天飞，我心若香槟玫瑰。"

今早6：00刚过，高中的闺蜜说我："真是一个大忙人！"她说这话时，我已经坐在电脑前写随笔了。

也许是过了50岁，也许是更加深入生活，这几年，我越发地觉得生活不容易。经常发现，身边笑着的人、忙碌的人、助人的人、脚上生风的人、张开翅膀的人，原来正带着伤；眼里本应流着泪，却笑成一条缝；身上正流着汗，却发着光；心里正流着血，却开成了一朵花。

有一天晚上，我路过一家酒店前，看到5位代驾小哥，他们在闲聊。我走过去和他们聊。我说："这疫情弄得你们没有什么生意吧？不过，看你们好开心的样子。"

一位轻叹一口气："我父亲在透析，每一个月要一万多元的医药费。"

一位跟着长叹一口气："我刚买了房，每个月得还6000多块钱的房贷，孩子还得上学要钱。"

一位苦笑着说："我有3个孩子上学读书，还得付房租。"

一位快言快语："人前笑，回家抱着枕头哭。"说完，他骑车率先离开，找活去了。

这一句："人前笑，回家抱着枕头哭"，是他们生活的写照，尤其令我感动、令我敬畏。

想起小时候，我爸妈正在吵架，突然来了一件事情，他们俩马上齐心协力去处理事情；我妈妈正在哭，听到外面有人敲门，她马上擦干眼睛，笑迎邻居进门，然后和邻人谈笑风生。

每每看到身边人活得这样，我都心生敬畏。我就想，人类真正伟大的精神是：明知人生是一场空，却像要活得天长地久、永世永生一样，那样努力、那样拼命、那样坚忍；明知个人渺小得如一粒微尘，生命有时薄脆如一片秋叶，生活卑微如一只蚂蚁，却活得真如万物之灵、万物之王、万物之神一样，那样有精神气、那样蓬勃、那样倔强、那样不屈。

美国思想家、文学家、诗人爱默生说："即使断了一条弦，其余的三条弦还是要继续演奏，这就是人生。"美国前第一夫人安娜·罗斯福说："人生是要活的，必须活得兴致勃勃，充满好奇心，无论如何也决不要背对着生活。"

我们大多数学生也具有拥抱生活的这种品质。我有好多位单亲家庭的学生、家庭有重大变故的学生，他们是那样的阳光灿烂，总是把温暖带给老师和同学，把青春的活力绽放在校园。也有一些学生，学习不认真，整天离不开手机；也有不少学生，遇到一点困难就退缩，遇到一点挫折就放弃，有一点感冒肚子不舒服就请假。

接受阳光、沐浴雨露、拥抱生活、勇于面对，这是人生态度，也是人生必需。因为我们没有退路，只有披荆斩棘、一往无前。

2022年10月4日

保持激情

每学期都有学生对我说，老师，我们比你年轻这么多，我们经常无精打采，觉得人生没有意义，好无聊。为什么你总是那样激情飞扬？像一个太阳，像一枝永不凋谢的向日葵。

工作中有人精神抖擞、意气风发；有人低眉冷眼、置身事外；有人愤世嫉俗、抱怨不平；有人垂头丧气、愁眉苦脸。

我也看到一些人，在工作中能应付就应付，能拖就拖，能撒手就撒手；偶尔听到有人说，就这样呗，反正就是一份工作而已，反正挣钱养家而已，犯不着与自己过意不去，把必须做的做了，管其他呢，省心，没必要投入感情。总之，能不做就不做，能少做点就少做点，能应付就应付。

每每看到这样的情景，听到这样的曲调，我就为他们感到悲哀，这是自己的人生啊，我们是为自己工作，为自己生活，不是为了领导，不是为了工作单位，甚至不是为了家人。

我就思考，如何激情地工作、激情地生活。这个问题，以前也想，这段时间想得更多。因为今年在疫情中又带毕业班，很累，还会因为追着要他毕业的几个学生而受伤。如何在受累受伤的时候，仍然对学生保持极大的耐心与爱心呢？更广义地说，工作和生活激情如何不被琐碎、不被单调的重复、不被伤害所磨灭？

第一，要有事做，并且要很忙。人一旦忙了，就没有时间胡思乱想，没有时间感叹人生无聊、生活没有意义，没有时间叫苦喊累，就想把事情早点做完。因此，走路的步伐快了，废话没有了，能及时处理的问题及时清理。大脑飞转，手不停脚不歇，自然会加快血液流动的速度，人就显得有活力。越闲，越没有事做，人就越没有精神，越颓废，血液都凝固了。每次我走进顺丰快递，看到一群爷们热火朝天的干劲，我就备受感染。他们没有一句多余的话，没有一些服务公司那样的商务礼仪，没有漂亮的前台接待。他们把事情做得很漂亮，让人很放心，所以你愿意排队等待，愿意多掏快递费。有人说，我的确不忙，单位就只给我这些事，做完了，就没有了。如果想做事，怎么会被动地让单位分配工作呢？再说工作做完了，还可以学习呢，学习是无止境的。所以，没有事时，要会找事，要让自己忙起来，充实起来。

第二，要有责任感。忙是好事，但不能瞎忙。现在这个社会，不忙的人不多，忙的人很多。一些人是被动地忙，消极地忙，因为缺乏一份责任意识和担当，以为这份工作只是养家糊口的活计；以为忙，只是为了把事情做完。这种忙往往就会抱怨，就会叫苦叫累。

第三，要有意义有价值。无论是工作还是生活，要找到意义所在。为什么要这份工作，为什么活着，每一个人都要深思。海底捞的工作人员，员工之间在过道上遇到了，都相互打招呼，他们走路脚下生风，但是一走到你的餐桌前，他们马上变得很从容；他们的笑，不是职业微笑，而是很自然很自信的笑。他们没有觉得服务别人卑微，而是觉得自己的忙很有意义，自己正在与这家企业一起共同创造价值，共同为客户提供最好的美食和最贴心的服务。

第四，要不断接触新事物，学习新知识和新技能。每一个人都有内在成长的欲望与动能。要成长，就要不断接触新事物，学习新知识和新技能。新事物、新知识和新技能，能够激发一个人的好奇心和探索欲望，它们是最优良的新鲜空气，能刺激大脑加速运转，促进血液循环。我个人的体验是，接触新事物、学习新知识与新技能是保持激情与活力最好的动力。

第五，要直面困难，迎接挑战。我们常说激发潜能，其实很少有人一直在激发潜能，还有一些人把正常能力充分发挥出来就不错了。没有挑战性的工作做久了，人就会懈怠，就会厌倦和疲惫。偶尔遇上困难，遭遇失败是好事，是保持激情与活力的动力，是激发才智的动力，是创新的动力，是成长进步的动力。

个人要有激情，作为集体，作为团队，也要尽最大努力，激发团队成员激情与活力。

第一，要人尽其才，让每一位成员有事做，想做事，做成事。有事做，是让他们忙起来；想做事，是把他们积极性调动起来；做成事，是让他们的价值体现出来。

第二，提供学习的环境与氛围。要让团队不断学习业务技能，学习新知识，加强内涵建设。一些单位只重视业务技能的学习，忽视新知识与内涵的建设，这样的文化不利于团队成员终身学习与成长，也不利于形成强大的凝聚力与归属感。

第三，不断提出新的目标。目标不要太高，也不要太低，要蹦一蹦、跳一跳能够达到，要让团队成员看到所在集体的成长与壮大，跟着一起成长与进步。

第四，要有合理的团队结构。团队成员的性别、年龄、学历、专业和地域都要考虑，要广泛、有梯度、各有所长又互补。老带新，新激老，这点很重要。

第五，要有竞争淘汰机制。要淘汰培养不出来、不能融进集体文化的成员，引进新的成员。团队的目标、任务、文化都不能僵化，要始终保持动态、保有活力和激情。

第六，要有一套激励制度。冷冰冰的工作环境、行政命令式的管理模式、把职位和权威当作管理能力的单位，团队成员的激情迟早会被消磨掉。制定激励制度，提供愉悦的工作环境，关心团队的成长与进步，给予成员人性关怀，可以有效保持团队成员的激情。

有一些人，无论在什么样的环境中，他都能坚守初心、坚持自己、努力做好一切。他们从来不认为学习是为老师学，为父母学；他们从来不认为工作是为单位工作，为金钱工作。他们所做的一切，都只想实现人生价值，获得成就感与意义感。这种人有非常强的韧性，百折不挠；也有很好的大局观，不看重眼前利益，前途无量。就如我曾说：有些人，你把他丢进垃圾堆，他也能从垃圾堆中吸取花肥，成长为最美的玫瑰。那些伟大的人、卓越的人，哪一个不是这样成功的？

我还说过好几次：激情飞扬是因为快节奏，诗情画意是因为感恩。试一试吧，同学们，激情地活着，内心很美丽，人生很漂亮！

2020 年 7 月 9 日

精力管理

很多人说，我精力充沛。学生也说，我比他们还要有活力。

其实，我觉得身边有些人比我活得有生气、有精气多了。在大多数的时候，我默默地、静静地，在别人常出现的地方，很少有我的身影，更少有我的声音。我最热闹的地方就是在微信朋友圈里发信息，这个地方被我称为一个窗口，一个平台，一个我相对自由呼吸的地方。

人的精力是有限的，就看你把精力分到哪里去，就像分蛋糕一样，这个人分多了，那个人就少了；这件事分多了，那件事就少了；这个地方分多了，其他地方就少了。人们看到我精力充沛，正如我看到他精力旺盛一样，只看到他的某一方面。

当然，在工作的时候，我精神饱满；在动的时候，我步履轻盈；在出去玩的时候，我激情飞扬，那是因为下班回家以后，我静养、恢复体力、积蓄能量的结果。

不久前，一位HR问我：为什么你精力总是那么好？你是如何管理精力的？精力管理是一门课程。

我没有思索，随即对他侃侃而谈，说了下面一系列的话。

第一，头脑要简单一点，心思要单纯一点。要把社会想得美好一点，把人想得善良一点，把事情想得简单一点。这点最重要，七想八想，总想乱七八糟的事情，肯定要消耗人大量的精力。

第二，干脆利落一点。想说就说，只要不乱说；想走就走，只要不在工作和学习时间内；想旅游就旅游，只要有闲和有钱。想到尽量做到，并且马上做到。不要让太多的想法和愿望、太多的情绪积压在心里和身体里，这些都会时刻消耗一个人的精力，多了就会累，不堪重负。及时清洁要做的事、想做的事，及时满足一些小小的愿望，会让一个人轻松地活在当下。

第三，边界问题处理好。管好自己的事，不好事不多事不管闲事不惹事，不问与己无关的事。我常和学生说，在网络上多看新闻，多学习，少关注关心明星的事，他与谁分手，也不会与你恋爱；他和谁离婚，也不会和你结婚。他们的私生活，与你一毛钱关系都没有，你没有必要对他投以热情。同事之间、朋友之间也是这样，别人家的事，是他的事，如果不是出于关心，不要去打听，更不要三五成群、闲言碎语。另外，还要处理好工作与生活的边界，工作就是工作，生活就是生活，尽量把两者分开。也就是说，工作的时候好好工作，别想玩和生活；玩的时候，就不要再想工作。特别地尽量不惹事，开车不遵守交通规则，闯了红灯，就要花千百倍的时间来处理；一旦上课迟到挨骂，就要让全班同学跟着一起吃药，这种感觉不好，会影响情绪，带来负能量。

第四，要有兴趣和爱好。有人喜欢运动，脑力劳动的人，通过运动可以很好地消除疲劳，调整情绪和节奏。我不喜欢运动，一下班就回家看书、写随笔，这些也是化解压力和不良情绪的很好方式。

第五，要积极阳光一点。抱怨的人，自己很累，也让身边的人不胜其烦、不胜其累。如果一个人能量是100，抱怨用掉30，剩下的就只有70，用70来做人做事，比别人用100来做人做事，肯定累多了。远离负能量的人，远离抱怨的人，是对自己能量和心智的一种保护和爱惜。

第六，活在当下。过去错了就错了，败了就败了，怎么懊恨和沮丧都不会再回来。未来还没来，谁也不能预见。有心理学家说，40%的烦恼源于过去，50%的烦恼源于未来，只有10%的烦恼源于当下。而当下这

10%的烦恼，有8%会轻松应对。如果你背着过去那么多的包袱，还要把未来不可知的包袱背上，你夹在两个大包袱生活和工作中间，当然会疲惫不堪。

第七，找到自己的位置。自己是谁，在哪个圈层，不要越层，不要降级，不要爬梯子，也不要滑滑梯。总是爬高，肯定累；总是往下掉，肯定心有不甘。不要像蹦极和过山车一样，为了寻找一时的新鲜和刺激，而消耗大量的精力。在自己的位置上，活得最自在最舒适最惬意，也最有精神气。当然，不是在自己的位置上躺平，而是通过努力，逐步向上。

第八，作息要有规律。遵循生物钟，尊重规律，调整好作息时间，该睡的时候睡，该吃的时候吃，该玩的时候玩，该动的时候动；尊重自然，遵守自然赋予我们的规律，遵守自然约束我们的纪律，一切都会是最好的。我没有学过健康管理，但我从大自然中获得了一些感悟，早上太阳升起的时候运动最好，让身体的阳气上升；晚上黑夜降临了，就该在家静静地休息、看书，不宜做大量运动。累的时候是身体发出警告，要休息；无聊的时候要让自己动起来，释放过剩的精力。

最后，要让自己动起来。我常说一句话：激情飞扬来自快节奏，诗情画意来自感恩。人越懒越不想动，越不动越没精神，越没精神越颓废。一旦动起来，就没有时间去感伤，没有时间去抱怨，没有时间去百无聊赖，没有时间没精打采。节奏越快，越有活力，越有激情，越有精神。

如果用公式表示，精力管理=时间管理+情绪管理+健康管理+规则管理=自律管理。

2019年10月15日

提高效率

每个人的时间都是有限的。为了增加生命的长度，只有两种方法：延年益寿和提高效率。延年益寿受很多不可控的因素影响，相对来说，提高效率更可行。

作为普通职员，提高效率，最重要的是提高执行力。领导安排的任务，在接到任务之后，能即时完成的，马上完成它，不要拖到下一秒。完成了，这件事就结束了，在大脑里把它清零。大脑里装的事情越少，条理越清晰，办事效率越高。

头脑里装的事多了，条理不好，也影响情绪，造成不必要的压力。事情放在大脑中，总会想还有那么多事要做，心情就平静不下来，条理性也要差很多。如果领导再催你办这件事，相当于领导要打扰你一次，你正在做的工作被打断，效率就低下来了。而这样的次数多了，你就会给领导做事拖拉的感觉。这是领导很不喜欢的工作品质。不要什么事都等一下，都要把手上现有的事情处理完，再处理领导现在安排的事。一个电话、一两分钟能处理完的简单事，随手处理掉。复杂的事，可以先把手上的工作做完再去处理。

我有几位朋友，他们非常忙，但是我总能及时收到他们的回复信息。就是从他们身上我学到了快速处理、及时清洁的工作方式。能及时处理清洁的，不只是要做到今日事今日毕，而是要尽量此时事此时毕。我们在工作中会注意到，执行力最强的往往是老板、领导，因为他们忙，没有时间拖拉抱怨，他们知道事情逃不掉、躲不开，就积极去应对处理。不仅如此，他们还会没事找事，如果无所事事，他们就会担忧单位和个人前景。相反抱怨最多，最为拖拉的往往是普通职员。

思路清晰，工作有条理，也是提高效率的必要条件。高节奏的社会，不要说一天只做一件事，一小时内就有好几件事要处理。如何快速高效处理这些事，就要厘清思路，把事情分先后缓急，简单的事马上处理，不让简单的事干扰复杂的事；重要的事先处理，不重要的事抽空处理；前置环节先处理，后面程序后处理，不走回头路；同类事情或同一个地方的事情集中时间一起处理，不兜圈子；需要协作的事先处理，不影响团队协作，不拖团队的后腿，能独立完成的事后处理，需要协作的事不与独立完成的事打架；忙的时候在一两分钟的空隙里处理一些简单事、琐碎事，把电话打了，短信、邮件发了，尽量留出完整的时间处理复杂困难的事。厘清工作内容和工作步骤的过程，就是梳理工作思路的过程，工作思路清晰了，工作效率就提高了。

常规工作流程化、标准化，可以极大地提高效率。在申报一个项目、撰写一份文件前，我习惯先把规则研究透，然后做出一份该材料的填报、撰写注意事项。学生就业前，我两次去辅导员办公室咨询，详细地了解就业协议和劳动合同签订的注意事项，先把标准做出来，发给学生们，这样无论是学生、班主任、负责就业的辅导员还是用人单位，都大大地减少了因为合同、协议签订不规范退回重签的概率，极大地提高了工作效率。有好几位同事将我做的这份就业协议和劳动合同签订注意事项发给他们班的学生。我第一次出版《育人随笔》时很不规范，出版社校正后，我做了一份校对注意事项，后面就有写作标准了，校对书稿的工作量成倍减少。

提高效率，还要心静。现在人都很忙很累，也很急躁浮躁。事情一多，就容易上火，致使工作中总是出现这样那样不可思议、不相信是自己所为的差错。而一旦出差错，效率就会大打折扣。所以光思路清晰、有很强的执行力还不够，一定要心静、心静再心静。无论事情怎么多，无论在同一个时间里要处理多少事，也无论事情有多复杂，都要保持平静的心态，把事纯粹当事做。如果不能热爱这份工作，不能带着火热的激情去做这份工作，最少不要带着负面情绪去面对纷繁的事情。特别是事情不顺时，不要太在乎同事、合作者、协作人的脸色，本着对事不对人、做事不带情绪的态度去做好本职工作。你始终保持平静，你的同事、合作者和协作者，即使开始时烦躁不安，也会在你的带动下，慢慢趋向平静；你烦躁，也会带动他们烦躁，影响整个团队的情绪，这样你周围所有人都带着情绪去工作。负面情绪消耗人大量体力和精力，短期导致人很累，长期导致工作低效甚至无效。

专注是提高效率的一个很重要的品质。不管什么事，一旦专注，就会取得意想不到的效果。认真走路，肯定比边走边看风景要快得多。当我们做一件工作时，其他的人和事，都不要过多地去关注，不要把精力分散。分散精力必定不能全心投入，还容易出差错。人一旦专注，就会忽略掉很多无关紧要的羁绊，心无旁骛地处理当前事情。专注不仅让我们集中精力做一件事，还会极大地发挥我们的主观能动性。工作中出现了困难，有了专注，就会想出解决问题的办法来。专注不是说其他的人和事不重要，而是指在某一个特殊的阶段，在处理某一件事或要达到某一目标时，全身心地处理这件事。事情做完了，该休息时，要全身心地休息；该玩乐时，要沉浸式地玩乐。不要工作时想着休息和玩乐，休息和玩乐时又想着工作，这样既没工作好，又没休息好和玩乐好。工作和玩乐的边界划分清楚，这件事和那件事的边界划分清楚；事和情的边界划分清楚，效率就会大大提高。

提高效率，还要充分利用碎片化的时间。我习惯在电梯里找出车钥匙，打开手机音乐和地图导航；在走路时打电话；我还习惯下班回家后，坐在车上把今天要打未打的电话打了，今天要发未发的信息发了。回到家后，就尽量不再想工作上的事情，留下完整的时间看书写文章。我打电话时，在没通话前，喜欢用免提，这样我可以在电话接通前，继续做事。我喜欢听歌，这几年没有时间专门用来听歌，所以一上车，就同步放音乐。我还喜欢欣赏蓝天白云看美景，这几年没有时间专门看它们，就在车上看、路上看。更不用说外出时，身上随时带着书，等车等人时看几行几页。

前面几点是从工作品质方面提高效率。真正提高效率，还要提高工作技能。每项工作都有基本技能，文员整理资料、接打电话都是一项技能活。有人打电话从前到后，表达清楚，根据与对方通话的情况，及时调整通话内容和语气，从而提高了通话效果。而有的人表达不清，越说让人越糊涂，这样效果就差。现在办公室都是信息化操作，打字速度快，能熟练使用快捷键，就能提高工作效率。工作技能的提高，来源于学习与思考，一件事反复琢磨反复做，熟了自然就巧了。

除了以上这些方法外，舍得投入时间也很重要。我一般早上先工作一个到一个半小时，晚上工作或学习五小时左右，这两个时间段，很少被打扰，工作效率非常高，这就相当于一天的时间；周末大部分时候都在工作和学习，再加上平时的合理安排时间，差不多相当于一周的工作时间。这样一周差不多可以做两到三周的工作。当然也有不好的方面，那就是早餐和晚餐太随便了，早餐吃馒头或玉米，在红灯底下吃，或在电脑前边工作边吃，很多时候就忘记了吃。晚餐再吃一个馒头或一碗剩饭剩菜，用微波炉加热。

工作中，有人没有很多事，却很忙很乱；有人有很多事，却很从容淡定。表面看是工作效率问题，其实是工作品质和工作能力问题。工作品质方面不拖拉、不抱怨，思路清晰、有条不紊、专心致志地做事；工作能力方面不断学习与思考，提高工作技能，工作效率自然就上来了。

不久前我对一位刚刚退休的大学教授同时是一位创业者说，过了50岁的人，想做一点事，你得有年轻人三倍的效率，因为你没有时间了。以此自勉。

2019年8月5日

坚持自己

坚持自己是特别难的一件事。

首先要有自己可坚持。

就是说自己要有思想，要很有思想，并且有很坚定的思想，不受外界影响。

有人谈项目，他一会儿说要做电梯监控平台的开发，一会儿又要做环保项目，过段时间他又在做农产品。他自己到底能做什么、适合做什么，他没有弄明白，所以就没有自己可以坚持。

我看到好几位年轻人，年年起来开新公司，做新项目，没有一个项目真正落地做起来了。这种人看起来有自己，有想法，其实没有。自己只有一个，想法在一个阶段也只有一个。

有想法、有思想、有方向、有发展路径，坚持自己也很不容易。人是社会人，除了要注重自己的感受外，还要符合社会期望。父母对你有期望、朋友对你有期望、领导对你有期望、同事对你有期望、孩子对你有期望、周围的人对你也有期望。你不能离他们期望太远，否则就会失去社会支持系统，那样，日子也不好过。比如，我们在工作单位，必须遵守各项规章制度，必须完成考核任务，一点也不能打折扣，否则后果很严重。

另外，有许多诱惑不知不觉地影响你，有时还会强烈地扰乱你，使你迷失自己。你想考从业资格证，晚上一坐下来看书，朋友找你聊天打游戏，弄得你心神不宁；你想考专升本，室友拖着你和他一起玩，让你无心学习。我们班就有这样的情况，很想读专升本的同学，因为室友都不想考，总是拖着他玩，导致他没考上，差了几分，很遗憾。你本来决定安安心心地种苹果，结果你的同学、你的邻居、你的朋友，都在种梨，并且他们挣了很多钱，你的家人也督促你种梨，你还能坚持自己吗？事实上很多人都跟风了。这种情况，只能说自己不够坚定，对自己没有充分的认识和信心，很容易被别人带偏。

少年时，我们看《西游记》，很喜欢孙悟空，觉得他聪明有本事，看不起唐僧，觉得他除了念经念咒，没有什么本事，还总要人保护；中年时，唐僧形象在我们心中高大起来了，因为他意志坚定、坚守信念，没有他，孙悟空只不过是一只没有理想、没有目标、在山间戏耍的野山猴。唐僧是团队里最能坚持自己的人，所以，他能带领大家走到西天，取到真经。

坚持自己，不是什么都要依着自己，任着自己的性子来。坚持自己，是坚持理想、坚持信念、坚持原则、坚持方向、坚持判断、坚持不懈地努力。要坚持这些，要对自己很了解，知道自己是谁，想要什么，怎样去达成。也就是说目标明确、思路清晰、路径明了、高度自律、绝对坚韧。

在工作中，很多时候都必须服从组织安排，自己可灵活掌握的空间很小。比如在学校，什么时候开会、什么时候上课、考核标准的制定，都不是你决定的，你必须服从。但是课程的设计、教学内容的选取、与学生的交流互动、研究方向的确定，你有很大的自主权，可以坚持自己的教育理念。上课时学什么，由老师决定，不是学生决定。但是，怎么学、学到什么程度却是学生自己掌控的。特别是课后的自学，完全由学生自己来决定和坚持。你要考证券从业资格证，就坚持这方面的学习与备考。不要看到室友考出了期货从业资格证，就觉得期货从业资格证容易考，证券从业资格证难考，改为去考期货从业资格证。你喜欢打篮球，不要因为朋友喜欢足球，你就放弃篮球，和朋友一起玩足球。

每一个人都只有服从大局，才能更好地坚持自己。不要企图破坏规则，否则，还没坚持自己，就把各方面弄得一团糟，领导找你谈话，老师找你谈心，同事觉得你不入主流，同学看不起你，那样的日子一点都不好过。

我常想，人生中用70%的时间来应对日常工作和生活，无论多忙多累，也要用30%的时间坚持做自己想做的事、感兴趣的事、有助于终身成长的事。

坚持自己，分三步走。第一步，发现自己、认识自己；第二步，树立目标、明确方向；第三步，路径清晰、坚定不移。

我不知道自己未来会发展成什么样的，退休后的发展方向也没有确定，但是有一点很明确，那就是我要积极向上，不断超越过去。所以，无论多么忙多么累，我坚持学习，坚持看书，坚持做真实的自己，坚持做向优秀靠近的自己。

坚持自己，不是说，自己都是正确的，什么都由自己做主。坚持自己，是在遵守法律法规、制度和规则基础上，坚定选定的方向和目标、坚定理想、坚定初心、坚定态度、坚忍向前、坚持向上。

2021年9月7日

也说管理

最近谈论管理、思考管理特别多。管理不只是单位的事，家庭也一样，理顺关系是管理第一要务。

我亲眼看到很多企业走过了生存期，熬过了前半成长期，后来就不行了。不行的原因千万种，无一例外，管理是最主要的。无论技术、市场多么强大，没有一个强大的管理团队，没有一个管理团队中的灵魂人物、几个核心成员，可以一时做大，却不能持续做强。企业踩在风口浪尖上也许有可能很快做大，但也可能很快滑下去，做强才能基业长青。一些很好的项目没有发展好，不是技术问题，不是市场问题，而是管理问题。

一些创业人说，现在企业活下来最重要，首先要思考的是产品和市场，管理等活过来了再说。

我不赞成企业做大了，再做管理。因为技术可以站在别人肩膀上，做市场的也不乏天才，管理却是从0开始做起，从0到1，从1到2，从2到3，从3到4……从7到8，从8到9，一步一个脚印，十步一个台阶，不能越级，越级风险很大。一定得有一个很长的积累沉淀过程，没有捷径可走。

有人就会反驳，沃尔玛、华为、京东……创业之初都没有管理，可是我发现他们基因里就有管理思想，创始人骨子里就很重视管理。比如沃尔玛，从第一家门店时起，对选址的战略定位、对细节无以复加的重视、对成本无出其右的控制，就是管理；大多数商贸企业不重视技术，华为从卖交换机开始，同步发展技术，并且华为一开始就以客户为中心，以奋斗者为本的思想就是管理。任正非也说华为是一家管理型公司，不是技术型公司。公司再小，管理意识和管理规则要有，管理团队要建设，管理思想和理念要逐渐形成。

不重视管理，是企业一大问题，如果把这个问题解决了，很多企业一定能发展壮大，这也是应对国际竞争最有力的武器。可是，现实中很多人不重视管理，也不懂管理。因为管理润物细无声，不能马上看到业绩；因为管理需要从零做起，我们没有耐心，我们太想快速成长，占领市场；因为管理需要有全面的智慧和能力，我们却更重视专技；因为管理需要精心用心专心细心审慎，要一点一滴地积累，而我们更喜欢听高大上的故事，更喜欢看宏大壮阔的画景。规范管理前面会很累，建章立制不容易，我培养团队、培养学生，对此深有感触。管理做的不是丰功伟绩，不是报表，而是精准定位、顶层设计、宏观构架、整合资源、梳理关系、不厌其烦的规范、入心入骨的细节。

企业从外面招进技术怪才和商务天才，他们可以马上发挥作用。但是，若管理人才从天而降，多半水土不服。管理属于思想层面和文化层面的范畴，创业公司的管理人员要跟随公司一起成长才能培养出来。管理方面水土不服，基因不能传承，也是企业不能百年的根本原因。

管理会让企业降本提效，会让企业具有抗拒风险的能力。当管理规范，形成了核心价值观与企业文化后，管理会让企业实现快速腾飞，自我复制能力超强，吸纳外界各种资源能力超强，甚至引进核心管理人员都没有问题。因为这时的管理从某种程度上，可以做到无为而治，管理让企业像大海一样，纳百川、腾大浪、行巨船、驶远方。

管理的重点不是在管，在理。一些人很容易把管理当作管，以为有了职位、有了身份，就有了管理能力，就可以把企业管好。其实管理重心在“理”，总理、经理这些职位称谓也说明了理在管理中的重要性。理有多种含义，第一，是指道理，即事物发展的规律，也就是说管理要尊重常识，尊重人性，遵循社会和事物的发展规律；第二，是指清理，革除清退制约因素，即做加法前先做减法；第三，是指梳理，即盘点现有和潜在的各种资源；第四，是指理顺，厘清上下内外所有关系；第五，是指治理，即制度建设、文化建设、组织建设、执行、协同、监督、绩效，最后闭环。管，要有思想和信念；理，要有思路和实践。这二者融合，才能真正做好管理。

做管理，要着眼于当下，做实当下每一件事，总结每一件事的发展规律和企业发展规律，并且在这个过程中，掌握人性的规律、自然的规律与社会的规律，总结出做人做事的道理；做管理，要着眼于未来，看到企业未来长远的发展，这样才会让企业有发展方向和愿景，才不会被短期利益和诱惑带离航向和目标。不被眼前的诱惑所迷失更重要，坚守初心、坚持方向、坚韧过程，是每一位团队管理者必备的基本素质。

最后，管理并不难，多想客户、多想团队、多想合作伙伴、多想大家，把自己放低一点，必能尊重常识，尊重人性，必定扎根于未来；把自己放到最后一排，必定能看到全局。

2023年3月3日

直面苦难

很多中年人感叹生活不易，初入50岁，我的压力一下子也增大了。妈妈患病，工作压力增大，更年期带来的身体不适，这段时间睡眠质量下降，不再一夜睡到自然醒来。上半年貌似很不容易。

说句没心没肺的话，恰恰是事情最多、最让人苦恼的上半年，是我这几年中过得最幸福的半年。

是的，妈妈患了人人耸听的癌症，特别是结束第5次化疗后，她坚决不再去化疗，说实在太痛苦，受不了。每每她这样说，我那天晚上就睡不好。但很快我就暗示自己，妈妈的病是暂时的，好了以后，她就懂得享受人生了。她学会享受人生，那正是我想要的。她那么有个性，如果不是病魔让她受苦受痛，她是不会改变自己的。如果她真的改变了自己，在以后的岁月里，做一个懂得珍爱自己的女人，那现在的苦难也就没有白受。

工作中再大的困难，都不会强烈地影响我的心情，相反，还偶尔会让我兴奋。我平时很被动很懒，遇到困难时我的大脑转得飞快，行动也很迅速，执行力很强。所以，我内心并不拒绝工作的困难，不逃避不回避。事情来了，当时有些烦，但是更多的是去解决问题。事后想起来，我有一种直面困难、拥抱困难的勇气。促使我进步，让我成长的从来都不是我自己要的，而是外力推动的，因为我个人比较被动和偷懒。正是因为环境和外力的推动，才有了我今天的一点点成绩。

以前，我写过一篇短诗：

人生自半百始

错过花期，见过花开
听过风声，淋过小雨
青春不再，青春永在
进可飞，傲视苍天
退可守，心灵小屋

小诗写得轻松惬意。人生可没有这么轻松，但是我们仍然可以过得很轻松。今年上半年，我面临那么多事，仍然上车就听歌，一个人时就喜欢哼歌，没有一天停止过；从来没有停止过仰望蓝天、凝视白云和星星；从来没有在匆匆的行车中，忽略眼前的一只小鸟、一位清洁工和花工。以前，我说眼中有景、耳边有歌、手中有事、脚下有路、心中有爱，就会幸福。通过这两年的经历，我再补充一点：要有勇气直面人生的一切艰难。把人生中遇到的难事、苦事和伤痛，当作是早餐、中餐和晚宴一样去品尝。

这篇文章的标题是直面苦难，我的经历远远称不上苦难，只能算是有了一点点艰难。以后的日子不会比现在更轻松，但是，我想除了勇于面对外，没有任何选择。人的眼睛向前，脚指头向前，怎么也不会向后倒退着走。即使要倒退走，后面也没有路。你一走过，后面的路就自动封死了，不是被别人封死，而是你自己。你心里始终迈不过倒退着走的这道坎，你后面也没有眼睛，所以，倒退着走比前进更艰难。因此，尽管上坡艰难，人人还是都想往上爬；高处不胜寒，人人还是想站在高处。谁也不想一直在峡谷里行船放歌，哪怕峡谷里风平浪静。这是生命的本质：向前向上，永不退却和气馁。

没有经历苦痛的人，不会懂得人生，也不懂得理解和包容别人。在困难和痛苦中苦苦挣扎的过程，是一种历练，是一种成长。俄国作家、戏剧家契诃夫说：“困难与折磨对于人来说，是一把打向坯料的锤，打掉的应是脆弱的铁屑，锻成的将是锋利的钢刀。”德国作曲家贝多芬说：“苦难是人生的老师，通过苦难，走向欢乐。”苦难来时，熬的时候都特别艰难，熬过以后，春暖花开，春光灿烂，真的就像种子爬出了黑暗的地下，发芽了开花了一样。尽管花开只一瞬，但是这一瞬美得让人惊艳，让人永生不忘。在以后黑暗的日子里，它一直闪耀着美丽的光芒，鼓舞和指引你继续去攀高探险挑战自己。

德国哲学家、思想家尼采说：“极度的痛苦才是精神的最后解放者，唯有此种痛苦，才强迫我们大彻大悟。”我们在痛苦中检省自己、在磨砺中读懂人性、在苦难中看清社会、在挣扎中认识世界的本质。正如古罗马政治家、哲学家、悲剧作家塞涅卡所言：“没有谁比从未遇到过不幸的人更加不幸，因为他从未有机会检验自己的能力。”有谁处于平静中能够剖析自己的内心世界？有谁处于安逸中能够发出人性的拷问？

随着阅历的增长，随着对痛苦的领悟，在人生的山峰上站得越来越高，胸襟就会越来越开阔、豁达、包容和洒脱。人生之美，就在于一路奔波中，哪怕跌倒了，都不忘看身边美景；人性之美，就在于战胜苦难的过程中，不断超越自己，优秀于过去的自己。

年轻的我，不满意现状时，就跑，跑得可快了；现在的我，开始学会坚守和忍耐。

这就是成长吧。

2019年6月18日

痛则思变

我写这篇文章不合适，因为我怕痛，不是一般地怕，每次体检抽血，护士都要说放松，放松！怕痛，讳疾忌医，是我的一大弱点，这与小时候多病有很大关系。

可是，我头脑里经常冒出“痛则思变”这个词，中国有句古话叫“穷则变，变则通，通则久。”穷是痛的一种，我将这句古话延伸为痛则思变。

每每听到有人抱怨工作、爱人和孩子时，我就想：为什么不改变自己呢？我发现，无论是谁，在抱怨别人时，自己都有过错，甚至是主要过错方。比如一些女人总是抱怨男人不体谅她，但是，从对她的了解来看，她不需要别人体谅，她什么事都会做，都做得比男人好；男人做什么，她都不满意，男人当然就什么都不做了。不仅如此，男人心里还有气，因为他在她面前没有存在感和价值感。而她整天忙个不停，累得不行，所以多半付出女成了控制女和怨妇。遗憾的是她不改变自己，只想改变他。

改变自己难，改变别人更难，而改变环境呢，则是难上加难，你得在所在环境中有话语权。而你想拥有话语权，就得改变自己，先适应环境，一旦适应了该环境，有了该环境的话语权，你也就不想改变该环境了，你原来的痛苦已经不存在了，因为你已经改变了自己。所以，如果一件事让你痛不堪言，唯一的做法就是改变自己。

改变自己，会很痛，而人是怕痛的。所以，许多人都想改变别人，不想改变自己。因为改变自己，意味着首先要否定自己。出于本能，人都不愿意否定自己，否定自己意味着对自己不满意。而人的本性是求认同的，求别人认同自己、社会认同自己、自己认同自己。

在一个让你痛苦的环境里待久了，就麻木了，没有激情了，温水煮青蛙似的，灵性慢慢地也被消耗掉了。别等着通过身边人的改变，你的生活条件得以改善；别等着通过社会环境的改善，你坐收渔翁之利。瑞士心理学家卡尔·古斯塔夫·荣格说："你连想改变别人的念头，都不要有。"改变别人是不可能的，没有一个人因为别人的要求而改变自己。

长痛不如短痛。当一件事让你痛苦不堪时，马上实施行动。当然不是说，不想学习就退学，工作环境不如意就马上离职，爱人不满意就马上换爱人，而是反思自己，改变自己的问题，更多的时候是改变自己的认知，虚心地接受现实，勇敢地面对困境，而不是逃避、抱怨。最近10年来，我在育人方面倾注了大量的时间和心血，也是因为学生的各种问题令我痛苦，促使我想走近他们、了解他们、帮助他们、引导他们。在教化他们的过程中，我不断反思自己，也获得了成长。

在工作与生活中我都有过深深的体验，我改变了一点点，周围的人马上变得友善起来，周围的环境马上变得美好起来。凡事找自己的问题，改变自己，才能取得快速的成效。

几乎所有的人都说母亲生孩子痛苦，甚至因为母亲承受了如此大的痛苦，便觉着母亲伟大。我一直在想，胎儿出生时，应该承受着比母亲更大的痛苦，你看他（她）的头都被挤压变形了，他（她）来到人间的第一件事，便是大哭。人面对死亡时，也承受着巨大的痛苦。所以，人生而痛苦，死而痛苦。注定了这一生要遭遇、承受许多痛苦，不管怕不怕痛，痛永远都在那里，逃避不了。只不过，痛的感觉不一样，一种痛中基本上没有欢，那就是温水煮青蛙式的；一种痛中有欢，是在追求极致人生过程中承受的孤独之痛、挫败之痛，这种痛像饮苦咖啡，苦中有香甜；像饮烈性酒，进口苦，却让全身热血沸腾。后一种痛，是成长之必须。曾经的痛苦，经过双手的改造，心灵的洗涤，最后都成为欢乐之源。我想人生不会有比出生时刻及面对死亡时更大的痛苦了。既然人一出生就承受了难言的剧痛，人生中的磕磕绊绊、起起伏伏，又算得了什么呢？

痛不可避免，也无须逃避。可是现实中，很多人面对痛苦，选择的就是逃避，逃避是保护自己的本能。只是人生路注定要向前走，逃得了一时，逃不了一世。正如歌曲“人生没有回头路”所唱：“自己选的路就不要怕苦，现在退出也没有回头路，如果不能哭就假装幸福，任凭这世界无情的摆布，我从不怕孤独从不认输……默默承受着寒风刺痛骨……”

痛苦来时，我们很容易将带来痛苦的因素归因于外界，而不是自省。其实痛苦多来源于自己对环境、对关系、对现状的认知。当你感觉到痛苦时，说明你内心有要求要你改变自己，这是成长的信号，就像疾病表现出来的信号一样，你要给自己找症状、做手术。所以痛苦来袭，不要怨天尤人，静下来，多反思、多检讨，多想想怎么改变自己，完善自己。

人生之短暂，总不至于一辈子要痛苦地囿于某一种环境或依附于某一个人；天地之广阔，总不至于找不到自己想要的环境和爱人；人类是这么的充满灵性，总不至于让痛苦牵着鼻子走，或者做痛苦的囚。既然人生无法避免痛苦，就不要让痛苦主宰我们，要痛，也要自己去找痛，为追求自己想要的生活、想要的人生而痛，才痛有所值。

2017 年 4 月 12 日

简单的力量

我的好朋友们总是说我："你这么笨，真不知道是怎么当教授的？""你这么笨，我真不好意思说，你是我的朋友。""你这开车的技术……""他的这句话，你也能信啊？"

她们说的没错，我真的很笨。她们热烈讨论的事情，我总是一脸的茫然，不知道她们在说什么；平时活动，她们说去哪儿，我就去哪儿；她们说吃什么，我就吃什么；她们说怎么玩，我就跟着怎么玩。在群体中，我从来都是最没有主意的一个，最依赖她们的一个，最不受关注的那一个。别人说什么，我都信，我听不出别人话中的弦外之音，也没有这个心思去猜别人没有说出的那些话，更主要的是我没有觉得别人话中有话。

为什么我能做成一点事，就是因为我头脑很简单，心思很简单，生活很简单，人际关系很简单。我怕复杂，一复杂，我就觉得累，想逃。

人的精力有限，不能把有限的精力分散各处。一天的时间就只有那么多，如果老乡的酒桌上分一点、同事的闲谈上分一点、邻居的家事琐碎上分一点、各种八卦新闻上分一点，就没有时间和精力做事了。

我喜欢看伟人名人传记，发现一个规律：他们普遍很有思想，知识博大精深，但是他们的心思都很简单，即使工作中有许多艰难曲折，他们都有化繁为简的力量。一些残疾人，生活都不能自理，却在专业领域登峰造极，无出其右。贝多芬失聪，听不到自己的钢琴曲，就用心去创作；霍金不能用手脚改造世界，就用大脑去思考宇宙。他们的成功，我猜想一部分原因就是因为他们的现实世界很小，生活简单，干扰少，以致他们可以全心全意地钻研自己的领域。

我总认为，人来自自然，要始终保持一份自然的天真；自然的力量最强大，哪怕是一株小草，为了存活下去，也要历尽四季轮回、昼夜交替、风雨沧桑。人一旦失去天真，就缺乏自然的力量，无论他多么努力，天花板就在他的头顶。

我常对学生说，网上有一些人，无论别人说什么，他都能长篇大论地解读；无论别人做什么，他都能找理由说这不行那不可以。要命的是，他们总是曲解别人、抹黑别人，把人性说得很复杂很阴暗。这些人我们要远离，因为他们心思不纯，人不光明。

更多的人把自己沦陷在生活琐碎中。生活与工作本来就琐碎，工作结束后，他们还要不断地谈论这些琐碎。

就在我写这篇文章时，一位朋友和我说起昨天的聊天感想。昨天有三个人来和我聊天，其中一位和我谈了4个项目，每一个项目他都说是NO.1，还说这只是小武器，更多更重磅的在后面。如果你说想在宁波落地一个项目，我信；你说一下子要落地4个项目，而这4个项目之间毫无相关性，姑且不说项目的可行性，就拿时间和精力来说，你熬得出来吗？我相信好的商业模式一定是这个行业最简单的商业模式；一个时间段能做成的项目只有一个。越多越乱，越乱越复杂，越复杂越没有可能做好。

很多人问我公司架构，有人总想把所有产品、服务和商贸弄到一个公司。我就问，你这家公司到底是商贸公司，还是制造型公司，抑或是服务型公司?

公司架构越简单，越干净；越干净，越规范；越规范，越能走远。

人也是这样，越简单，越专注；越专注，越有力量。

“双11”商家搞各种各样的活动。一个商场“双11”期间，满减的活动弄得很复杂，需要拼凑，连我会计专业的好朋友都说，这种算法令人头痛，所以，他们的活动效果不好，没有多少人购买。另一个在奥特莱斯的品牌，选择直接折扣，超级火爆，朋友圈都刷屏了。商业模式太复杂，别人不能一眼看懂，怕你给他下套，就不敢下单。还有，现在的人都很累，也怕复杂，不想为了买一件衣服和一瓶化妆品，这么费神地算来算去，凑来凑去。你要打折扣，明明白白地让利，消费者轻轻松松地消费，效果最好。

物也是这样。你看，千年银杏树上除了银杏叶、银杏果外，还有百合的叶子、盛开的玫瑰花吗？都没有，它们就只长一种叶子，只开一种花，只结一种果。所以，它们能傲立于天地之间，生长千年不倒不枯。所有经典的设计、服装、艺术品，都以简单的形式呈现在世人面前，因为简单最接近自然，简单有穿透时空的力量，简单能打动人心，引起人的共鸣。

大千世界复杂多样多变，但是底层逻辑极其简单。植物的生长只需要土壤、阳光和水。人类也是基于底层逻辑超级简单的原理，进行了伟大创造，发明了只有黑和白的围棋，在此基础上，演绎成千变万化的棋局；发明了以0和1组成的二进制代码，进行程序开发，生成日新月异的软件。

我常听别人讲故事。有人讲一件事，他能得到什么，这样那样的得到。有时，我感觉他要的太多了，既想得名、又想得利，把自己方方面面的好处都想到。我不认为有这样的一件事，既让你获得快速成长，还让你得到各种好处。有时，别人来问我，什么事应该怎么做。我就会说，你最想要的是什么，其他的都不要想了。简单点，就知道怎么做了。

做人没有必要那么复杂，事实上也没有那么复杂；你简单，别人就简单；你简单，事情就简单；你简单，生活就简单；你简单，工作就简单；你简单，社会就简单；你简单，世界就简单。反之，你复杂，所有的都复杂，你就被湮没在复杂的红尘杂事中。

不要道听途说，不要陷进是非之争，不要掉进泥潭，这些都很消耗人的精力和心气。简单就是通透，简单就是力量。简单做人、踏实做事。

2021年5月7日

这就是成长

书柜上放了两层书，把书架压弯了。换挡板后，断断续续地用了一个星期重新整理书柜，将所有的书进行分类摆放。发现书的数量最多的是诗歌、小说，然后是心理学、教育学和人物传记，这三者数量相当，其他的书都不多。买书看书的过程是心路成长的历程，诗歌和小说，让你逃离现实世界，躲藏到文学里，在那里寻求身份的认同、内心的宁静；心理学、教育学和人物传记的书让你学习解决问题、寻找人生的意义、获得幸福人生。

一个多月前我做了一个手术。看医生、检查、确定是否做手术、确定在哪家医院由哪位医生做、办理入院出院手续都是我一个人独立完成。手术前一天晚上，住院最后一天晚上，都是我一个人在医院。手术前后我非常淡定。我先生对所有来看望我的人说，我很坚强和勇敢，表现出色。我对自己的表现也很满意。

在很多人看来，这很正常，没什么了不起，对我却是一个非常大的进步。因为我出生后体弱多病，长大后讳疾忌医，痛觉神经极其敏感。以前吃一粒感冒药，要放两杯水，因为吞不下去；感冒发烧，一定得让先生陪着去医院。更夸张的是有一次牙痛，急着去医院，走到医院门口，牙竟然不痛了。即使在前年，去看牙医，我的心脏跳得让医生都感觉到了，胸部真是波澜起伏、跌宕不已。

这就是成长！

不止一位朋友说，想起我，眼前马上浮现出向日葵的景象，我就像向日葵般灿烂。其实，这只是我的一面，就像地球上的白天；我的另一面却很多愁善感、敏感纠结。我的家族有多愁善感的基因，我奶奶是这样，我母亲也是这样，我小时候的成长环境挺孤独的。

很多人说我工作和生活有激情，他们被我感染。其实每次出门前，我都很不情愿，到现在为止，我都喜欢宅在家里，在自己的情绪小世界里沉浮。

每次遇到困难、遇到烦恼，我第一感觉就是懊恼、沮丧、想逃；消化负面情绪后，才会去解决问题。每一次解决问题后的那种痛快，没有持续多久，就忘了。下次烦恼和痛苦来袭时，我依然要纠结。只是纠结的时间越来越短，解决问题的态度越来越积极，因为已经明白没有地方可逃可避，只有一往无前。

到现在，我最喜欢的事还是睡懒觉赖床，在睡不够这方面，我有童年创伤。小时候我母亲早早起床开早战，就把我拖起来做家务。但是现在即使是住院做手术后，我都保持每天晚上睡7小时的习惯。休养的这一个月和平时最大的区别就是早上睡到自然醒来。尽管是8年来养成的习惯，如果闹钟叫醒我，我依然要很痛苦地挣扎着起来，就如今天早上，闹钟响了N次，我才爬起来。

在住院和休养期间，只有手术后的第一天我没有学习，其余每天都在学习，大部分时候一天学习十几个小时；也只是没有出门工作，线上工作一点没落下。做到这一点，也是成长后的认知发生了改变：闲一天，时间过得慢，空虚感会来扰；忙一天，时间过得快，没时间烦恼。

前天，一位朋友酒后讲述前年经历的创业艰难，眼圈都红了。这多年，见证了许多创业者的艰难困苦，有的创业者卖掉大房子，换掉小房子，然后租住两室一厅，再到租住一室；有的创业者投了所有钱后，从激情飞扬到垂下了不屈的头颅；有陷入困顿的企业家，重新崛起；有曾经风光无限的企业家一无所有后，选择再出发……我自己也从困难来时束手无策，风暴来袭时首先想逃，到现在学会了先做深呼吸。我以前经常幻想有一种方法，把我冰冻起来，让问题自然解决后，让年终考核结束后，我再醒来。现在我不再做这样的幻想。

正如歌词所唱“我来人间一趟本想光芒万丈，谁知世人模样只为碎银几两；我来人间一趟历尽风雨沧桑，无意打碎夕阳却被劝返天堂。”歌词描写了人生的愿景与现实的背离，自始至终都有一种悲伤、悲凉。然而，这首歌只道了人生的一面，另一面却是历经风雨沧桑后的彩虹突现；打碎夕阳后接着迎来的是璀璨的星空和宁静的夜晚。

前几天，我在朋友圈发了一首小诗“如果有来生”，我的一位小姐妹问我，如果有来生，你到底做什么？众生皆苦，只能继续做人，没有选择。

不久前，官方公布了2023年出生人数，出生率连年大幅下降，让我十分忧虑。在社会竞争加剧的背景下，在网络推波助澜下，许多年轻人选择不恋爱不结婚不生孩子，以为个人生活很自由洒脱，以为婚姻是羁绊孩子是麻烦。可是不恋爱不结婚不生孩子，也有烦恼也有痛苦更有孤独，人生最怕的却是孤独。尝试着去爱去拥抱新生命，累后苦后痛后将是无比丰盈的内心、无比广阔的心胸和不可摧残的意志，这种感觉妙不可言。年轻人试试吧。

曾经我说，生孩子和把汽车开上路，对我是伟大的壮举，因为我是那么怕痛，那么没有安全感。我曾经如此地怕麻烦，没有耐心，30年深入各种学生中间，硬是把我的角磨圆了，把个性磨软了，在育人过程中，我最大的收获就是变得有耐性、坚韧了许多。十多年的企业经历，长期做乙方的痛苦体验，更是让我这个任性、倔强、活在自己世界的农家女生，长大了一些，不能说直面人生一切，最少在短暂的纠结后，马上去寻求解决之道；最少在苦闷烦恼后，马上去转换思维，以另一个视角重新剖析这件事、重新审视自己。

成长的过程是痛的，结果是甜的，正如树上的果实，没有树根在暗地里的挣扎、没有树干在风雨中的坚挺、没有枝叶适时的舒展与飘落、没有美丽的智慧的鲜花对蜜蜂蝴蝶的招引，就没有果实的香甜。

我希冀我的经验，对年轻人有所启示。

2024 年 2 月 2 日

活着的意义

今年杂七杂八操心事太多了。九月，望着镜中憔悴衰老的自己，把工作和学习节奏放慢了一些，节奏一慢，就迷茫，就想着之前那么努力地拼搏，有什么意义呢？

那两个星期，我请教了三位朋友，一位教育界的哲学通，一位大学者，一位大起大落再崛起的企业成功人士。我问他们对于生与死的看法，问他们活着的意义。他们都说，在高中及大学时期，已经完成了三问的追问与思考，现在再也不想这个问题了，顺其自然。大学者和企业人士还说我是18岁，是中学生心态。

工作节奏仅仅慢了两周，迷茫了两周后，我心里说："去你的，该怎么活就怎么活。"随即我又恢复了以前紧张的工作和生活状态。

一忙起来，生命的意义又找到了，那就是爱与奋斗。

唯有爱，才能让人幸福，让生命生生不息。爱是幸福的源泉与动力，没有爱，人可能有一时的快乐，却不会时时有甜甜的甘泉流淌全身；没有爱，人可能有成就感，满足感，却不会有身心和谐的平和感、宁静感；没有爱，人可能有一时的辉煌，却不会永恒。爱是奋斗的意义，存在的意义。人类历经各种苦难，遭受无数次浩劫，至今仍然生生不息，蓬蓬勃勃，正是因为有无数条爱的大江滋养着无数疲惫的心，正是因为有无数条爱的大河抚慰着无数受伤的灵魂。

而爱需要在努力拼搏中找到依附，也就是要努力去爱，努力生活以更有能力更有智慧去爱。爱需要学习，努力学习，才会有理性的爱、科学的爱、智慧的爱，否则，爱得越深，可能对自己与爱人伤害越深。我常常感叹："生命的伟大，不是创造了多少社会价值，而是明知生命短暂，明知生命卑微，却像要活得天长地久一般地挣扎、努力，这才是生命的意义。"

罗素在"我为什么活着"一文中说："对爱情的渴望，对知识的追求，对人类苦难不可遏制的同情心，这三种纯洁但无比强烈的激情支配着我的一生。"爱情、求知欲、同情心，这是罗素活着的意义，也是很多人活着的意义。伟人的想法，我们平常人都有；伟人的做法，我们平常人也在做，只是伟人视之为理想与信仰，伟人有强大的内心，有超强的自觉性，有超强的毅力与自律品质，去坚守他的理想，实现他的信仰。如果普通人能有伟人的那种坚定信念、坚韧不拔的毅力与执着精神，也有成为伟人的可能。

恋人说，为爱情而活，为爱人而活，爱情是活着的全部意义，情人是活着的快乐源泉；母亲说，孩子是我活着的全部意义，全部希望；婚姻里的人说，婚姻是我活着的全部意义，全部动力；事业中的人说，事业是我活着的全部意义，全部激情。这都是表象，我们要爱情、要婚姻、要家庭、要孩子、要事业、要工作，都是因为爱情、婚姻、家庭、孩子和事业能助我们完成我们的人生，使我们的人生充实，有价值，有意义。明白这一点很重要，因为我们就知道了，我们是为自己活着。我们要对自己负责。我们生活得好坏，我们开心快乐与否，我们所处的环境，都是自我选择的结果。不会因为生活不快乐，就责怪父母不应该把自己带到这个苦难的世界上；就不会怨恨情人，我这般爱你，你怎么可以这样对我；就不会强求丈夫，我嫁给你，你得对我负责；就不会责罚儿女，我养你多么不容易，你必须什么都听我的；就不会责难领导，没给我发展的机会与平台；就不会指责同事，难以相处。我们会从自身出发，找到问题的根源，找出自己的缺点、弱点和不足。

因为想要一个美好的人生，就会努力地拼搏，认真地去爱，就会希望自己的周围越来越好，进而希望社会越来越好，世界越来越好。因而，也就从小爱走向了大爱。这就是罗素说的“对人类的苦难有着不可遏制的同情心”。我们好，大家都要好；大家都好，我们才会更好。许多人都有这样的体验，帮助别人很快乐，因为帮助别人，体现了我们作为社会人的价值感；为社会作出贡献很幸福，因为在奉献中我们收获了人生的成就感与意义感。

一些人看起来很迷茫很消极很颓废，其实是他有灵性的丰富的灵魂没有依托，没有找到生命的意义。越是有灵性的人，越有一段至暗的时刻。一旦走出来，彻底觉醒后，真正是海阔天空，从此走上金光大道。解决此问题，只有两种办法：全心全意地去爱，不求回报地做一件事。无条件不要回报，但是要理性和智慧，至少要有意识让自己从爱中学习、成长与进步。不问回报，不问结果，爱中自有答案；竭尽全力做一件事，不问为什么，不问结果，过程自会给你答案。

经常有学生问我：“老师，你这么阳光，不会迷茫吧？”一些朋友也对我发出这样的疑问。只要是人，都会有迷茫，只是有人要迷茫很多年，有人只需要很短的时间能调整自己。年轻人迷茫期相对长一些。我年轻时，也曾迷茫过很多年，苦闷过很长时间。熬过那段孤独的迷茫期，挺过那段黑暗的苦闷期后，我觉得天地宽广，人生很美好。

到现在为止，如果节奏放慢，我依然会迷茫。没事的时候，就喜欢胡思乱想、多愁善感，这也是年轻大学生普遍存在的现象。要让自己动起来、忙起来，在动中激情舞起来，绽放青春的光彩；在忙中充实自己，找到生命的意义。

2022年10月20日

快乐需要学习

快乐是什么呢？快乐就是开心，把心打开。把心打开，只是一念的事，比打开一扇门还要容易。的确，及时寻乐式的快乐很容易得到，吃一杯冰激凌、和朋友喝一场热酒、打一场牌等都能满足一时行乐。只是这种快乐来得快，去得也快，一满足就快乐，满足了之后快乐就消失。

难得的是持续的快乐，长久的快乐。

快乐不是与生俱来的天赋，快乐是一种能力，需要历练、学习与培养。

孩子出生后，满足了他的需求，他就会快乐。这种快乐令养育人无比开心、快乐、珍惜。婴儿的这种快乐是他长大以后安全感的保障与源泉。

一旦人长大了，懂事了，明白了世间有酸甜苦辣涩，人有生老病死，就有了烦恼、痛苦、彷徨、郁闷，也就有了伤春悲秋的忧郁、悲天悯人的哀愁、韶华易逝的无奈。这种种不快乐构成了人生的底色。

每一个快乐的人，都曾经历过人生的低谷，都经历过至暗时期，内心都攀登过许多次珠峰，跌进过许多次无底的深渊，翻江倒海过无数次，然后才抵达快乐的彼岸。在这个漫长的过程中，只有孤独、寂寞、苦闷与我们同行，快乐它只在彼岸遥遥地望着我们，有时，它会笑我们的复杂、愚蠢、无知、懦弱、荒诞、不可救药；有时，它会向我们招手，给我们打气，为我们展现美好的画卷。

快乐有密码，找到快乐密码后，就如芝麻开门般，快乐为我们展现一个美妙的世界。

如何找到快乐密码呢？需要外在的阅历，也需要内心的锤炼。没有生活经历的快乐，是肤浅的，不长久的；没有经过内心九九八十一难的艰苦摸索，也到达不了柳暗花明又一村的境地。快乐需要从生活中、劳动中、工作中、学习中去寻找，把自己从茫茫的虚无感中救赎出来，在奋力拼搏中通过找到生命的价值和意义，这就是寻找快乐密码的过程。

有许多人很拼搏很努力，却还是不快乐。我有一位事业成功的朋友，他很有钱却不快乐，我说他："你看透了人性，看透了社会，却没有看淡人生。"没有钱不快乐，可以理解，贫贱夫妻百事哀，缺衣短食的日子不好过；有钱还不快乐，不是挺冤的吗？挣钱其中一个很重要的目的不就是为了让自己快乐吗？可惜有人挣钱越多，越不快乐。这也说明钱与快乐有关，钱与快乐也无关。在满足基本生活需求后，快乐更与思维、认知和心境有关。

也有很多女性很努力工作和生活，却不快乐。她们除了工作就是家务、孩子；除了家务和孩子，就是工作，完全没有自己。所以，她们边劳累边抱怨命运不公，她们那么努力，却没有得到应有的快乐回报。

把生活与工作交融，生活与工作没有边界，难以获得快乐。因为工作基本上让人处于紧张状态，并且在工作中，人们处于从属工作单位的处境中，没有自由，压力很大。如果把工作的角色、身份、状态带入生活中，就会产生矛盾，使生活质量低下。

一味地为工作、为家庭、为孩子付出，没有自己，也不会快乐。因为人要有自己的空间，要有偶尔为自己，仅为自己完全绽放。

另外，要改变思维方式，如果说工作中没有自己选择的空间，现在人们在生活中却有很大的选择空间，你付出是因为你愿意付出；你不付出，也是因为你不想付出。我发现一些女性付出时，总是以牺牲自己的方式付出，而不是出于自愿，所以她会抱怨；不付出，她又会觉得愧疚，感觉对不起丈夫、对不起孩子。正是因为这种愧疚之心，逼迫她不断地要求自己付出，从而不断地抱怨，陷入无限的恶性循环。

快乐其实很简单。对于工作中必须要做的事，尽力做好；对于生活中想做的事，愉快地做；对于生活中不想做的事，不做或少做；对于自己的兴趣爱好，要抽出时间坚定地做；对于自己的一些小向往小愿望，即时满足即时实现；对于工作和生活中的负能量，及时处理及时清洁；夫妻之间要有规则和边界，不要把家务事、孩子的事全做了，自己累有怨言，还挤占了另一方实现价值的空间，产生矛盾。家庭成员要有明确的分工，你做饭他洗碗，他拖地你抹灰，你辅导孩子学习他陪孩子玩。

另外，奉献社会、帮助别人能获得很大的快乐感，“助人为乐”的说法一点也不为过。

快乐是一种情感体验，来源于生活和工作中的点点滴滴，最重要的取决于我们对社会、对工作、对生活、对关系的认知。你觉得周围人都比你努力，就会对他们产生敬畏之乐；你觉得这么多人一路陪着你帮助你，就会对他们产生感恩之乐；你觉得每个人的人生都不容易，就会产生共情之乐；你觉得自己得到比付出多，就会产生知足之乐；你感觉每天进步了一点点，就会产生成长之乐；你时时感受到朋友的温暖，就会产生友情之乐；你觉得和亲人在一起很幸福，就会产生天伦之乐；你觉得世界很美生活很美，就会产生美感之乐；你觉得每一个微小的事物都能感动你，就会产生敏锐的艺术之乐……我们身边能成为快乐元素、快乐源泉的事物特别多，蓝天、白云、飞鸟、花开花落、老人的微笑、孩子的童声、一个善意的眼神、一句温暖的话，每天开车在路上，总有人因为你的变道让着你……保持一颗敏锐的心灵，善于体验一份小惊喜、一份小感动、一份小感恩……将每天无数个小的喜悦、小的愉快、小的感动、小的感恩收藏起来，就汇成了你快乐的心海。

快乐是习得的，培养出来的，不是天生的，得来也是不易的。要努力学习它，要耐心地体验它。同时，要相信自己有能力获得快乐密码，拥有快乐。

找到了快乐密码，不是说，人生从此无忧无虑，只有快乐；人生永远都在痛与欢、苦与乐交替交融中前行，因为体验到了痛，欢才有意义；因为品尝到了苦，乐才会更甜。获得快乐的另一个法宝是敞开心扉，把心完完全全打开，真诚待人，坦荡做人，勇敢面对世上所有的痛与欢，接纳身边所有的苦与乐。

天才艺术家玛丽娅·巴什基尔采娃说："生命如此短暂，要尽可能开怀大笑"。是啊，快乐的一天比不快乐的一天肯定让人向往；快乐的人生比不快乐的人生肯定更有意义与价值。

2023年8月14日

阅历也是学历

也许我是老师的缘故吧，一些企业人士和我聊天时经常说，我的学历不高，我只是中专毕业；我没有学历，就只有高中毕业证书；我就只读了初中……

每次我都说阅历也是学历，阅历就是学历。

我在第三本《育人随笔》中写了两位创业者，一位没钱交高考报名费，没能参加高考，没有毕业证书，却入职华为做了5年的工程师，然后创业，成为汽车行业龙头企业的供应商；一位中专毕业成功创业，成为硕士生导师，宁波领军人才。

我有一位老乡，初中毕业，打工时受伤了，没办法再打工，只能自己创业，他把企业做到了行业第一。他和我谈企业管理、谈家庭教育，都是从哲学层面、道德层面上讲起。

这几天又有好几位创业者对我说，我的学历不高，我没有学历。他们绽放出来的蓬勃生命力，他们拼搏进取、坚忍不拔的精神，他们那种永不服输、洒脱豪迈的气质，堪比世界一流大学的博士头衔。

英雄不问出处，只看你是否还在路上，还在实践，还在学习，还在拼搏，还在进取。

高尔基在《我的大学》一书中描写了他青年时期的生活，他的大学在贫民窟、在码头，没有教室、没有书本、没有同学，也没有围墙，是一所完全开放的社会大学。高尔基说："我虽然出生在下诺夫哥罗德，但精神上使我获得生命，却是在喀山。喀山是我最喜欢的一所‘大学’。”他在劳动过程中，在与一群愚昧、无知、势利、野蛮的农民和底层人士的相处共事过程中，获得了生命的觉醒、精神的洗礼。他特别强调劳动对人的重要性，他认为人的劳动是神圣的，劳动是一切快乐和美好事物的源泉。

学校是集中学习文化知识的好地方。然而，学校的学习有一定的局限性，注重理论知识的学习，实践技能、生活智慧的学习不够。如果在学校读死书，走出社会后，就容易形成僵化刻板的固定思维，这是许多高学历高学位人士在社会上发展得不好的原因之一，克服这一点的最好方法是增强阅历、不断实践。

网络和智能手机的普及，一些学生拿着一部手机，就以为握着了整个世界。除了上课、必要的活动，就窝在寝室里在网络世界里畅游沉浮，不但没有增长知识，还日益颓废，离社会越来越远，成为躺平一族。

我生长在偏僻的小山村，好不容易上了大学，在大学又很封闭被动。毕业后进入了学校，在学校工作的前20年，我的全部世界就是学校和家，在学校更多地限于三尺讲台，在家就是三个人的简单生活。在这么逼窄的世界里成长，我的社会知识、生活技能很差，我却自以为了不起，看不起很多人，因此那时我很任性、倔强、固执、偏激、矫情、傲娇。走向市场后，我看到那么多优秀的人是那么的拼搏、那么的坚韧、那么的向上、那么的成功，还那么的谦卑，我重新认识了自己。最明显的变化就是，以前我先生比我懂事，现在我比他更懂事，因为我经历的东西多了，阅历丰富了，懂人生一些。

所以，阅历真是一个好东西，尽量去折腾自己吧，它一定不会辜负你的。尽管折腾时，有时候很痛，想大吼大叫大骂，但是熬过后，就上了一个台阶、三个台阶，站在山巅不仅眼里看到更多更美更远的风景，更主要是心里容下了整座山，容下了山上山下所有的一切一切。

我经常对学生说，不要认为专科是大学最低层次的学历，自己就是最低层次的人才；不要认为现在到处都是大学生，到处都是比自己高一等的人。高学历中不都是全才，他们也许只是某一个方面、某几个方面比我们强，一定不是所有方面比我们强，我们也有自己的优势。社会是一所开放大学，需要的不只是会读书会考试学习成绩好的人才，它需要各种各样的人才。他会图纸设计，你会造汽车；他会开发软件，你会炼钢；他会写书，你能创业；他会当领导，你会做营销……最重要的是要多看多听多走出去多学习，增长见识，增加阅历，增强历练，主动去了解社会、深入生活，获得社会这所大学的高学历硬学位。

我们也必须认识到，高学历高学位的人在某些方面的确比我们强，他们普遍自律、专注、爱思考、能吃苦、坚韧不屈，所以，才会在高考中获胜。我们和他们比，只差这些品质。如果我们加强这方面的学习与培养，我们就不会比他们差。关键在于把脚迈出去，走出第一步，一直走下去，不管遇到什么困难与挑战，决不退缩，一往无前。

高学历的人才在就业时比我们机会多，首次进入的圈层比我们高，他们走向社会的起跑线可能在我们前面。可是人生路漫漫，100米冲刺般的起点与速度都到不了终点。赢在终点靠的是持续不断的努力、坚忍、学习。十年树木，百年树人，人才的打造不是在学校里完成的，是贯穿在他的人生全过程。

当然，绝不是说学历不重要。如果学历不重要，就不会有这么多人奋发读书。只是说学历代表的是过去，是过去的学习态度、学习品质、学习能力。它不代表未来，未来在我们自己手里。我们在学校，要努力学习，顺利拿到毕业证书。毕业后，就不要再想毕业证书是哪种学历学位，而是从头开始，认真学习、努力工作、勤勉向上，永不屈服于现在、永不气馁于过去、永不放弃于未来。

多折腾吧。马路是国家修的，人生路是自己扑腾出来的。只要青山在，哪怕今年寒冬冻雨成灾、暴雪成殇、冻成冰棍，明年一定山花烂漫、草木葳蕤、生机蓬勃。

2024年2月4日

人生意义源于生命有限

乔布斯说："死亡是生命的最伟大发明。'记住我即将死去'是我一生中遇到的最重要箴言，它帮我做出了生命中重要的选择。"17岁以后，他每天面对镜子问自己："如果今天是生命中的最后一天，你会不会完成你今天想做的事情？"当明白了生命有限后，人就会竭尽全力去实现每一个愿望。因为我们知道，对于浩瀚的宇宙，人死后万事成空，唯有使自己不留遗憾，在世界留下足迹。

只有开始了解到生命的有限，才会思考人生，进而思考社会，形成自己的人生观、价值观和世界观。这时，人才开始走向成熟。

每一个人一生最多只有三万多天的时间，这让人多么悲哀啊。所以在古代，一些人希望研制出一种神药，确保长生不老。现在社会科学发达，人们意识到不可能长生不老，就通过运动健身、营养均衡、医疗保健、心理调适，促进延年益寿。

活着不容易，但贪生是本能，求生的本能是人最基本、最强烈的本能。

对于大多数人来说，就那么几十年，对于少数人来说，就那么一百年。而去掉懵懂无知的幼年和沧桑衰老的老年，生龙活虎的时候也就那么短短的四五十年。当然有人活到八九十岁，仍在努力地工作、有趣地活着。

活着很艰辛，不仅有天灾人祸还有生老病痛，这是为哪般呢？个人对于历史也许有意义，个人对宇宙无意义，实在太渺小空无了。

然而，这就是人生的意义！

一些人认为，生命有限，人生有什么意义呢？不管怎么努力、怎么向上，最终一切归于空无。然而人生的意义正是源于生命的有限！

如果一个人长生不老，他会努力吗？时间有的是，今天没做完，还有明天；今年没做完，还有明年；这十年百年过去了，还有下一个下下一个十年百年。这就是一些年轻人的心态，不急，明天再说；不慌，明年再来，反正有的是时间。

生命之短暂，促使每一个人在有限的时间内尽情地绽放自己；生命之短暂，促使每一个人发挥出最大的潜力，克服一切困难和人性的弱点，完成自己的使命。这是人性的光芒，明知生命短暂，却要去挑战生命中的一切极限，使不可能成为可能，从而为弱小的生命赢得强大的生存动力，为渺小的生命赋予伟大的意义，为短暂的人生留下不朽的光辉。

生命的短暂，也让人类有繁衍下一代的欲望与使命。个人对于宇宙是无意义的，但是，整个人类却是整个宇宙的全部意义。这就促使我们不仅要在有限的生命时间里，让自己过得幸福快乐，活出最漂亮的自己，还要让我们下一代下下一代过得更幸福快乐。我们要为他们树立榜样，要为他们保留自然资源和创造美好的社会环境。

人生有限，我们可以通过自己的努力，将有限的生命放长放远，通过努力增加生命的长度、宽度、深度和高度。伟人们做到了这一点，创造了许多奇迹，创造了美好的世界，为人类作出了巨大的贡献，他们的名字也被历史铭记，被人们传颂、景仰与学习。

我们老了，不在人世了，我们的后代来承继我们的希望，我们的梦想，由他们的生命来接替我们的存在。所以，我们必须在有限之年奋力拼搏，为自己在后辈心中留下印迹而努力；为子孙播下一颗善良、热爱生命的种子而努力。我们不仅要为子孙后代积善积德，还要储光蓄能，让我们的生命延续至永恒。

罗曼·罗兰说："世界上只有一种真正的英雄主义，那就是认清生活的真相后还依然热爱生活"。我常感叹，人类如此地拼搏，仿佛要活一万年一样。一些老人，包括我的父母，仍然在辛勤劳动，仿佛他们会长生不老一样。明知生命有限，却拼足了劲地努力着，这才是人类最伟大之处。

2019年8月17日

读高尔基

再读高尔基的《母亲》这部书时，我热血沸腾，感同身受。作为母亲，我体会到作品中母亲的所有感受，从不理解儿子的信仰和事业、担心儿子的安全，到为了支持儿子，改变自己，改造自己，将儿子的信仰视为自己的信仰，将儿子的事业视为自己的事业。我边读边想：“对，做母亲的就是这样。换作我，也一定会这么做，一定会经历这些曲折的心理和成长，然后坚定地支持儿子，和儿子在一起。”我紧紧地跟随作品中母亲的心理变化、情绪波动、自觉成长、自信成熟而心潮澎湃。

高尔基作品中有太多值得我学习的地方，开放的思想，积极向上、努力学习、热爱生活、热爱劳动人民的品质，深深地感染我、鼓舞我；丰富生动的语言也打动我。

高尔基有很强的洞察力。写海面、海上的雾和天上的云不下几十次，每一次他的描写都像现实中的雾和云一样变幻着。他的每部作品里不下几十个人，这些人的头发、鼻子、胡子、耳朵、肤色、穿着、说话的声音各不相同，大多滑稽、寒酸、粗俗，幽默可笑，但各具个性，反映了时代特征和身份特色。即使同一个人，他会在不同情形下生动描绘出不同的眼神、表情和行为。“外祖母说话好像在用心唱歌，字字句句都像鲜花那样温柔、鲜艳和润泽。”“她微笑的时候，那黑得像黑樱桃的眼珠儿瞪得圆圆的，闪出一种难以形容的快乐光芒。”“外祖母喝了几杯酒后，那一对微微含笑的黑眼睛，在每一个人身上都灌输着使人灵魂发烧的光芒。”“母亲面孔发黑，冷静得像一块铁。”彼得伯伯“像是一个为了逗笑装成老头儿的小孩，他的脸像个筛子，全是由条条纤细的皱皮组成的；皱皮之间，那对眼白发黄、滑稽的机灵的眼睛，像是笼子里黄雀似的骨碌碌乱转。”他的继父钟表匠“油渍渍、肥腻腻的面孔，像在溶化，向四处横流，他一笑，厚嘴唇就岔到右腮，小鼻子也像盘子里的饺子似的滑走了；两只向外支棱着的大耳朵时而和那只好眼的眉毛一起抬高，时而又汇拢到两颊的颧骨上。”他的继祖母“她浑身发绿：绿衫、绿帽、绿脸，甚至眼皮底下那颗黑痣上长的毛也像一丛绿草……”“下唇耷拉着，上唇翻着，满嘴的绿牙。当她谈到上帝，就向天花板翻白眼，聊起家常话，眼睛就垂到腮帮上。她的眉毛像是用麸子做的，又像是一种剪贴……耳朵旁边一对圆骨头滚来滚去，耳朵动弹着，黑痣上的绿毛发也在那又黄又皱、干净得令人生厌的皮肤上晃动着。”写小朋友“眼睛明亮很温和，像教堂长明灯的火光一样。”“在一无所有的脸上，连伤痕都是点缀。”每一个人在他的笔下，都有完整的人格，都是一个个有血有肉的鲜活的生命，体现了高尔基敏锐细致的洞察力和对劳动人民深深的爱。

高尔基幼年丧父，成长过程坎坷辛酸，周围环境黑暗恶劣。童年时，经常挨外祖父的打，邻居孩子也经常打他，通常是“鼻子流血，嘴唇破裂，脸上带着青疙瘩，衣服撕得稀烂，浑身是土”。当学徒总是受人欺负，在所谓的大学里，总是饿着肚子。但他始终有一颗正直、善良、积极向上的心。他说：“快乐大于疼痛和委屈。”他认为回忆野蛮的丑事，值得，因为“这是一种富有生命力的丑恶的真实，它直到今天仍没有被消灭。虽然这些丑事令人作呕，虽然它们窒息我们，把无数美好的灵魂压垮，而俄罗斯人的灵魂依然是那样的健康、年轻，足以征服而且一定能征服它们”。“我们的生活是令人惊奇的，这不仅因为在我们生活中这层充满肮脏坏事的土壤是如此富饶和肥沃，而且还因为从这层土壤里仍然顽强地生长出鲜明、健康、富有创造性的东西，生长着善良人所天生的善良，这些东西唤起我们一种难以磨灭的希望，希望光明的、人道的生活终将复苏。”尽管人们穷困潦倒，但他仍认为祖国富有生命力，能征服一切。

高尔基热爱生活，也热爱劳动。无论年幼当学徒还是后来的工作，也无论什么样的脏活、累活，他都认真负责、勤勤恳恳、一丝不苟，就像对待自己的事业一样。他反复歌颂劳动：“劳动和科学是世界上最伟大的两种力量；没有一种力量能像劳动，即集体、友爱、自由的劳动的力量那样使人成为伟大和聪明的人；劳动使人建立对自己理智力量的信心；劳动是世界上一切欢乐和一切美好事情的源泉；只有人的劳动才是神圣的；天才就是劳动。”

伴随高尔基成长的大多数人是底层劳动人民，但他在每一个阶段每到一个地方，都得到了智者的帮助和引领。他从小身上就有很强的正能量吸引着各类人们，总有人鼓励他坚持自己、保护他不受伤害，把他看作与众不同的人、重视精神层面的人，借书给他看，和他谈思想。“刚到外祖父家里，所有这些都非常有趣，样样都牢牢地吸引着我，每件事情都仿佛有一种宁静的、永无止境的忧愁向心里渗透。”格里戈训导他：“对什么人，都要用正直的眼光看他；一条狗向你扑过来，也要这样，这样它就后退了。”他的精神启蒙导师外祖母对他说：“大人事不要管，大人都变坏了……你应当按孩子的想法生活。”总是打骂他，对他严苛的外祖父对他说：“要学着能够独立生活，不要听别人安排！要实实在在、稳稳当当地生活，可是要坚强地生活！谁的话都可以听听，可是你以为怎么好就怎么做……”老师和神甫都不喜欢他，主教却对他特别关照，送他题字的书，搂着他，鼓励他，表示对他调皮的理解。

高尔基这份对生活、对人民、对祖国的热爱来自他的亲人和周围普通人民。尽管外祖父说话粗鲁，打他毫不手软，但他内心对他充满了关爱，从外祖父帮他建造和美化他的小屋就可以看出这位老人内心深处有着甜蜜的温柔和深深的爱。这些至亲的人给他的爱，在他心里种下了爱的种子，使他能将爱洒向大地，洒向世界。

最喜欢高尔基的一句名言："一个重视精神生活的人，没有嫉妒心，只有好奇心。"正是他注重精神生活，所以在恶劣的成长环境中，始终能乐观豁达、热爱学习、热爱生活、热爱劳动人民、热爱祖国，从而成为了伟大的作家。

2016年2月3日

蔡磊，加油

在京东买了蔡磊的书《相信》。从快递小店拿到书后，在快递小店旁边的包子店，买了3个小包子，便坐在包子店看起来。

蔡磊是京东副总裁，正当他年富力强雄心勃勃时，他被肌萎缩性侧索硬化症，俗称渐冻症缠上了。

书的首页蔡磊说："纵使不敌，也绝不屈服。"再翻一页是："献给每一位努力生活的人。"

俞敏洪在推荐序中说："读完《相信》，我已经泪眼模糊。"看了张定宇、俞敏洪、尹烨、冯仑等人的推荐序后，我已经泪如雨下。

蔡磊的经历、成就及为渐冻症患者作出的努力，我不用在这里重复，上网一搜就能全部搜到。

人生最大的不确定性、不安全感来自人知道自己必有一死，但以什么方式具体哪一天哪一个时刻死去，并不知道，这就给了人生存的希望、活着的勇气。而人一旦知道自己将死，头脑清醒地看着疾病一点点地僵化自己的身体、吞噬自己的行动力，这是多么残酷的现实，这是多么沉重的打击，这是多么悲哀的绝望、绝望的悲哀。这件事放在绝大多数人身上，就完全放弃了。我们选择在能动时、能吃能喝时游山玩水，好好享受人生；不能行动时，尽量不折腾，以免摔伤或猝死。可是，这事遇上蔡磊，他要与命运搏斗，要与死神抗争，他要在绝望中创造希望，用有限的生命把0到1的事做起来、做下去。

蔡磊说："相信相信的力量。不是有希望才去努力，而是因为努力，才看到希望。越努力，就越能看到希望。""虽然我这个故事的结局不一定圆满，但相信未来别人的故事一定会圆满。""我始终相信，每一个绝望的背后都有希望在闪光。"他就是渐冻症患者及其家属的希望之光的光源，也是所有在苦难中挣扎求生、在人生路上逆风而行的人们的精神导师。

求生是本能。蔡磊第一时间采取了寻医问方之路，在八方求医无果后，选择以一己之力推动渐冻症抗冻药物的研发。在他生命倒计时之际，他选择了重新创业，再次出发。推进遗体和组织样本捐赠，搭建最大的肌萎缩侧索硬化病理科研样本库，设立公益基金和慈善信托，推动多条渐冻症药物管线的建立，完成以小时为单位的极速临床招募，开启直播以对"破冰"事业持续支持……

罗曼·罗兰说："世界上只有一种英雄主义，就是看清生活的真相之后依然热爱生活。"这句话被蔡磊用实际行动阐释了其全部的内涵。攻克渐冻症是骑自行车上月球，比登月还难，但是蔡磊相信不可能总会变成可能。他说："哪怕那个终点就在不远处，我也仍愿追寻比生命更长久的事物……我也要行动到底，打光最后一颗'子弹'。""我想我还能够战斗，就用我们的能力和资源去努力，这在我心中是一项伟大的事业。虽然我的身体被'禁锢'住了，但我的头脑和语言能力还在，我希望发挥自己的价值，让大家少走些弯路。"即便面对死神，他也表现出大无畏的英雄主义，与时间赛跑，向死神开炮，决不退缩和躺平，仍然心向光明，把明天握在手中，把希望洒向众多的病人，给他们送去温暖、送去勇气与精神力量。

人都是向死而生的，只是很少有人真正做到向死而生。每一个人都选择了不一样的生活，对死亡也有不一样的态度与认识。有人得过且过、苟且偷生；有人顺其自然、安于天命；有人活得绚烂，死得光荣。蔡磊属于后者。

蔡磊说，我国有2000万罕见病病人，涉及1亿人的幸福安乐，这个庞大的数字，让我心情很沉重。读完这本书后，我在朋友圈中推荐此书："蔡磊的这本书，非常感人。也许天降大任于蔡磊，才让他得了渐冻症吧。希望通过他的推动，能尽快研发出治疗渐冻症的有效药，也希望由此，推动罕见病的治愈。"

上个星期，我写了一篇随笔"永远相信自己"，以此来激励学生，不要因为自己是职院学生，就自暴自弃，而是要永远相信自己，可以战胜自己的所有人性弱点；可以通过自身的努力，改变现状和命运。

今天，看了蔡磊的《相信》后，我更加相信相信的力量。相信自己一定行，相信自己一定能改变眼前困境，相信自己一定能让世界变得更加美好，是深耕在我们心中的信念，是给予我们无穷的勇气，是给予我们无比强大的力量，是支持我们战胜一切困难的意志，是永远值得弘扬的精神。

我没有开通微博，为了时时了解蔡磊的情况，每过几天通过搜索他的微博去关注他及他的研究项目最新动态。希望出现奇迹，他的奇迹、医学界的奇迹、人类的奇迹。

读了蔡磊后，我们平时遇到的那些小伤小痛小苦小累小委屈，算什么呢？读了《相信》后，我们有什么理由不相信自己一定能行，只要我们足够努力，只要我们足够坚忍，只要我们足够勇敢，还有什么是我们不能克服的困难与挑战，还有什么是我们不能面对的未来？

蔡磊的存在是罕见病患者和医学界的福气，他的精神是所有努力生活人的希望。祝福蔡磊！致敬蔡磊！学习蔡磊！相信自己，相信从绝望中看到希望，就能改变命运、改变人类社会！

2023年10月26日

注：2024年5月我班举行了一个小小的毕业仪式，我给每一位同学买了一本蔡磊的《相信》，作为毕业礼物送给他们，希望他们向蔡磊学习：永远相信自己，纵使不敌，也决不放弃努力。

致敬俞敏洪

俞老师是我持续关注的企业家，也是对我影响最大的企业家。新东方的每一件大事，我都会全面了解，跟踪进展，并且还喜欢在朋友圈中发一些评论观点。下面是我在朋友圈中发表的部分看法。

“开车路上，红灯底下，看完‘一个新东方人的自白’，并且看完了该文的全部评论……俞敏洪的人格魅力、高尚品质、教育思想、企业经营理念等都值得学习与借鉴，他的那种全球视野、人格独立、终身学习、社会责任，也是我极其崇敬的。尤其是他对大学生、对年轻人的引领，堪称精神导师。‘双减’政策对新东方影响很大，但是对俞敏洪未尝不是好事。他早就觉得资本的力量影响了他的教育理念和经营理念，让他有些无奈；他也早就在思考如何突破自己，在今年春节期间，他受邀参加一档对企业家一系列的深度访谈节目《酌见》，当时看这些访谈时，我就在想，通过对其他企业家的追问，可能是他在追问自己前路在何方，如何突破自己年龄及事业的困境……”（2021年8月18日）

“俞敏洪的演讲和文章我看了很多，这次买他的4本书，主要是想对他表示一点点小小的支持。他不缺钱，也不缺读者，最近因为‘双减’政策，他和新东方很艰难，我想对他做一点点微薄的表示。他给了我那么多的教益，并且我儿子出国留学前在新东方学习过英语，出国申请也是新东方帮忙提交的，对他我充满敬佩之情，对新东方我充满感激之情。”（2021年9月1日）

“俞敏洪这些书的内容有一部分我很熟悉，但还是一字不落地看完。原因是他有几个特别：特别正、特别真、特别诚、特别精、特别明（通透）、特别韧、特别拼、特别狠（对自己）、特别稳，尤其是前三者很打动我。卓越的人最重要的是影响别人，他的书再版几十次，改变了很多年轻人，他不仅仅是企业家，还是教育家，他做人做事的原则和教育理念我很认同。”（2021年9月1日）

“今天早上，在路上一直想着俞敏洪和他的新东方，回想好几件他的事，竟然热泪盈眶：他当众给母亲下跪，他对一个关于妈妈项目的投资，他在《赢在中国》节目中的死磕……这次重读俞敏洪，还有一个原因，想看看他未来如何突破，那么就必须研究他的过去和新东方。俞敏洪说，他喜欢研究事物背后的本质，我也喜欢探究热闹背后的故事，比如盖茨和梅琳达离婚，我就买梅琳达的书看；马斯克很牛，我就买他妈妈的书看。我有超强的好奇心，我想知道他们是怎么做的。当然，每一个被舆论吵得很热的可悲可恨的人，我也会去看他的家庭教育。只是我更喜欢看优秀的人、卓越的人的故事。”（2021年9月2日）

“看我之前发的信息，没有吹牛哈，自我感觉比较了解俞敏洪。这就是企业家和商人的区别。大了不起，喝碗酒散伙，很爷们。”（2021年9月27日）

我把俞敏洪宣布向乡村学校捐献近8万套课桌椅的新闻截图，及9月我对新东方股票的预测发到朋友圈，评论说：“俞敏洪不愧为教育工作者。我真没有看错他。我没做基本面和技术面分析……就是认准了俞敏洪这个人。相信他一定能渡过难关。如果新东方没挺过，我还是挺他这个人。”这条信息后面好几位朋友评论，都表示认同俞敏洪。（2021年11月7日）

“在红灯下看了一篇文章‘俞敏洪不需要同情’，什么时候俞校长都不需要同情，他早就超越了平凡人的心理需求……我挺俞校长，原因：第一，英雄、伟人不是神，造神的人必会毁神；第二，社会要宽容，才能出人才和大师；第三，我们更要看成功人士的优秀品质，他们的格局、自律、务实、坚韧、执着，散发着人性的光辉……第四，俞敏洪一直在做公益，在引导青年成长，只是很多批评他的人，不完全了解他……”（2021年11月9日）

“俞敏洪应不应该直播带货，看K线怎么说。赚快钱的早就死在创业初期，哪能有两家上市公司？合法经营，哪有对与错？不做，才是错。教育做得好的人都是有情怀的，做农产品直播也是基于情怀。共同富裕，不就是要帮农民吗？”（2021年11月15日）

“前几天有朋友对我说，当初就应该相信我，因为我相信俞敏洪，不然的话，这次发财啦。我那么相信俞敏洪，因为我懂他。不是吹牛，我还是比较懂卓越的人和人性。短期看能力，中期看格局，长期看人品……到现在我也没有买他的股票，不后悔，因为我的心不在股市上。我看了他的书和很多文章，无处不显示他的真诚、坦荡、坚忍、执着、对年轻人的引领。”（2022年6月15日）

对一篇网络文章“人人称赞的俞敏洪，危险！”的评论：“很不屑所谓的评论人，你自己去做一个企业试试？竟然质疑去年新东方捐桌椅是为了今天的直播铺垫……不管他未来成与败，现在他成功地颠覆了一个行业的商业模式，成功地把文化+农产品融合在一起，成功地树立了人品爆棚的榜样，成功地为这两年疫情中艰难前行的企业和企业家点燃了希望之火，成功地帮助农民致富，正拼搏在振兴乡村、实现共同富裕的路上。我也没有认为东方甄选直播会一直火，会顺风顺水。人们可能有审美疲劳，也可能有其他问题，但最少证明了：人品有一天会爆棚；敢尝试敢拼一定会赢。”（2022年6月16日）

转发俞敏洪的文章“我原有机会进军房地产，但果断放弃，‘死脑筋’也有好处”，并且评论：“这篇演讲主题是奋斗，也讲清楚了什么是家国情怀。俞校长讲得激情四射，我听得激情澎湃。联想今天突然发生的事，对我很受用。人生很奇妙，会有许多意想不到的遇见，人与人，人与书，人与自然，都是那么契合时机和心情。创业最恼人之处：无论你多么谨小慎微，还是不知道什么时候麻烦从天而降；创业最妙之处：无论你多么幼稚脆弱无知，直面困难时你像一名战场上的将军。”（2022年6月17日）

2022年7月12日，在朋友圈中发了两篇文章“重读俞敏洪”“小女人看俞敏洪对女人的评论”。在重读俞敏洪这篇文章中，我写道：“很久以前我说过，俞敏洪的成功是可以学习的、复制的，那就是他自己说的死磕到底的精神。这也是他的演讲和书受欢迎的原因。一些成功人士的成功不能复制和学习，而他的可以，他的每一步很难，但都被他熬出来了；他的每一步走得很稳，他说了那么多话，写了那么多书，几乎没有一句狂妄自大，都是很真诚坦荡、很积极向上、很有家国情怀，为年轻人引路……若干年后，即使新东方不在了，他的卓越品质、伟大的精神将继续影响我们，他们每年几百场家庭教育的公益讲座、对贫困地区教师的免费培训，仍然值得我们敬仰。

“我欣赏他的才华、敬重他的人品、感恩他对我的影响……关于未来，我对他有很好的期待，相信他一定能再次突破困境。他深厚的人文修养、他艰难创业的精神沉淀、他博大的家国情怀、他积极向上的朝气、他对年轻人的教诲、对创业人的引领、对我国教育事业的影响，都会源远流长。”

“小作文事件”发生后，我发了好几条微信，其中一条：“此时俞老师应该很痛苦吧？这么有文化有情怀的人做企业本来就痛苦，更何况做带有娱乐基因的直播，不适合他的人格。他就应该只卖书去，做这个就够了。小董还是个孩子，职场上这点委屈本来不算什么，被大众、被娱乐、被竞争对手、对媒体无限放大……他与俞老师互相成就，也应该会惺惺相惜，别的公司未必能比新东方更懂他，能用好他。”（2023年12月16日）

和学生讨论“小作文”这个话题后，写了一篇随笔“网上热闹的背后”。

看了俞敏洪在新东方30周年庆上的演讲，我评论："祝贺俞老师！祝贺新东方！昨晚看俞老师的书《行走的人生》至11：30。俞敏洪是企业家，但我更愿意把他当作教育家。有人可能会质疑，他不就是赚学生和家长的钱起家的吗？同样是挣钱，却不一样的挣，正如同样是生活，大家都一样的生，却不一样的活。也有人说他没有发表一篇教育论文，没有写一本研究性教育著作，怎么可以称为家？教育的目的是什么？是给孩子们种下一颗希望的种子，是激励年轻人奋发向上，知识和技能的传授都只是传播思想和精神的载体和手段……我看了很多企业家的传记，没有一位比俞敏洪更加真诚、坚忍、执着、自律、勤奋、激发年轻人。感谢俞老师的品质和精神一直在激励我！祝福俞老师，祝福新东方！"（2023年11月19日）

看完俞老师《行走的人生》，我评论："对自然这么爱，这么有人文情怀，做企业家真是委屈俞老师了。有点可惜，他应该做哲学家、心理学家、作家，最好做诗人去。"（2023年11月26日）

"9天，听了俞老师对谈120小时，俞老师与60位名人对谈了成长经历、成功经验、人生、社会、教育、历史、哲学、艺术、企业经营、心理、自然、情怀等。介绍了100多本书。以前我也看了一些书，但是主要关注文学、教育和心理学，这9天给我进行了高强度的补课，内容广博，思想活跃，格局高远，这些成功人士基本上都是理想主义者和有情怀的人，有许多共性：所有的生命都是伤痕累累的，这是壮美，不要逃避，迎难而上。我又买了一些俞老师推荐的书……"（2023年12月24日）

不仅我是俞敏洪的铁粉，我们全家都是。我老爸来宁波，没事的时候，他喜欢看书，看了俞敏洪的书，他说："新东方的校长俞敏洪说创业不容易"。他回老家后，我把俞老师的随笔全部快递给了他。

泰康保险创始人陈东升说："我过去敬佩俞敏洪，今天我更敬佩他。"万科创始人王石称"俞敏洪的境界更高"，福耀玻璃创始人曹德旺说："俞敏洪是我非常敬佩的良心企业家。”我是俞敏洪的铁粉，不是因为他是企业家，而是他始终在引导青年大学生在绝望中寻找希望，引领年轻人从崩溃的边缘走出来、走向属于自己的巅峰。

俞敏洪最大的人格特点是真实、真诚。他把自身的困顿、心灵的纠结、日常生活，毫无保留地展现给所有人，让我们觉得他离我们不远，他就在我们身边，他的人品可以学习，他的成功可以复制，他的人格被我们认同。

俞老师让我们全面深入地了解当代企业家的成长过程、心路历程、使命责任、家国情怀，向我们展现了企业家坚忍不拔、百折不挠、终身学习、勤勉拼搏的卓越品质，感谢他对我们的精神引领，感谢他对我的影响。

致敬俞老师！

2024年2月20日

致敬理想主义者

今天周六，正中午在暴晒下跑去快递小店拿施一公的自传《自我突围》一书。

回来后便扎进去，一口气看完。

自序首页就是“向理想前行　一个现实的理想主义者的自我突围。”自序正文第一句话：“我是一个与生俱来的理想主义者。”

小学二年级前，施一公的成绩排班级前十名；小学三年级因为不认真学习，挨了班主任狠狠一巴掌，从此发奋图强；小升初成绩全镇第一名；因在全国高中数学联赛中获得河南省第一名，保送到清华大学；在清华提前一年毕业，赴美攻读博士学位；在普林斯顿大学任教，成为该校分子生物学系创建以来最年轻的终身教授。

在很多人看来，他的求学生涯顺风顺水、屡创佳绩，科研教学工作一路直挂云帆、乘风破浪。其实，是他有从成功中获得自我激励、自我确认的品质，是他有在骨感的现实中很快地清醒顿悟、迅速调整自己的能力。他的小学班主任一巴掌就打醒了他，他“羞愧难当”，从此认真听讲；期末考了年级第一名，“青春期的自信心爆棚，极大地激起我的求知欲望，也更加燃起了我对朦胧理想的期盼……”他的同学说“希望我能成为未来诺贝尔奖获得者少年时的同窗”，让他激动了三天。“我并不是为了诺奖学习，也不是朝着诺奖努力，而是来自同窗的信任和期许给了我极大的动力和信心，‘天生我材必有用’的想法深入我的骨髓。我的理想似乎变得有迹可循……”

大学是他释放理想主义的天堂，他“胸中颇有‘世上无难事，只要肯登攀’的豪情壮志。”不料在大三的时候，他父亲意外去世，他的精神支柱崩塌了，第一次对人世间的好坏善恶有了切身的认知，也在痛苦煎熬中体会到生命的脆弱。

提前一年从清华大学毕业，初入社会，他那“无拘无束、天马行空的理想主义受挫”，意识到“理想主义者需要经受现实的淬炼，在骨感的现实中找到一条实现理想的道路并一直奋斗下去”，他把自己定义为“现实的理想主义者”。

2008年，他全职回到对他人生影响最大的地方，他的母校清华大学，任清华大学生命科学学院院长、清华大学副校长。他回清华最想做的事是“培养一批有理想、敢担当的年轻人……希望清华的学生在增强专业素质、追求个人价值的同时，也清楚而坚定地从内心深处意识到自己对于这个国家和民族义不容辞的责任，承载起中华民族实现强国梦之重任！”为了实现游子归来的雄心壮心，他每天工作16小时。

施一公现任西湖大学首任校长。

他说，从根本上讲他是一位科学家，这是他的根本属性，科学研究对他来说，是一件非常愉悦的事情。如果在国外，他的主要精力可以用来做科学研究，心无旁骛，能出很多重要科研成果。他却心系祖国，一心想助力国家科技和教育事业的发展。“国外的种种复杂情况一次又一次地激发了我强烈的民族认同感和爱国情结。”“学有所成、报效祖国，这才是海外莘莘学子的真正心声。”他呼唤海外游子回国“归来吧，我的朋友们”。积极引进海外人才回国。他的爱国主义情怀尤为让人感动，也令华夏儿女感到自豪与骄傲。

他用大量篇幅讲他的小时候，他的家庭，他的家风，他的父母对他的影响，他说“我小时候的物资是非常匮乏的，但孩子们的世界总是非常快乐，非常幸福”。这对父母们很有启发意义。孩子最后成为什么人，父母起关键性作用。

他对人才培养的目标、教师的人格及教学方法进行了详细的讲述。他提出高层次人才应该具有两个历史责任：专业责任和社会责任。“无论是哲学教育、思想政治教育，还是爱国主义教育，我们都有待提高。”他勉励青年人要“志存高远，脚踏实地，把个人奋斗与国家发展紧密联系起来，在中华民族的伟大复兴中升华人生价值。”“我的建议是希望我们的教育能够把自我奋斗和为国家作出贡献高度统一起来……”“作为一名教师，最基本的就是把内心的道德准则和底线，身体力行地教给我们的学生……只能用我的行动示范学生应该怎么做一个人……不能把大话、空话教给学生，而是要让学生理解这个社会，理解我们为什么会这么做。”他认为我们教育在“机制与体制上尚无实质性的突破，很大程度上制约了拔尖创新人才的培养和世界一流大学的建设”。他呼吁并致力创造人才成长的沃土，强调不要刻意磨平学生的棱角，而是要鼓励学生发挥个人优势，鼓励学生“唱反调”。他说“如果老师只是把最新的科学发现和知识教给学生，而没有对学生进行方法论的思维方式的培养，那就是本末倒置了……更重要的是，我们应该教会学生怎样去发现问题和创造知识，也就是方法论。”“研究方法论的培养比知识的更新更重要。”

他把爱运动、逞强爱冒险、争强好胜、从不服输的个性通过好几件事展现给读者，这些故事告诉父母和老师，敢冒险的孩子创新能力强，要保护，不要打压；争强好胜的孩子，长大后有出息，在他受挫败的时候，不要嘲笑他，贬低他，要给他一个鼓励的微笑，一个反弹的机会。

他用不少的笔墨写他喜欢吃大白兔奶糖。看到这里，我笑了，这个让我觉得他很平易近人。我也觉得大白兔奶糖好吃，奶香奶香的，甜甜的，还有嚼劲。去年去北京，入住的酒店晚上送来糖果与巧克力，其中有两颗大白兔奶糖。我拿回来和8岁的邻居小朋友分享了。我们一人一颗吃糖的情景历历在目。

他的自传没有体系，大部分内容是不同时间写的随笔和发言稿；没有豪言壮语，正如他所说，“只求真实，只有真情实感才会激发我下笔的灵感。”这样，读者读来感觉很亲切，很接地气。由于他的文字朴实，让读者感觉他的成就功到自然成，他的人生路水到渠成。他之所以表现得如此轻松从容，是因为他把每天工作16小时称为“浪漫日子”，把在海外中餐馆打工中的酸甜苦辣描写成“都是对社会、对生命的一种难得的体验，都是浪漫青春的极致演绎”，别人认为苦不堪言的事，对他都是浪漫的，因为他是一个理想主义者。他说：“理想，是宇宙间最美好、最可贵、最闪耀的存在，是让生命实现价值、得以慰藉、获得无穷力量的源泉……唯有不懈地追求理想，才能极致地感受生命的精彩……”

自序的最后一句话，他说：“致敬理想，让我们一起向着理想义无反顾地前进！”向他学习，致敬理想，我还要向施一公这位理想主义者致敬。

施一公在本书的最后表示将《自我突围》这本书的所有版税捐赠给西湖教育基金会。

看完《自我突围》这本书后，我发了一条微信：“人需要一点理想主义和浪漫主义，理想主义让你有信仰、坚持方向、坚守初心，不为外界诱惑，哪怕前面有一堆金元宝，那不是你想要的，你也不会去捡，而是绕过去，继续你的路；浪漫主义，让你忽视眼前的困难和阻障，简单一点说让你不怕痛，不怕累，不怕苦，因为诗和远方才是你关注的焦点。”算是这些年我学习如施一公等理想主义者的一点感悟吧。

2023年8月13日